当代科学技术哲学论丛

卷9

主编 成素梅

人类行为研究
从科学到哲学

〔美〕海伦·郎基诺／著

张 琛／译

成素梅／校

本书是上海社会科学院创新工程（第二轮）项目的阶段性成果，
并受到临港实验室"求索杰出青年计划"项目（LG-QS-202202-10）和
清华大学"水木学者"计划（2019SM133）支持

科 学 出 版 社

北 京

图字：01-2020-1105 号

图书在版编目（CIP）数据

人类行为研究：从科学到哲学 /（美）海伦·朗基诺（Helen E. Longino）
著；张琛译.—北京：科学出版社，2024.3
（当代科学技术哲学论丛）
书名原文：Studying Human Behavior: How Scientists Investigate Aggression &
Sexuality
ISBN 978-7-03-077750-8

Ⅰ.①人… Ⅱ.①海… ②张… Ⅲ.①行为科学-研究 Ⅳ.①C

中国国家版本馆 CIP 数据核字（2023）第 249545 号

丛书策划：胡升华

责任编辑：任俊红 刘红晋 陈晶晶 / 责任校对：何艳萍
责任印制：赵 博 / 封面设计：有道文化

科 学 出 版 社 出版
北京东黄城根北街 16 号
邮政编码：100717
http://www.sciencep.com
北京厚诚则铭印刷科技有限公司印刷
科学出版社发行 各地新华书店经销
*
2024 年 3 月第 一 版 开本：720×1000 1/16
2025 年 7 月第三次印刷 印张：17 1/2
字数：235 000
定价：**158.00** 元
（如有印装质量问题，我社负责调换）

总　序

梅森在他的《自然科学史》一书的导言中指出："科学有两个历史根源。首先是技术传统，它将实际经验与技能一代代传下来，使之不断发展。其次是精神传统，它把人类的理想与思想传下来并发扬光大……这两种传统在文明以前就存在了……在青铜时代的文明中，这两种传统大体上好像是各自分开的。一种传统由工匠保持下去，另一种传统由祭司、书吏集团保持下去，虽则后者也有他们自己一些重要的实用技术……在往后的文明中，这两种传统是分开的，不过这两种传统本身分化了，哲学家从祭司和书吏中分化出来，不同行业的工匠也各自分开……但总的说来，一直要到中古晚期和近代初期，这两种传统的各个成分才开始靠拢和汇合起来，从而产生一种新的传统，即科学传统。从此科学的发展比较独立了。科学的传统中由于包含有实践和理论的两个部分，它取得的成果也就具有技术和哲学两方面的意义。"[①]

显然，从梅森的观点看，科学在起源上是技术传统与哲学传统交汇的产物。然而，科学一旦产生并形成自己的独特传统之后，不仅反过来极大地影响了其根源，而且实质性地影响了远离这两个根源的其他领域。特别是，近几十年以来，当科学技术的发展由原初只是单纯地认识世界与改造世界，变成了当前的发展更需要考虑保护世界，同

---

①　梅森. 自然科学史. 上海外国自然科学哲学著作编译组译. 上海：上海人民出版社，1977. 6，7.

时日益接近于日常生活，越来越成为一项社会事业，乃至整个社会很有可能会变成一个巨大的社会实验室时，当以辩护科学为目标的英美哲学传统与以批判科学为宗旨的大陆哲学传统双双陷入困境时，当另辟蹊径、来势凶猛的关于科学技术的人文社会科学研究明显地给人留下反科学技术之嫌时，当整个哲学界对依靠科学技术发展推动社会进步的现代模式褒贬不一的讨论愈加激烈时……作为一门学科的"科学技术哲学"（philosophy of science and technology）也许会应运而生。

就当代哲学的发展而言，心灵哲学越来越与心理学的经验研究、神经科学、人工智能的发展内在地联系在一起；关于实在的本体论研究离不开以量子理论为基础的微观物理学的最新发展，也离不开对不可观察的心理结构和过程的假设与实验测试；与高新技术发展密切相关的网络伦理、环境伦理、干细胞伦理等已经成为伦理学关注的重要主题；关于社会心理、社会诚信等问题的哲学研究以及关于人性的哲学思考离不开围绕科学技术异化问题展开的一系列讨论。从这个意义上看，科学技术哲学恰好能提供架起抽象的哲学研究与前沿的科学技术研究之间的桥梁。

与传统的哲学研究相比，科学技术哲学研究不是通过先验的概念反思、日常语言的逻辑辨析以及提出概念真理的思想实验来获得知识并认知包括心灵在内的世界，也不是空洞地谈论规范人类行为的道德法则，而是通过综合考虑科学理论的基本假设、思想体系以及技术发展中的具体案例等复杂因素来研究哲学问题。在哲学框架内可能提出的关于科学技术的问题主要包括本体论、认识论和方法论问题（如实在论问题、证据对理论的非充分决定性问题、技术设计问题等），还有与科学技术的内容或方法直接相关的伦理问题或社会问题（如价值在科学技术中的作用问题、克隆技术和生化技术的合法应用问题等）。概念反思、语言分析和思想实验有助于提出假设，但不能用来评价假设。因此，必须把科学技术哲学与忽略科学技术发展的哲学明确地区分开来。

然而，强调科学技术哲学研究的经验性与实践性，并不意味着主张把哲学研究还原为经验研究，而是主张基于科学技术的当前发展，重新审视与回答传统的哲学问题。一方面，承认关于知识、实在、方法和伦理的哲学问题比经验科学与技术中的问题更具有普遍性和规范性；另一方面，主张对这些哲学问题的讨论要以科学技术的发展为基础。特别是，当科学的发展进入人类无法直接或间接观察的微观世界时，当人类的文明进入信息化时代时，技术已经不再只是单纯延伸人类感官的工具和充当人类认识世界、改造世界的手段，而是成为人类认识世界的一个必不可少的中介和人类生存、生活的基本条件，甚至正在成为人类超越自身感知阈限的有效手段（如在体内植入芯片）。在这种背景下，科学、技术、哲学事实上已经不可避免地在许多基本问题上相互纠缠在一起，很难彼此分离。如果说，科学的产生源于技术传统与哲学传统的交汇，那么，科学技术哲学的产生则是科学、技术、哲学三种传统汇集与衍生的结果，如关于量子测量解释的认识论争论、关于数字生命的实在性问题的争论、关于人类基因组序列带来的伦理问题的争论、关于体内植入芯片的工具平等问题的争论等。这些争论本身内在地蕴涵科学共同体在确立、维护与传播自己的学术见解时社会因素与修辞因素所起的作用。科学、技术、哲学三者之间的关系大致如下图所示。

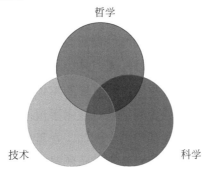

在上图中，哲学和科学、技术的两两相交之处，分别形成了科学哲学和技术哲学；科学与技术相交的区域表现了科学的技术化与技术

的科学化，即技术趋向的科学研究（如量子计算）和科学趋向的技术研究（如生物技术、智能技术）；三者相交之处，形成了科学技术哲学。因此，在非常狭义的学理意义上，科学技术哲学不是科学哲学与技术哲学的简单综合，因为科学哲学主要是基于对科学理论的形成逻辑、与世界的关系、与证据的关系、与实验的关系、理论的变化等问题的剖析来讨论哲学问题，技术哲学主要是基于对技术设计、技术发明、技术评价、技术制品（即人工物）和技术应用等问题的研究来探讨相关的哲学问题。从上图可以看出，科学技术哲学是基于技术趋向的科学研究和科学趋向的技术研究来回答哲学问题，是科学、技术与哲学的问题重叠与互补研究。在科学技术哲学的研究中，哲学的认识论、本体论、方法论和伦理学问题是彼此关联的。

首先，在科学技术哲学中，两个重要的认识论问题是以技术为前提的科学研究是否能获得真理性知识的问题和如何合理评价理论的问题。从方法论的角度看，从经验到理论的归纳主义进路和从假说到证实的假设—演绎主义进路都过分简单。科学理论的形成是在基于假设的理论化、技术为主的实验和逻辑推理之间不断进行调整，最终达到反思平衡的一个动态负反馈过程。在这个过程中，理论与实验结果之间的关系不是单纯的归纳关系或演绎关系，而是一种说明关系。但是，说明关系预设了对说明本性的理解。例如，把说明理解为语句之间的演绎关系、理论与数据之间的符合关系、机制与现象之间的本体论关系等。因此，关于说明的本性问题，既是一个认识论问题，也是一个本体论问题。

其次，在科学技术哲学中，最一般的本体论问题是，我们是否能够对不可能被直接观察的、只能通过技术手段间接地看到其效应的理论实体的存在性做出合理的辩护。例如，在量子理论中，我们是否应该相信量子物理学家用来解释物理现象的夸克、电子、光子等假定实体是真实存在的？或者，只是便于预言观察现象的谈话方式或工具？我们仅凭先验的推理根本无法解决围绕这个问题的实在论与反实在论之争。关于理论实体的实在论问题，必须与揭示量子力学的基本假设中的哲学基础联系起来，才能得到合理的解答。同样，心理学哲学中的实在论问题是，我们是否有或能够有好的根据相信，确实存在像规则和概念之类的心理表征。对于这个问题，只有与心理学、认知科学、神经科学的前沿研究结合起来，才能得到好的解答。因此，关于实在本性的本体论研究与关于知识的认识论研究之间存在着相互影响，即存在判断影响认知判断，反之亦然。

最后，伦理学虽然是一门规范的学科，表面上与经验性的科学技术相差甚远，但是当科学技术的研究触及人类的价值或道德判断问题时，伦理理论的研究就需要与人类的道德能力相一致。对人类道德能力的关注，不是以先验的概念构造为基础，而是以经验调查为基础。例如，如何解决当前心理学与神经科学实验中的知情同意问题。根据当前流行的人工智能研究进路，当把人的心理过程理解为受控于由生物物理机制建构的大脑过程，甚至把大脑过程理解为一种计算时，就很难把不道德的行为归属于意愿的失败，这显然对自由意志的概念提出了挑战。伦理学家在基于神经科学、人工智能等研究来讨论有没有自由意志的心灵本性和人们对自己的行动是否应该负有道德责任的问题时，伦理学就与本体论问题相互联系起来。

正是在这种意义上，我们可以说，"科学技术哲学"越来越成为当代哲学问题研究的核心。这是基于科学、技术、哲学发展的学理脉络对"科学技术哲学"存在的合法性与重要性的揭示。令人遗憾的是，到目前为止，这种意义上的科学技术哲学的形式体系还很不成熟，甚至没有引起学术界的关注。

我国的"科学技术哲学"这个概念最早是在 1987 年国务院学位委员会组织修改研究生学科目录时从素有"大口袋"之称的"自然辩证法"更名而来的。与自然辩证法的这种渊源关系，决定了我国的科学技术哲学，不同于前面描述的作为一门学科的科学技术哲学，而是具有学科群的特征。学术界通常把我国的科学技术哲学理解为对科学技术发展所提出的相关问题、基本要求和尖锐挑战的哲学回应，对整体的科学与技术及其各门分支学科所涉及的哲学问题进行批判式反思的一个学科群。

经过几十年的发展，我国的科学技术哲学研究在与国际接轨、关注我国现实问题的进程中，不断地发展与壮大，形成了以部门哲学、科学哲学、技术哲学、科学技术的人文社会科学研究以及社会科学哲学为基本方向的相对稳定的专业队伍，呈现出从抽象理论到生活实践，从单一到多元，从立足于部分到注重整体，从翻译到对话的发展特点。特别是自 21 世纪以来，我国的科学技术哲学在每个学科方向上都正在发生研究范式的转变、思维方式的转型和学术焦点与问题域的转移。那么，处于转变、转型和转移中的科学技术哲学将会"转"向何处？将会提出什么样的新问题？在不断地摒弃了小科学时代的科学观、技术观和哲学观之后，如何重建大科学时代的科学观、技术观和哲学观？作为学科群的科学技术哲学的不同分支领域，在深入研究的过程中，能否衍生出前面描述的作为一门学科的科学技术哲学？

陈昌曙先生在 1995 年发表的《科学技术哲学之我见》一文中，从学科名称的内涵与意义、学科分类及涵盖的学术交流活动三个方面，阐明了把"自然辩证法"更名为"科学技术哲学"所具有的必要性，然后指出："在我们的学科目录中，可以把科学技术哲学与自然辩证法作为同一的东西看待，但从学科的内容、层次看，似乎这两者又不是完全同一的；如果把当今出版和习用的《自然辩证法讲义》、《自然辩证法概论》原样不动地变换成为《科学技术哲学讲义》、《科学技术哲学概论》则未必相宜。科学技术哲学总应该有更深的哲学思考和更多的哲学色彩，而不全等于科学观与技术观。"①他主张"科学技术哲学"可能需要写出诸如"从哲学的观点看……"之类的内容，如"从哲学的观点看基础科学与技术科学"、"从哲学的观点看科学技术

---

① 陈昌曙. 科学技术哲学之我见. 科学技术与辩证法，1995，（3）：2.

化、技术科学化与科学技术一体化"等。他认为:"尽管科学与技术之间有着原则性的区别,尽管科学哲学与技术哲学有较多的差异,统一的科学技术哲学仍是可以设想的。"①

陈先生基于学科名称的内涵与意义提出探索统一的科学技术哲学的设想,与基于科学、技术、哲学发展的内在要求提出的探索科学技术哲学可能性的观点是相吻合的。如果"从哲学的观点看……"之类的内容是科学技术哲学研究的一条外在论的进路,那么从科学、技术、哲学研究的相交领域形成的科学技术哲学研究则是一条内在论的进路。在内在论者的进路中,哲学不再充当外在于科学技术研究的高高在上的指挥者,而是成为科学技术研究中离不开的参与者。这种哲学角色的转变,是当代大科学时代哲学研究的一个典型特征。例如,在认知科学的研究中,由科学家、工程师、医生、哲学家、企业家甚至政治家共同参与的会议并不少见。

在这里,哲学研究既不像逻辑经验主义者所说的那样,只是澄清科学命题的意义,更不像许多社会建构论者所追求的那样,已经被社会与文化研究取而代之,而是要求把思辨与先验的要素和实证与现实的问题结合起来,作为一种不同的视角,参与科学技术研究。这是因为,当科学技术的发展离社会生活越来越近时,科学就不只是探索真理那么简单,技术也不只是作为改造世界的工具那么单纯。科学技术作为人类文明的成果,已经成为价值有涉的研究领域。在这种情况下,为了人类的和谐发展,凡是能够探索真理的科学研究都值得倡导吗?凡是能够用来按照人的意愿达到改造世界目标的技术都应该研制吗?专家提供的发展战略一定是完全合理的吗?人类究竟在为自己建构一个什么样的社会?作为社会的人在包括科学技术研究的一切社会活动中应该如何重建社会道德与社会信用?这些问题无疑为哲学家介入或参与科学技术的研究与发展提出了内在要求。

---

① 陈昌曙. 科学技术哲学之我见. 科学技术与辩证法, 1995, (3): 3.

一言以蔽之，许多哲学问题需要深入科学技术的土壤，才能得到合理的解答。当代科学技术的发展在很大程度上需要嵌入哲学思考，才能达到更理性的发展。科学技术哲学既是从哲学视域把科学、技术、社会、政治、经济等因素整合起来思考问题的一门交叉的新型学科，也是把关于自然、社会与人的和谐发展作为研究核心的一门综合型学科。

《当代科学技术哲学论丛》的筹划与出版，正是试图为科学技术哲学的探索之路添砖加瓦，同时，也是上海社会科学院"创新工程"项目"科学技术哲学创新学科"的阶段性成果的展示。欢迎学界专家学者给予真诚的批评与指正。

成素梅

2015 年 2 月 16 日

中文版序言

本书运用我在 2001 年出版的《知识的命运》（该书的中文版已由上海译文出版社出版——译者注）一书中所阐述的哲学框架，为分析科学研究的争论提供了一个新的哲学分析模型。在那部著作中，我主张对知识进行深层次的社会描述。我认为，知识在两个层面上是社会的。首先，科学的认知过程（观察和推理）本身是社会的。对世界的一种感知，只要算作是观察，就必须是公开的，能够用概念来描述，而这些概念的含义和意义在把感知当作观察的共同体中是共用的。引证的范围通过社会过程得以稳定。其次，对推理的分析是基于不断的挑战与回应进行的（比如，"你为什么会想到 p？""因为我预定的解决方案已经显示出 y。""y 与 p 有什么关系？"）。本书对作为构型（conformation）的科学真理提供了一种新的描述，"构型"是一个概括性术语，涵盖了语义的成功或表征与意向对象的关联等多个术语。

《知识的命运》还更进一步认为，任何特定的内容在被认可为知识的过程中，都需要从多种视域对共同的主题进行批判性的话语互动。批判性互动必须在满足四个条件（在有效的场合、批评是可理解的、标准是公众可获得的、知识权威体现出有涵养的平等性）的域境中进行。满足这些条件的任何批判性的话语互动，都会使互动过程具有客观性，并尽可能地确保成果的可靠性。因此，这种科学的社会认识论引入了适用于社会过程而非个人过程的认识论规范。接受这种看法的结果之一是体现了可替代观点的重要性，这些观点已经得到了充分的阐述，足以进行富有成效的对话。即使有一种立场在当时看起来是最有价值的，也必须是可替代的立场，它引发了对支持证据关系的背景假设作出检验的那种批评。

在本书中，我运用这种社会认识论的方法来考察，对人类行为作出科学研究的、相互竞争的多种学科。许多研究行为的不同进路通常被认为是不相容的。支持者不仅致力于推进他们自己的进路，而且还致力于批评可替代的进路。本书不是在这个层次上参与争论，而是从元层次视角，质疑不同进路所特有的概念、方法、问题和假设。这些进路包括应用于行为的经典遗传学、应用于行为的分子遗传学、各种不同的神经生物学进路、社会-环境进路，以及一些更加整合和更加生态学的进路。我聚焦于刻画这些不同的进路所要说明的内容，以及它们从这些学科中得到的方法，如何将它们局限于某些方法、某些问题和某些假设。

不同的方法创造了不同的探究方式，因此，似乎支持关于现象本质的完全不同的结论。这些方法包括概念问题（比如，特定科学概念的范围）和经验问题（比如，适当的测量工具），以及混合性的问题（比如，我所说的因果空间的概念化）。本书所提出的新的重要思想之一是，对关于可能原因空间的具体思想的研究具有可靠性。书中所分析的每条进路都潜在地受到可能原因空间的特定子集的约束，也就是说，这些进路致力于只是分辨出一组特定的构成原因的因素，而不是所有可能构成原因的因素。我最终认为，研究的所有进路都对它们试图理解的现象提供了部分说明，但都没有提供对现象的完整解释。最后，根据《知识的命运》一书中的建议，我使用经验方法来探究这些进路之间进行批判性互动的程度，以及它们被纳入更大的社会和文化域境中的方式。

近来，遗传学、神经生物学以及心理学和社会科学的急剧变化，促进了行为科学的发展。尽管如此，几十年来某些论题的持续存在，引发了对这些学科提供的关于人类行为及其重要性的这类知识的哲学探究。

　　我要感谢明尼苏达大学提供的资助和休假，使我能够有时间致力于本项目的研究，以及聘请研究助理来梳理大量文献，感谢美国国家科学基金在 1998 年和 2004 年所提供的资助（项目编号：SBR 9730188 和 SBR 0424103），这为我的研究提供了机会。我还要感谢斯坦福大学对研究的支持，特别感谢参与了第 10 章引证分析工作的研究助理。最后，我要感谢张琛和成素梅将本书翻译为中文所做的工作，同时，感谢科学出版社对项目的支持。

海伦·朗基诺

2021 年 10 月 26 日

写于美国加州

致　谢

本书开始于我在 2001 年出版的《知识的命运》（*The Fate of Knowledge*）一书中删除的两章。我在完成了该书的初稿后，清楚地意识到，需要用更多的篇幅来探讨用来例证科学的多元性的人类行为学（sciences of human behavior）。理解人类行为的目标本身引发了一些更加迫切的问题，我需要在这些问题的域境中来阐释我的观察。在当时，这些问题包括行为的概念化，以及科学、文化和政治之间的复杂关系。对这些问题的讨论需要各取所长、分别对待。

我在探索过程中，运用社会认识论的方法来理解几种进路之间的异同之处，集中描绘各种不同进路所要说明的问题，并追踪各种假设和价值在多重技术域境和文化域境之间的传播。近来，遗传学、神经生物学、心理学和社会科学的快速进步，推动了行为科学的发展。然而，几十年来，某些论题一直持续存在，这引发了我们对这些学科所提供的有关人类行为的知识及其重要性展开哲学探究。

我很荣幸有机会在国内与国际学术会议上和大学的课堂上介绍本书的部分内容。这些场合的讨论，使我获得了新的资源，也帮助我澄清了想法。部分章节的早期版本曾发表于期刊和文集中，两位责任编辑鼓励我坚持研究这个项目，并促使我对所涉及的问题进行了更清晰的思考。丽莎·劳埃德（Lisa Lloyd）和肯·沃特斯（Ken Waters）阅读了各章的初稿，并在许多场合多次与我进行了详尽的讨论。书稿的匿名评审人提出的评论非常宝贵，我因此而重构了本书的整个框架。

x

肯尼斯·肯德勒（Kenneth Kendler）阅读了草稿的大部分内容，并与我充分地讨论了所研究的题目。瓦莱丽·迈纳（Valerie Miner）也对手稿的各个部分提出了极好的建议。斯坦福大学遗传与伦理学综合研究中心和克莱曼性别研究所的同事、华盛顿大学和滑铁卢大学的阅读小组成员，以及我在 2010 年和 2011 年秋季开设"哲学、生物学与行为"课程时上课的学生，都提供了有益的反馈。最后，卡伦·达林（Karen Darling）对本项目的热情支持，促使我最终完成了本书的撰写。乔尔·斯科尔（Joel Score）迅捷的编辑工作使本书更具可读性。我非常感谢为本书的撰写做出贡献的每个人。当然，书中存在的错误由我本人负责。

我还要感谢明尼苏达大学提供的经费和休假，这使我能够有时间从事项目研究，并聘请研究助理来查找大量文献；感谢美国国家科学基金在 1998 年和 2004 年为本项目提供的经费支持（SBR 9730188 和 SBR 0424103）；感谢斯坦福大学对研究的支持，特别是，研究助理们的参与，协助我完成了第 10 章的引证分析。多年来，许多研究助理为该项目做出了贡献，他们是史蒂芬·菲菲尔德（Steven Fifield）、克里斯腾·霍尔顿（Kristen Houlton）、郑延博（Yeonbo Jeong）、山姆·布灵顿（Sam Bullington）、卡勒·巴萨拉巴（Cale Basaraba）、马里奥·席尔瓦（Mario Silva）、惠特尼·桑德比（Whitney Sundby）和伊丽莎白·伦斯特朗（Elizabeth Lunstrum）。此外，比尔（W. Bill）的朋友们始终如一地支持我的研究工作。

部分章节以不同的形式被收录在几处文献中。

感谢爱思唯尔授权我将发表在《科学史与科学哲学研究》的《我们在测量攻击性时要测量什么？》（"What Do We Measure When We Measure Aggression?"）一文的部分内容纳入本书的第 1 章和第 9 章。

感谢明尼苏达大学出版社授权将《理论多元论与行为的科学研 *xi* 究》（"Theoretical Pluralism and the Scientific Study of Behavior"）一文的部分内容纳入第 8 章，该文最初于 2006 年发表在史蒂文·凯勒特

（Steven Kellert）、海伦·朗基诺和沃特斯（C. K. Waters）主编的《科学的多元论》（*Scientific Pluralism*）一书中。

此外，第 8 章的某些部分的论证来自较早发表的两篇文章，一篇文章的题目是《行为科学中的证据》（"Evidence in the Sciences of Behavior"），被收录于彼得·阿钦斯坦（Peter Achinstein）主编的《证据》（*Evidence*）一书中；另一篇文章的题目是《知识是为了什么？》（"Knowledge for What?"），被收录于凯瑟琳·普赖斯安（Kathryn Plaisance）和托马斯·雷登（Thomas Reydon）主编的《行为科学哲学》一书中。第 9 章和第 10 章的部分内容在《痛苦的行为：行为遗传学中的框架假设》（"Behavior as Affliction: Framing Assumptions in Behavior Genetics"）一文中有所预示，该文被收录于雷切尔·安肯尼（Rachel Ankeny）和丽莎·帕克（Lisa Parker）主编的《变异的概念，不断演化的学科：遗传学、医学与社会》（*Mutating Concepts, Evolving Disciplines: Genetics, Medicine, and Society*）一书中。

我认为，科学的探索和知识是社会的。哲学探索也是如此。我在此感谢所有与我一起经历这场冒险的人。

目　　录

第一部分　理解人类行为的进路

第二部分　认识论、本体论与社会的分析

第1章 导 论

　　理解人类行为的努力有多种形式。哲学家已经论证了意志（will）的范围和本质：意志是自由的吗？或者，我们的选择是超越我们意识的自然事件的结果吗？我们对人类的行动（action）和行为（behavior）的常识性理解能够与我们对物理世界如何运行的理解相一致吗？小说家和剧作家审视了角色、处境、行动和结局之间的关系。科学家们研究进化史，来揭示独特的人类行为形式的出现，以及研究大脑和神经系统，来理解行动的神经基础。他们研究孩子养成习惯和性格的家庭氛围与教学环境，来理解社会环境在个人成长过程中所起的作用；通过研究家族内的相似性，来理解共同的基因对性格的形成所起的作用，以及提出从此类研究中获得理解的各种整合方式。在这些领域内，任何一个领域所考虑的观念与另一个领域所考虑观念的拟真性有关，但是，在大多数情况下，哲学的、创造性的与科学的探索完全是独立进行的。尽管存在这种独立性，但我们在设置机构、选择政策和采用治疗方法时，依然尽可能地把通过科学研究了解的情况置于优先地位。

　　既然对人类行为的科学研究进路是多样的，那么，我们应该选择哪种进路来了解情况呢？我们应该怎样回答这个问题呢？对此问题的不同回答方式，假定了怎样的科学知识的本性呢？正如人们对意志本性的质疑由来已久一样，关于人类的差异性和相似性的质疑，也显而易见，同样古老：我们人类是先天（nature）的产物，还是后天（nurture）的产物？我们将在本书中探讨对这一问题的更加精练的各种提问方式。这个问题，虽然很不精致，但却激发了公众和媒体对行为学研究的兴趣。其特点也在观察人类行为的不同研究进路之间形成了总的关系模式。

在本书中，我考察了以某种方式参与争论的一组研究进路，来理解它们的认识论结构（研究方法、假设、基本概念）、它们提供的知识种类，以及被视为是它们所能促进的实际目标。与近期研究该主题的许多作者不同，我并不以参与先天/后天之争（nature/nurture debate）为目标。专注于这种二分和喜欢偏向某一方的研究，分散了研究者和公众的注意力，使他们无法关注有关人类行为的其他问题，而这些问题可能在解决我们希望通过科学来帮助解决的实际关切方面，同样有价值。

我的考察是根据我在较早著作中所论证的对科学探索的社会认识论的描述得出的。①这种哲学描述将科学知识视为不同视角之间批评互动的结果，也是以实验为依据来剖析给定主题的结果。根据这种观点，对研究的哲学评价，应该涵盖所有的研究进路，才能对其中的任何一种进路作出评估。这使得分析者可以看到所收集的全部数据、所考虑的假设范围，以及根据哪些数据能获得与这些假设有证据相关性的假定。虽然在一些情况下，一种进路可能会比另一种进路在经验上更成功，但在另一些情况下，质疑可能会支持多种可行的进路，而每种进路都会产生一些知识。这时的问题就不再是哪种进路最好或更好，而是每一种进路，在肯定的结果和对其他进路的批评视角方面，为我们对特定现象的整体理解，做出了什么贡献。这种多元进路的开放性构成了哲学的多元论。

我研究的主题是对行为的经验研究。我提出的问题是，通过经验考察，我们对人类行为获得哪些认知。我考察了经典遗传学和分子遗传学进路（classical and molecular genetic approaches）、社会-环境进路（social-environmental approaches）、神经解剖学和神经生理学进路

---

① Longino（1990；2001b）。

（neuroanatomical and neurophysiological approaches）以及试图把上述进路中所研究的诸因素整合起来的几种进路，最后还有我所称之为群体或人类生态学的进路（population or human-ecological approaches）。经验研究必须有一个能够被观察和度量的对象。行为是一个很模糊的概念，无法构成研究的主题。经验研究着眼于特殊行为，以允许度量的具体方式来进行操作。我分析了关于两类行为的研究：攻击行为和性取向行为，在某种程度上，这是出于方便和历史的考虑：这些研究是我较早著作中的部分主题，因而我比较熟悉。[①]但是，这两类行为也是科学和社会领域都非常感兴趣的主题，因此，已有许多关于各种研究进路的代表性研究，这些研究成果提供了足够的资料，使比较分析具有可行性。此外，在完成本项目的过程中，我特别深信，理解关于这些行为研究的结构，为我们在制定政策和设置机构时依赖科学研究的模式，提供了非常重要的启示。

一、政治域境

对犯罪和暴力的担忧。先天-后天之争具有明显的政治色彩，超越了试图评估关于攻击行为的遗传学研究的初衷。美国的暴力犯罪率在 20 世纪 70 年代末和 80 年代稳步上升，在 90 年代初达到高峰，此后在 90 年代中晚期开始缓慢下降。[②]1992 年，主题为"遗传因素与犯罪"（Genetic Factors and Crime）的会议，计划在美国国立卫生研究院（United States National Institutes of Health）的资助下，在马里兰大学校园内举行。[③]这次会议的策划遭到了精神病学家、生物精神病疗法和使

---

① Longino（1990）。
② http://www.bjs.gov/index.cfm。
③ 对本次会议最初被取消，后来又最终得以召开的描述参见 Holden（1992）；Palca（1992）；Stone（1992）；Charles（1992）；Touchette（1995）；Roush（1995）。

用精神药物治疗的反对者，彼得·布雷金（Peter Breggin）的批评。他对会议的概念和理论基础中种族主义的指控，牵涉到美国国会黑人核心小组（United States Congressional Black Caucus）。该核心小组向美国国立卫生研究院施压，使其最终撤回了对会议的资助。会议组织者作出了威胁性的回应，声称将会对国立卫生研究院提起诉讼。经过随后的谈判，结果重新策划了本次会议。该会议于三年之后的 1995 年，在一个不太显眼的地方——位于马里兰东海岸的大学会议中心举行，参会者范围更广，包括对社会行为的生物学研究的学术评论者，以及来自其他领域的研究者。未受邀的"政治"评论者也出席了会议，并向参会者和记者表达了他们的担忧。

抗议者的主要担忧是，种族主义者有可能利用这项工作，或者，种族主义者的课题可能获得研究资助。这种担忧至少有两个原因。第一个原因存在于本次会议和正在讨论的许多研究的社会环境中。即使到现在，该领域的研究者也很少包括非裔美国人。[①]部分非非裔美国人仍然对非裔男性存有成见，如认为他们野蛮、容易犯罪。[②]非裔美国人的失业率是白人的两倍，而且，非裔美国人的失业时间更长。[③]在美国，非裔男子在监狱人群中所占的比例远远高于在普通人群中所占的比率。[④]在 20 世纪 80 年代末和 90 年代初，大约有 1/3 年龄在 20 至 29 岁之间的非裔美国人在特定时间内处于监禁、缓刑或假释状态。[⑤]现在，对非裔美国人与白人在被捕、定罪和监禁率之间的差异有多种解释。刑事司法系统中的种族偏见是因素之一。另一个原因是非裔美国人属于城市贫民的人数过多。尽管自 20 世纪 50 年代和 60 年代的民权运动以来，人们正式扭转了种族歧视的局面，而且，非裔美国人在

---

① 关于在科学领域内非裔美国人的新近数据参见 National Science Foundation（2009）。

② Goff 等（2008），详细的社会心理研究证实这种成见依旧存在。

③ Lee 和 Morse（2004）。

④ 人们经常不提的是，绝大多数犯罪的受害者也是非裔美国人。

⑤ Stern（1998：50-51）；Alexander（2010）暗示说这个数字几乎没有变化。Pettit（2009）；Pettit 和 Western（2004）记述了过度监禁对非裔美国人群体的影响。

2008 年当选为美国总统，但完全达到种族平等，仍然有很多工作要做，从前的法律种族主义偏见的心理残留依然存在。

在这种域境中对遗传学研究的担忧在于，如果从个人层面来定位暴力之源，那么，就会把遗传学的研究与种族等个人特性联系起来，这将支持把这种不平等看成是先天差异的结果。这将不再直接关注社会因素，从而弱化对减轻贫困和消除司法系统中的种族主义的支持。这些担忧类似于早期将种族和智力相联系的研究所引发的那些担忧。这里的担忧在于，不同种族群体的成员在标准化测试中的不同表现，被认为是取决于先天遗传所决定的能力，而不是取决于不同的教育机会，或者测试本身或测试环境中的文化偏向。①此次会议的评论者认识到，无论研究的最终结果如何，科研人员严肃对待遗传学问题的事实使这种担忧成真。②不管研究者的直接动机是什么，情况都是如此。根据时任酒精、药物滥用和精神健康管理局局长的弗雷德里克·古德温（Frederick Goodwin）把城市生活比作遵守丛林法则的不合理评论，如此利用研究结果实际上可能是会议议程的一部分，这一点是可信的。他无疑试图强调犯罪问题的紧迫性，但会议的评论者并没有忽视其社会达尔文主义的方面。

次要的担忧源于更受限制的精神神经药理学域境。有人反对说，他们感到对精神病的治疗是过度的，如对那些被认为有反社会行为"风险"的人，滥用药物干预。换句话说，他们关心的是，药物的正规化或对人的安抚作用。这种主要的担忧和次要的担忧在政治活动家所表达的忧虑中相互影响，他们的忧虑是，药理学研究可能在大范围内造成非裔美国儿童接受药物治疗。有人可能想把这种担忧驳斥为是无根据的或过时的。然而，这种恐惧在非裔美国人社会的许多领域都很流行，这是非裔美国人很不信任美国管理机构的一个标志，因此，不

①　Jensen（1969）；Steele（1997）；Steele 和 Aronson（2004）。这里的文献浩如烟海，因为这也是关于在智力表现的行为和度量标准方面所观察到的性别差异的基础的问题。

②　参见 Lewontin（1991）。

会被轻易地驳回。①

关于性取向的争论。关于先天-后天之争还围绕性取向展开，例如，关于同性恋神职人员的争议，使像路德派和主教派那样已经确立的教派感到烦恼；一些国家和地方的司法管辖将婚姻权利扩大至同性恋伴侣，而另一些国家和地方则采取行动完全禁止此类改变；有些人继续排斥那些对其性取向持开放态度的人。②众所周知，美国政客利用反对同性恋的情绪，来诱导社会保守派选民的投票结果。直到 20 世纪 60 年代末，美国一直存在有关性取向问题的潜规则。一夫一妻制的异性婚姻是常态。例外则被视为不道德或有心理问题的证据，而且，在礼貌的社交场合不会被提及。精神病治疗把同性恋分类为精神失常，并且，同性恋者的某些行为被认为是不道德的情形，这造成处于同性性别关系中的男女被社会所忽视，使他们容易遭受勒索、失业和暴行。《精神疾病诊断和统计手册》（DSM）在 1973 年的清单中删除了同性恋，而美国联邦最高法院在 2003 年宣布，禁止同性性行为的法律违宪。潜规则被打破后，现代工业社会对同性性关系变得更加开放和宽容，但同时反对同性恋的声音也变得越来越尖锐。

有关同性恋和同性性取向成因的公开争论的线索很复杂。大多数非裔美国人把下列研究看成是有害的：这种研究试图表明，在智力测试的行为表现中或（可能存在的）攻击行为方面出现的群体差异是有遗传基础的，反之，同性恋活动家对有关性取向成因的遗传学和生物学研究却有不同的评价。研究者和活动家迪恩·哈默（Dean Hamer）声称，对同性恋的遗传基础或成因的接受，会劝人们不要对同性恋抱有恐惧态度，让他们更多地支持将公民权利扩展至同性恋者。③他把遗传和选择视为是二者择一的因果叙事：选择可能会受到惩罚或受到道

---

① 关于对遗传学研究的许多潜在社会意义的大范围的批评参见 Hubbard 和 Wald（1993）；也参见 Kaplan（2000）。

② 为美国武装部队无耻地开除男女同性恋者做准备的"不询问，不告诉"政策，截至本书交稿时已被废除。

③ Hamer 和 Copeland（1994）；Hamer（2006）。

德谴责，而遗传结果则不会如此，因而必须被容忍。其他激进主义者反驳说，科学研究并不支持关于性取向有生物学基础的一般性论点，而且，认同这样的基础，几乎不会或根本不会减缓对同性恋的恐惧倾向。①相信这样的基础，只会鼓励对同性恋进行生物"疗法"的研究。此外，如果发现一个基因或基因复合体与同性恋有关，父母可能会选择进行胎儿检测，促使他们对携带该基因的胎儿终止妊娠，就像在对后代的性别有文化偏爱的国家的父母一样，进行产前性别鉴定和选择性流产。②

　　给定这些社会域境，人们也许会认为，不可能对有关攻击行为和性取向行为的本性和成因进行公正的研究。但是，我们只要仔细阅读一下人类遗传学、行为科学、精神病学、社会科学、攻击性或性取向方面的期刊文章，就会发现，关于此类行为的研究性论文、元分析和评论文章，以及支持开展这种研究的各种框架的理论陈述和方案说明，浩如烟海。本书努力对这些文献进行有意义的分类整理。我的目的在于，描述利用某种生物学进路或所声称的其他替代进路，对人类行为进行经验研究的证据和论证结构。对此研究的公开讨论，通常将这个议题框定为是关于促成行为的原因或行为差异的实质性问题。在研究者之间，对这些争论的理解略有不同，被理解为是关于下列问题的争论：在生物学及其相关科学中，最适合研究人类行为的子领域（如果有的话）有哪些？或换句话说，对此类研究最有用的研究方法是什么？然而，有关方法的立场涉及关于实质性问题的假设。于是，后者必须被考虑为是公众理解或误解科学研究的一部分。

　　我赞成并详细阐述了三个主要论点，一个是认识论的，就这种研

———————
　　① Schüklenk（1993）。
　　② Greenberg 和 Bailey（2001）；West（2001）。正如所看到的那样，即使研究确实表明，在染色体性别和解剖/生理性别之间有一种关联，但这种关联度也远远达不到 95%或更高。尽管选择程序原则上能够被扩展到选择胎儿的性别，而且，某些父母可能会努力使他们生女孩子的机会最大化，但是，性别选择是常态的，许多域境都偏爱男性，反映了对男性的文化偏爱。参见 Chan 等（2006）；Booth 等（1994）；Chu（2001）；Sen（1990）。

究所产生的知识特征而论；一个是本体论的，就知识的对象而论；一个是社会的，就知识的不同吸收和传播而论。从认识论意义上来说，不同研究进路之间的关系，既不是竞争关系，也不是加和关系，而是最好在多元的框架中来理解的关系。每种进路只提供部分知识，不需要与另一种进路产生的知识一致或通约，即使它们的主题重叠。从本体论意义上来说，根本没有单一的行为概念。此外，特殊行为的可操作化，既反映了民间心理与道德价值或政治关切，也差不多反映了这种现象的客观性质。从社会意义上来看，在这些进路之间，并没有在认识论意义上进行充分的富有成效的互动，而且，研究进展的模式会影响人们对科学探究成果的预期。

二、前 期 准 备

1. 行为研究

某个给定的行为，可能是研究者主要感兴趣的行为，或者，是次要感兴趣的行为。当该行为成为探究的主要对象时，经验问题可能涉及给定行为或行为倾向的发生率、分布、成因。[①]概念问题与行为的界定有关——身体动作、故意行为、情境互动。概念和经验相混合的问题涉及针对特殊行为的恰当分类和区分：它应该如何被实施？如何与其他行为区别开来？如何与其他行为相关？另外，还有方法论的问题：如何最好地研究被理解为某种现象的给定行为？一旦做好这些前期准备，就能解决有关发生率、分布和成因的实质性的经验问题。

在致力于理解哪种因素与某种行为的产生或表现有关的研究中，

---

① 关于行为的更多研究，不是找出在所提供的特殊实例或行为标志中涉及的促成行为的因素，而是找出在灌输某些方面的行为倾向时涉及的那些因素。在关注不同于相互作用的个人动作或行动的行为研究中，尤其如此。

行为是研究的次要对象。举例来说，研究调控血清素（又称 5-羟色胺——译者注）摄取或性腺激素水平对行为产生影响的研究者，可能主要对理解生理活性物质的作用范围感兴趣。尽管流行的报道可能提供别的建议，但在这种情况下，行为是一种手段——有关该物质在生物体神经系统中的活性的一种提示——而不是研究的主要对象。同样，研究者可能对由给定的等位基因突变引起的一系列影响感兴趣。在这些情况下，所研究的问题是围绕物质或基因提出的，而不是围绕行为本身提出的。度量行为方面的变化，对于识别对更近端的器官产生的影响，是重要的，但感兴趣的不是行为本身，而是基因或物质。尽管该研究的内在认识论结构可能真的如此，但从实用意义上说，怎样选择所要研究的行为影响，在吸引研究经费、建立在其他研究项目中可利用的模型，以及引起公众的积极兴趣（一位科学社会学家称之为获取联盟）方面，会非常重要。这些考量可以使研究工作向着某个特定方向推进，并且改进研究的内部结构。①

　　这种先天-后天之争，是这些跨界问题中最广为人知、最常见的辩题之一，并且，在行为的讨论中是不可避免的。这个争论有政治版本：人与人之间重要的社会差异，是个体固有的，还是由社会或培育造成的？我们能够或应该做些什么，才能使个体之间重要的社会差异最小化？这一争论还有理论版本：人们应该寻找哪些因素来说明行为？在行为或行为倾向的因果关系中，哪些因素是最重要的？由于这是一个普遍存在的问题，很可能立即引起本能反应，所以，重要的是说明我所描述的研究会涉及哪些方面。

　　至少自柏拉图和亚里士多德以来，思想家对人类重要的社会特征在多大程度上是可塑造的一直存在分歧。一些人认为，将行为视为是天生不变的，是政治进步；而另一些人则认为，这是政治保守。从哲学上讲，这种二分已经在唯物主义、唯心主义、一元论、二元论和相

---

　　① 对这种相互作用的最有效的证明之一是 Knorr-Cetina（1981）。

容论的形而上学框架内得到了阐释。在现代哲学中，形而上学的问题发生了变化：物质与精神之间的关系成为核心难题之一，但是，先天-后天之争仍在继续。[①]

10　　先天-后天二分的可适应性意味着，它是由比形而上学或经验问题更深层的某种因素造成的，或者，至少是由某种因素造成的，而不是它们的最常见的版本。我所关心的争论是：它如何塑造关于行为的科学研究？如何塑造公众对研究能够或应该告诉我们的结果的理解？所有的行为研究都是在持续争论的背景下发生的，而这些争论又是在关于先天和后天对通常的个人发展的相对影响和对任何给定的特殊行为的相对影响的许多话语语境中进行的。在研究行为的群体之外，对此类议题感兴趣的大多数人往往从这种二分的某一方来进行论证。相比之下，不同研究进路的拥护者，就他们自己的研究而言，都承认先天和后天（或基因与环境）的作用，并且，大多数人强烈反对先天与后天的二分。然而，即使在研究者之间，这种二分也产生了两极分化的影响，因为竞争性进路的倡导者被指责为是，既创造了两难困境，又陷入两难困境的某一方。因此，就我关心的先天-后天的问题而言，我的目的既不是完全解决这种争论，也不是解构这种争论，反而是理解：对这种二分的持续兴趣，如何与塑造行为科学研究的问题和假设相互影响。

　　由于有些想法更容易受到干预和控制，所以，先天-后天之争有时相当于是决定论-反决定论之争。人们通常认为，后天比先天更具有可塑性，而决定论则认为人为干预无效。[②]反对生物学进路的研究者谴责

---

① 柏拉图和亚里士多德本人持有不同的总的形而上学观点，比如，关于宇宙本性的观点，他们关于政治权威的来源持有不同的政治观点，他们还持有不同的人性观。例如，柏拉图认为，起码有些性别差异是培养的结果（而且会被不同的培养所改变），而亚里士多德则认为，性别天生是不同的，女人是不完美的或者是小人物。对于亚里士多德来说，性别属性不是可变的，而是人类的根本面貌。

② 当然，这取决于人们关于社会变迁的理论，也取决于人们对生物稳定性和变化的看法。一些理论家把大规模的社会变迁看成是规律使然，也认为对参与这些过程的个人造成了永久性的影响。另一些理论家则认为社会变迁太复杂，既不会对个人产生决定性的影响，也不容易操纵。在我们的药理学管理情绪和行为的新世界中，先天开始被感知为是更有可塑性的力量。

基因决定论或生物决定论，但如果想法是，非生物的培育进路更好地与自由意志结盟，则是一种误导。先天-后天之争的两个方面都有同样的确定性（或不确定性）——该议题是决定因素是什么：生物意义上的先天因素、社会-环境因素，或者，这些因素的某种混合。而考虑到各方都承认生物学和环境是重要的，所以，这种争论更确切地说涉及两个问题：①各自影响的相对强度；②研究行为决定因素的最佳方法。

11

2. 利益-真实和感知

这里所分析的两个研究领域，都涉及与高度敏感的社会秩序方面相关的议题。关于攻击性的研究旨在向我们揭示有关暴力和犯罪的一些知识。对性取向的研究可能会向我们展示有关生殖和亲密模式的一些内容。此外，行为起次要作用的生物学研究与理解基因的作用和激活、神经递质和激素功能以及行为的生理维度有关。因此，在这些争论中最关键的是研究社会/行为现象、人类和其他动物的生物学以及美好生活和美好社会观念的方法论。这意味着，许多不同领域的人都与这项工作的实施和结果有利益关系，他们包括：其研究或被重视或被贬低，或被利用或被忽视的科学家；关心维持社会秩序的政治家；遭受暴力破坏或被认定为暴力犯罪的团体；拒绝异常标签和要求法律平权的同性恋者和双性恋者；普通公众的成员。他们无论自己是否关心这项工作，都通过纳税人支持的机构大量资助了这项工作，并将直接或间接地受到这项工作所采纳的概念和实用方向的影响。

正如那个"遗传因素与犯罪"会议的故事所表明的那样，并非每个人都有机会获取相同类型的知识产品。运用公认的进路开展工作的研究者，为这种进路辩护的研究团体的发言人，最有机会——因此，在最初的计划中，参会者仅限于对与遗传学相关联的纲领进行研究的个人。在经过最初的争议后，最终召开的会议扩展了参会者的范围，包括来自不同研究团体和传统的研究者：从事生理学研究而不是遗传学研究的生物学家、反对行为遗传学研究的生物学家、社会学导向的犯罪学家，还有历史学家和哲学家。尽管如果没有最初导致会议被取消的政治抗议，他们就不会被包括在内，但他们的参加仍然显示了可接受批评的一面。大多数来自左翼组织的政治抗议者，把自己看成是代表了可能受到这种工作影响的群体，他们仍被会议排除在外，而且，感到不得不强行进入会场和"接管"会议。①在学术界，甚至在研究者中间，关注性取向可能的生物基础或相关性研究的男同性恋者和女同性恋者，比可能受到（或感觉受到）暴力研究威胁的城市贫民和非裔美国人，更有代表性。男同性恋者和女同性恋者对此工作的接受程度是不同的，他们各自组织了会议和论坛，来辩论这项新研究的理论维度和社会维度。

除了质问谁能说话之外，人们还可能以拉图尔式的方式质问，什么能作证，即"被招募"到这些研究中的除人类之外的参与项是什么。这包括从基因和遗传标记物、神经递质及其拮抗剂、激素、代谢状态，以及用于插入、操纵和识别这些生物制剂的器械，到行为的相关性、分布，以及用于识别和衡量行为的手段（问卷调查表、访谈时间表、诊断分类、统计方法等），当然，还包含支撑人类研究的从大鼠到果蝇的实验动物。研究者将这些相异的元素组合在一起来建构相关数据。与行动者-网络理论的某些阐述所创建的印象相反，这些因素不是独立的、自诩的选手/参与者，而是在它们出现的不同进路中被赋予意义。它们的重要性必须是被确立的，而不是给定的。特殊的个体在规定的情况下具有特定的静息心率，或者，以特殊方式对血清素拮抗剂产生反应；大鼠对入侵者有特殊的应对方式，或者，一个变异的果蝇与另一个果蝇有特定的互动方式；给定的遗传标记物与某些人群的表型性状相关；这些事实与研究者的预期或愿望无关。然而，这些数据是由什么构成的，如何识别和表示这些数据，以及这些数据被认

① 虽然他们的确成功获得了听证会，而且，有些研究者报道说，他们的思维方式也因此而发生了改变，但是，由抗议者接管会议就过了。参见 Jones（2006）。

为与哪类问题相关，是从事研究的假设与框架问题，也是能够连贯起来足以支持一种探索方式的事实网络问题。①

三、本书的计划

下面几章集中研究两种行为：攻击行为和性取向行为。正如人们可能会质疑关于现象本身的客观研究的可能性一样，人们也可能会质疑利用这一系列研究来支持通过对人类行为的科学探索得出的任何结论。另外，这些是社会分散和凝聚所涉及的核心行为，是我们如果想要理解自己所需要理解的行为。我们应该想知道科学必须告诫我们的东西（如果有的话）。为了实现这个目标，我既评论了正在进行的经验研究的类型，也评论了导向知识域境的相关理论作品和论著。

我分析了在行为的经验研究中占主导地位的五种进路：定量行为遗传学（QBG）、分子行为遗传学（MBG）、面向社会环境的发展心理学、神经生理学和解剖学，以及宣称替代纯生物学进路或纯社会环境进路的一组整合方案。出于对比的目的，我还讨论了另外一个跨学科的框架。有时被称为人类生态学的研究传统有一段稍微曲折的历史，可能是因为它必须与在美国社会科学中占主导地位的功能主义和方法论的个体主义相竞争。同时，与遗传学或神经生理学不同，生态学本身的典型特征是对学科基础的内部争论。尽管如此，仍然有对通过这个框架以一般方式了解到的人类行为的各个方面的许多研究，这些研究整合起来共同构成了研究行为的群体层面的、更加行为学的/生态学的进路，这种进路不同于通常进行先天–后天之争的那些进路。这

---

① 像"规定的情况""一种特殊的方式""相关"之类的术语不是自然给定的，而是概念框架的构成部分，在这个概念框架内，事实受到了挤压（即从丰富而复杂的多重经验中提取出被认为可分离的和可输出的事实）。关于一种迷人的"事实"进路，参见伦敦政治经济学院经济历史系"事实研究小组"的工作。

一系列进路与我将要更加详细地分析的那些进路的区别在于，它们利用了仅归因于群体的属性，如社会结构特征，来说明其他群体特征。

这项研究所关心的那些进路是恩斯特·迈尔（Ernst Mayr）所谓的近端说明（proximate explanations）。我没有涵盖人类社会生物学或其后继者，即进化心理学，这两种进路关心迈尔所谓的终极说明（ultimate explanations）。在我看来，这些进化论解释的拟真性，取决于对行为的更直接原因的研究方案的结果，特别是行为遗传学，还有行为的神经生理学。①更确切地说，我们必须表明，被说成是适应的行为或认知-情感的复合体，可能按照进化论（例如遗传学）所要求的方式传递。当然，我意识到，在直接理解攻击行为和性取向行为的心理学和社会学中，还有另外的研究方案。②我将重点着眼于关注近端描述而非进化论描述的生物学进路，以及与它们最密切相关（竞争性或合作性）的非生物学进路。

心理学、社会学和动物行为学，自从 19 世纪作为行为科学开始，一直以多重流派、进路和理论为特征。鉴于缺乏单一的统治范式，有些人倾向于把它们驳斥为非科学的，或充其量是前科学的。有些学者部分地回应了这种驳斥，强调在北美社会学和经济学中大量使用了定量方法或形式建模。③另一些学者则转向生物学，认为生物学是一门更成熟、方法论上更合理的科学。但是，进路的多样性和随之而来的争论是无法轻易避免的，因为这些争论也涉及所测量或建模的内容、方式和原因。此外，"前科学"这个标签具有误导性。行为科学的范围很广，在整个领域内，有大量的活动，根据任何定义，行为科学都有

①　这种正确的行为遗传学纲领的成功，对于进化心理学来说，可能只是必要条件，而不是充分条件。关于在进化框架内使对攻击行为的各种研究系统化的一种有趣尝试，参见 Mealey（1995）。关于对进化心理学假设的彻底批评，参见 Lloyd（2001；2005）。

②　帕特里克·苏佩斯（Patrick Suppes）断言，对攻击行为的研究，在心理学领域比在生物学领域多得多。在某种程度上，这可能反映出学科定位和认同的议题。在生理心理学领域内，大多数关于攻击的动物研究都在进行，在总的方向上，生理心理学有证据表明是属于生物学的。

③　Trout（1998）对社会和行为科学中的这种倾向进行了描述和辩护。

资格作为科学：各种观察、度量和实验。冲突的根源可能部分在于所研究现象的复杂性，而不在于研究的不成熟性。但是，"前科学"或"前范式"的标注具有一定的价值，因为它提出了一种相关的思维方式，来思考求助它的这场论战。对知识和探索的社会描述将关键的话语互动置于认识论分析的中心。从这个视角来看，人们可以将论战本身视为是行为的科学研究自身条理化的一种手段。这些争论可以导致采用单一进路和单一理论的统一学科；也同样可以导致采用多重进路和理论的多重学科。即使当前的进路正处于积累经验结果的阶段，由其倡导者参与的争论也正在有效地挑选方法论、认识论和本体论的议题。

　　本书主要分为两个部分。在第一部分，我通过总结各种进路的理论/概念框架，给出在这个框架的支持下开展研究的一些事例，明确问题、目标、方法、范围、限度和各自固有的假设，来揭示五种进路中每一种进路的结构。①这种分析是通过研究报告、研究评论和元分析以及批判性的评价进行的。概括性的一章汇集了每种进路的主要结论，消除了这样的观念：存在着一种经验方法，来解决不同进路的支持者之间的争执。每种进路都产生了各自的问题集，不同形式的数据，借助不同的假设，对问题集给出明显不同的回答。尽管在不同进路中支持的某些假设似乎是矛盾的，但这种冲突并非或并非总是能够诉诸证据来解决的。相反，最好将分歧理解为进路之间的冲突。

　　本书的第二部分包括三章主体内容，分别对这种综合分析所引起的认识论的、本体论的和社会的议题进行了哲学反思。在第8章，我认为，按照目前的结构安排，这些进路通过消除或还原同化，既无法得到整合，也无法被简化为一种。每种进路都以独特的方式刻画了自己的领域，从而排除了由它们之间的辩论所引发的相互评价。每种进路

15

---

　　① 我所意指的"进路"是概念内容和实践内容的集合体，至少包括解决这些疑问的特征问题、特征方法，以及对这些疑问的重要性的承诺和通过可利用的方法给出回答的承诺。关于对这个概念的进一步讨论参见 Kellert 等（2006）。也参见 Longino（2001b）关于"调查"的框架和"局域认识论"。

都提供了部分知识，以我所说的因果关系的独特刻画为条件。我的多元论分析力图确定每种进路所能提供的知识类型。与已经在这些研究领域著书立说的许多其他哲学家不同，我不是试图对这些进路作出评价，或者，论证一种进路优于另一种进路。我们通过尝试解决研究环境的复杂性问题，比偏袒某一方，能够学到更多的东西。实际上，在前一项任务中用到的哲学工具可能比在后一项任务中用到的哲学工具更好。

对认识论议题的分析只是理解这项研究的一部分。尽管这些进路所研究的构成原因的因素或说明的因素是不同的，但它们却共享了待说明项这个概念：它们试图说明的现象，即一般行为概念和经验研究关注的特殊行为概念。在第9章，我分析了所考察的研究感兴趣的特殊行为的实施方式和概念化方式，并将这一分析置于关于行为的一般概念的哲学思考的域境中。我这里的要点是，关注这些概念中的不稳定性，既有特殊的，也有普遍的，关注行为的价值灌输（value-infused）特征，以及关注采用不同的行为概念作为我们的待说明项所带来的后果。

正如已经确定的那样，关于行为的科学研究引起了实验室以外的广泛兴趣。智力和认知、攻击行为和性取向行为都是公众、决策者以及教育、社会福利、心理治疗和刑事司法系统的工作者普遍感兴趣的问题。在本书最后的实质性的一章，当我讨论攻击行为和性取向的研究工作对我们如何思考相关社会问题产生的影响时，这些影响会更加具体。对知识的生产者和消费者之间的互动网络的刻画，对我们提出了严峻的挑战。我们如何识别知识的消费者？谁真正关注这种研究？他们通过什么手段进行研究？我们如何确定这种研究融入他们的社会、政治和文化态度的方式？作为评估这项工作的陈述和吸收的第一步，我引证分析了具有代表性的一组文章，评论了研究者本人对自己工作的通俗表达，考虑了科学记者的报道。我认为，这种传播链的狭义结果与更广义的社会文化情境中的各种需求和价值的相互影响，有助于抵挡要求研究更完备和更细致的挑战。

四、结 论

我的社会认识论立场，支持了对给定现象或现象范围的多重科学进路的存在性，作出多元论的回应。非多元论者将把多重性看成是，为了甄别出唯一正确的理论进路选项，需要进行批判性评价或更多经验工作的一个标志。相反，多元论者力图理解，这种智力展望如何使对相同现象的多重解释有可能取得成功。因此，这项研究能够被当作在具有多重解释特征的任何科学领域内应用哲学多元论的一个模型。与在科学哲学中被推荐为模型的许多研究不同，本书的研究着眼于其科学地位经常遭到质疑的研究。与在物理学的大统一理论支持下所进行的研究相比，行为研究似乎是不完善的。但是无论它缺少什么，它在进行观察、度量和假设检验时，确实像其他科学领域一样是科学的。只不过通过非多元论者或一元论者的哲学视角，才将其视为在科学上是有缺陷的。从多元论者的视角来看，它可能只是影响了认识自然和社会世界的所有尝试的多元论的一个生动事例。

这项研究还探索在科学与其支持的社会之间的关系。思想交流是双向的：社会成见会影响科学的实施，科学通过被报道的方式强化了这些成见背后的假设。但我认为，谴责生物决定论的遗传学研究的政治评论家，恰好错误地说明：那些假设是以这种方式传播。借助多元论视角的好处是，关切的其他方面显现了出来。

在接下来的几章中，我将评论描述各种进路特点的问题类型、假设类型和调查的方法论类型，以及它们的支持者之间的交互论战。我的目的是，弄清楚每种进路能够产生的知识的范围和限度。正如我所提出的那样，我的意图并不是对这些研究提出批评，而是理解它们的

17

逻辑、证据或论证结构，它们的工作假设，它们相对立的特征，以及它们所共享的特征。我在元层次上的批评焦点是，关心对这些进路之间的关系的表征和理解，而不是对其中任何一种进路的评估。①我的第一个目的是回答以下问题：这项研究提供了人类行为的哪类知识？这是什么行为的知识？我的第二个目的是提出另一个问题：鉴于对第一个问题的多元论的回答，关于人类行为的科学研究应如何为探讨社会政策提供信息？

---

① 尽管有这个免责声明，我也不能拒绝指出在提出某些主张时出现的困难，特别是，当他们关心进路，而不是关心代表其观点的人时出现的困难。

第一部分　理解人类行为的进路

第2章　定量行为遗传学

　　经典（也被称为定量）行为遗传学将给定人群中的行为变异与遗传变异相联系。其研究的一个目标（某些情况下也是中心目标）是确定有多少行为变异是由遗传变异引起的，有多少是由环境变化引起的。环境被理解为包含社会经济状况（SES）：包括种族、教育程度和父母的收入水平，位于市区、乡村或郊区的养育地点，以及其他此类因素，也包括父母对教育、管教方式以及与童年的经历有关的其他因素所抱有的态度。因此，经典行为遗传学将兴趣问题直接视为关于先天与后天的问题。一些行为遗传学研究者希望从这样的人口数据中得出有关个人的结论，而另一些人则对这种做法表示怀疑。

　　考虑到生物体的基因和环境均会对其行为产生影响，行为遗传学家提出了遗传对给定行为起什么作用的问题。他们使用的主要方法是方差分析（analysis of variance，ANOVA），这种分析能识别出群体性状表达（expression of a trait）的差异与遗传差异之间的相关性。而环境的作用则通过从总的表型方差（total phenotypic variance）中扣除遗传方差（genetic variance）来计算。如下文所述，行为遗传学家已经对这个初步方案进行了一些改进。在关于人类的研究中，传统上使用的方法是双生子研究和收养研究。这些研究起到了自然实验的作用，在这些自然实验中，通过将一种作用视为常量，将另一种作用视为变量，可以将生物遗传对变异的作用与环境对变异的作用区分开来。

　　同卵双胞胎由同一受精卵分裂而来，共享相同的基因组。异卵双胞胎是由同一受孕过程中两颗受精卵发育而来的，并不共享整个基因组，在遗传上反而与非双胞胎同胞相类似。对这个事实可能有几种研究。在对同卵双胞胎分开养育的研究中，双胞胎的生物遗传的作用被认为是相同的，而其环境的作用却有所不同。当双胞胎对给定性状的一致性（相似度）大于性状在人群中显现的频率时，根据在功能上与度量到的一致性相关的数值，该性状被认为是可遗传的。另一类双生子研究涉及将同卵双胞胎与异卵双胞胎或非双胞胎同胞进行比较。当双胞胎或其他同胞在同一个家庭中长大时，研究者能够比较基因组相同的同卵（monozygotic，MZ）双胞胎与仅有一半基因组相同的异卵（dizygotic，DZ）双胞胎对给定性状 T 的表达的一致性。这些研究的假设是，异卵双胞胎的环境是相同的，只有基因型不同。同卵双胞胎之间对性状 T 表达的一致性程度比异卵双胞胎之间对性状 T 表达的一致性程度更高，这一发现被看成是支持该性状具有遗传性的论据。研究者还对分开养育的双胞胎与一起养育的双胞胎进行了比较。这里的假设是，对于分开的双胞胎来说，环境是不同的，而对于在一起养育的双胞胎来说，环境是相同的，而两类双胞胎的基因仍然是相同的。当分开养育的双胞胎与一起养育的双胞胎对性状 T 表达的一致性程度相同时，这也被用来支持该性状 T 可遗传的假设。

23　　在收养研究中，研究者将被收养人与他们的亲生父母和养父母进行比较，有时还会将他们与亲兄弟姐妹和养兄弟姐妹进行比较。在与亲生父母和养父母的一致性比较中，假设是，养父母提供的环境不同于亲生父母提供的环境。对亲兄弟姐妹和养兄弟姐妹进行比较的假设是，两者的养育环境是相同的。在所有这些比较中，如果亲生父母与其子女在某个性状上所度量到的一致性，超过非血缘亲属之间的相似性，则可以为遗传力估计提供基础。虽然大多数支持者和评论者都将定量行为遗传学理解为适用于确定人群内部的差异，但也有些人认为，它还能被用来确定遗传对个体发育的作用。①

---

① Burgess 和 Molenaar（1993）。

对攻击行为的常见的定量行为遗传学研究是，在有血缘关系的家庭成员和无血缘关系或血缘关系较远的家庭成员之间作出比较，来测量某些攻击行为的一致性，比如，重罪定罪或反社会人格诊断。[1]因此，研究者可以比较在同一家庭抚养与在不同家庭抚养的双胞胎之间，或者，同卵和异卵双胞胎之间，或者，被收养人与养父母和亲生父母之间，的一致性。例如，一项针对广泛行为的双生子研究，调查了 331 对一起抚养的双胞胎和 71 对分开养育的双胞胎的反社会行为的一致性。这些行为是通过自我报告问卷 MMPI 来识别的，问卷包括度量反社会行为或攻击行为的两组问题。分开抚养的双胞胎回答问卷的一致性支持了 0.8 的遗传力估计。[2]一项对比养父母和被收养人以及亲生父母和被收养人之间的行为一致性的研究，已经被丹麦刑罚登记处列为对攻击行为的度量。[3]

研究者梅森（Mason）和弗里克（Frick）选取了 1975 年至 1991 年发表的 70 项关于攻击行为的此类研究（其中不涉及诸如酗酒等问题），并制定了可被纳入他们元分析的那些研究必须满足的一组选择标准。[4]然后，他们将这些研究中所报告的行为分为三类：犯罪行为、攻击行为和（其他）反社会行为。每类行为又分为严重和不严重两档。根据梅森和弗里克的看法，这些研究支持的结论是，遗传会对反社会行为产生影响，而且，对严重的反社会行为的影响大于对不严重的反社会行为的影响。李（Rhee）和沃尔德曼（Waldman）最近的元分析的结论更为审慎，他们区分了所取样的研究中使用的各种操作和度量方法。[5]他们基于在行为遗传学框架内进行的51个双生子和收养研

---

① 参见第 9 章关于这种行为的不同维度的讨论。

② Tellegen 等（1988）。双生子研究的遗传力结果包括在 Mason 和 Frick（1994）完成的元分析中，范围是从 0 到 0.84。

③ Hutchings 和 Mednick（1975）。这项研究区分了重罪财产盗窃和重罪袭击，发现前者的遗传力高于后者的遗传力。

④ Mason 和 Frick（1994）。

⑤ Rhee 和 Waldman（2002）。关于对行为遗传学进路的更明显的支持参见 DiLalla（2002）。

24　究，提出了一个模型，该模型将精确的方差比例分配给可加的（0.32）遗传影响和不可加的（0.09）遗传影响①，共享的（0.16）环境影响和非共享的（0.43）环境影响。尽管最大方差的共享必须归因于非共享的环境影响，但他们在讨论时的评论，也对把非共享的环境影响主要归因于遗传因素的观点表示理解。②最近，丽莎贝丝·迪拉拉（Lisabeth DiLalla）提出，度量攻击行为的不同过程导致生成不同的遗传力估计：基于父母对孩子行为的评价给出的估计值低于基于不相关评价者（无论是教师，还是实验室的观察员）的报告给出的估计值。③

　　此类研究也针对同性恋进行。在一项研究中，迈克尔·贝利（Michael Bailey）和理查德·皮拉德（Richard Pillard）通过在同性恋媒体上刊登广告，来招募同性恋或双性恋男性受试者，这些受试者有双胞胎兄弟、养兄弟或其他非血缘兄弟。④他们确定了 161 个适合面试的人，其中 115 人有双胞胎兄弟，46 人有养兄弟。这一研究的目的是了解同性恋发生率的任何差异是否与遗传相关性的差异有关。他们通过两种方式评估受试者兄弟的性取向：询问受试者对其兄弟性取向的看法；根据从允许受试者联系的 135 位亲属中收回的 127 份调查问卷的答案。最终，有52%的同卵双胞胎、22%的异卵双胞胎和11%的养兄弟被认为是同性恋者。两位作者在讨论中探讨了数据的各种细微差别。从有关性取向遗传力的数据中得出的任何推论均取决于所假定的基准比率。两位作者使用 4%和 10%的假定比率，与针对招募广告进行自我选择的有影响的三个可能值进行两两配对，共得出了 6 个遗传力估计值。估计值的范围为从 0.31 到 0.74，均高于可归因于共享环境的方差比例。数据中存在一些问题，即异卵双胞胎兄弟的一致性与非双胞胎兄弟的一致性相差很大。尽管如此，两位作者得出的结论是，他们的研

---

　　① 可加的遗传影响只与其他的方差分量相加，而不可加的遗传影响以非指定的方式与这些分量相互影响。

　　② 关于非共享环境的进一步讨论参见下一部分。

　　③ DiLalla（2002）。

　　④ Bailey 和 Pillard（1991）。

究表明，性取向受遗传的影响很大。①

行为遗传学的支持者代表行为遗传学的利益声称，行为遗传学有助于阐明潜在行为的机制；它代表了把进化的达尔文概念适当扩展到行为；它有助于显示非遗传的环境因素对行为所起的作用；它能够表明各种干预策略的限度，以及找出能否从此类策略中受益的人群。②

广而言之，关于行为的遗传决定因素的研究目标是帮助我们理解个人做事的行为方式。遗传学研究能为这种理解做出什么贡献呢？首先，我们必须修改这个问题，来反映行为遗传分析实际能达到的目的。正如我们所见，经典行为遗传学利用了群体遗传学，群体遗传学分析人群内部的变异。"个人为何会如此行事？"——关于个体的问题——变成"已知人群 P 在性状 B 的表达中具有变异 V 的特征，什么能说明人群 P 中性状 B 的变异 V？" ——关于人群中个人之间的变异问题。鉴于关注的重点是遗传学，这个问题更具体地表述为，"群体的遗传变异对这种行为的变异起到了什么作用？"这种自上而下的进路无疑跳过了也可能对变异起作用的所有生理和神经活动，但是，通过直接在被假定为是稳定的基因型中寻找相关性，它有望将可度量的行为差异与不随时间改变的生物遗传变异相关联。这种对稳定的生物基础的推测，便于对双胞胎和收养数据进行纵向分析和多变量分析，因为某一性状随时间的变化或单次跨性状的遗传力估计的停滞和变化都以一个稳定的基因组或稳定的基因变异度量为参考。③

行为遗传学也为将进化论扩展到行为奠定了部分基础，因为给定性状是可遗传的发现支持了更广泛的进化论主张：该性状是在某些环

---

① 贝利和皮拉德在他们的讨论中用了"生来的"和" 遗传的"措词。有趣的是，样本中非同胞兄弟之间同性恋的一致性（根据受试者的报告间接地评估的性取向）低于养兄弟之间同性恋的一致性，也低于基于其他数据遗传模型所预言的同性恋的一致性，还低于其他同样的研究中所报告的同性恋的一致性。例如，Whitam 等（1993）；Pillard 和 Weinrich（1986）。

② McGue（1994）；Scarr（1992；1993）；Plomin 等（1994）；Bouchard 和 McGue（2003）。

③ 这里假定的稳定性是结构的，而不是功能的，因为相同的结构，当被不同的酶激活或与其他基因组序列相结合时，将参与不同的表达过程。

境中被选择的。但是，当人们特别关注所产生的统计信息时，可能很容易把这项工作看成是表明基因作用/影响的极限，换句话说，正如罗伯特·普洛明（Robert Plomin）所建议的那样，看成是揭示了受其他非遗传因素影响的行为变异的范围。假如将影响行为的原因划分为遗传原因和环境原因，通过简单计算，就能将影响归因于环境。如果遗传力统计量.*nn*足够低，则进行这种推理，证实了环境因素的重大影响（1.00−.*nn*）。

这些进路和心理学中对单变量研究的元分析的另一个价值是，它们可能支持对所研究的行为进行更详细的说明。不管是区分暴力和非暴力的反社会行为，还是分离出行为的成分，比如，冲动，其变异更多是由遗传变异引起的，行为遗传学进路通过协助识别行为或可被系统研究的行为成分推动了心理学的研究。由于它与心理学中的其他进路配合使用，我们预计在性状识别方面有更大的改进。此外，在不一定要穷尽系统研究的可能性的情形下，它有助于对行为的理解。[1]

面对更广阔的社会域境，行为遗传学研究满足了对特殊行为现象的各种社会兴趣。用来解释基础研究发现的假设越深刻，能提出的社会相关性主张就越重要。尽管行为遗传学方法在确定环境对行为变异的影响时是起作用的，但研究结果通常还是体现出他们认为遗传会影响行为的观点。如前所述，攻击行为/犯罪和性取向是社会秩序的方面，人们对控制或规范这些行为的兴趣从未改变。这种兴趣促使人们对新闻媒体提供的数据，以及提出全民筛查项目（比如建议对脆性 X 携带者的筛查）的那些人提供的数据，作出决定论的解读。[2]赞成马里

---

[1]　参见 Crick 和 Dodge（1996）。遗传学家 Altul Butte 提出，所有的疾病，包括心理的和行为的，都最终通过其潜在的基因基础得到识别和区分。参见 Butte（2008）；Butte 和 Kohane（2006）；以及我在本书第 4 章注释中的讨论。

[2]　De Vries 等（1998）。脆性 X 是指，在 X27.3 这个案例中，具有异常的 CCG 长重复序列的染色体。这种重复序列与智力障碍、过度兴奋、成年人攻击行为的某种程度的增加有关。关于基因筛查的价值在治疗社区存在争议。参见 Palomaki 和 Haddow（1993）；Bonthron 等（1993）。

兰大学"遗传因素与犯罪"会议的弗雷德里克·古德温，根据筛查项目的潜在发展，证明了对暴力的行为遗传研究提供资助的合理性。一些性取向遗传学研究的评论者认为，这项研究可能构成产前筛查的基础，而另一些评论者则赞许说，这项研究有可能去除对同性恋的污名化。另外，行为遗传学家桑德拉·斯卡尔（Sandra Scarr）把行为遗传学研究工作看成是证明了社会干预潜力的限度。特别是从斯卡尔对基本的人类异质性的观点来看，这种立场可能被看作是抵制任何类型的社会工程。

可能的实用/域境关系的多样性反映了在追求行为遗传学研究的社会域境中的矛盾心理。根据流行的基因控制概念来解读遗传学研究，受到了为人类基因组计划获得财政支持所提出的夸张要求的鼓励，倾向于延续早期的优生学项目，一些支持者和大多数评论者也如此解读。但在把遗传学研究看作是制衡不恰当企图的域境中，还存在着另外一些历史时期（例如，苏联式的社会工程的历史时期）。

一、方法、范围和假设

然而，行为遗传学最重要的问题是：基因在行为 B 中扮演什么角色？对定量遗传学来说，这解决了关于遗传力的问题：

●在多大程度上，行为B是可遗传的？（父母的差异与后代的差异有多少相关性？父母的差异在多大程度上影响后代的差异？）

●在人群中B的表达的差异与遗传差异有多少相关性？

●遗传力统计量和由此而来的对B的遗传影响程度是否随时间变化？

●如何提炼和扩展用于行为的遗传影响研究的方法？

为了解决这些问题，经典人类行为遗传学家运用了确定遗传力的传统方法：双生子研究和收养研究。更多有效的实验方法（例如，在卓有成效的经典遗传学中使用的育种法）因伦理和规模的原因，不适用于对人的研究。经典行为遗传学家试图回答的问题是：遗传对 B 产生了多大的影响？这个"多大"并不直接指对个人的影响，而是指人群中遗传变异与性状变异之间的关系，其本身是通过遗传方差与总方差之间的关系来度量的。"方差"是一个技术术语，指每个个体的值与群体的平均值之差的平方的平均值。遗传方差是人群中遗传差异在总方差中的占比。当在遗传学的标题下进行研究时，双生子和收养研究最多只能显示出，在给定共同环境下，给定人群中某个性状的遗传力范围。这种遗传力是根据各代性状表达的一致性计算得出的。前文提到的双生子和收养研究，使人们可以将与血缘相关性（遗传相似性）有关的一致性与环境相似性相关的一致性分开。由于将受试者分类为遗传相似但环境不同（分开养育的双胞胎）或遗传不同但环境相似（收养与亲生后代），ANOVA 技术可用于划分在测量性状变异的域境中给定性状变异的遗传因素和环境因素。基于父母和老师的报告、对个性清单的答复以及公共记录，所考察的性状是属于个人的性状。

因此，双生子和收养研究能够回答的问题是：在环境 E 中 B 的表达差异在多大程度上是可遗传的？该假设是，这里的"可遗传的"等同于"在遗传意义上是可遗传的"，尽管经典行为遗传学家可以使用的方法不能够证实遗传的传递机制，以及其他非遗传的传递机制。仅当人们假设所讨论的原因只是基因和环境时，这一结论才有可能。这些方法适用于区别对待和评估分配不同的遗传力商数的替代假设，即对群体遗传变异和环境变异的度量方差的不同分配。然而，这些研究不能被泛化到毫无限制地回答问题：B 的表达差异有多少是可遗传的？性状的变异性和遗传性都会随环境的变化而改变。双生子和收养研究不仅不能断定单个生物体中的因果关系，而且它们只支持断定在给定环境中给定人群的行为性状分布。超出该人群的泛化必须假定相似的群体特征和相似的环境。无论如何，基本分析模式的变化会增加所支持假设的复杂性。度量不同性状中变异之间相关性的多变量分析，能够帮助人们分解复杂的表型性状，并支持不同性状具有共同遗传基础的主张。纵向研究能够帮助人们确定可遗传因素和不可遗传因素的相对影响随时间的变化。另外，因为双生子研究的独立变量被认为是遗传相关性和非遗传相关性或环境相关性，所以，双生子研究无法区分产前宫内的影响和遗传的影响，因为关于双胞胎的所有已知信息是，它们共享一个基因组，所以，双生子研究也无法区分多基因性状和单基因性状，显然更不能识别基因。

总结经典行为遗传学中使用的方法，有以下几种。

（1）简单的遗传力研究（ANOVA），即度量和比较某种行为 B 在下列选项中的发生率：①在分开养育的双胞胎中；②在同卵和异卵双胞胎（以及所有的兄弟姐妹）中；③在被收养人与亲生父母和养父母中；④在养兄弟姐妹和同胞兄弟姐妹中。这些度量能使人们可比较地估计在具有不同程度的血缘相关性的人群中攻击行为或性取向的相对发生率。

（2）纵向研究，即确定这些配对频率随时间发生的变化（例如，与血缘相关度较低的人群相比，在血缘相关度较高的人群中度量不同时间的攻击行为的一致性是降低了，还是增加了，是否存在着一个随时间的变化而变化的方向）。

（3）多变量分析，即表明性状的协方差（即相同或相似的分布，意味着共同的因果关系）和潜在的可分解性。

对经典行为遗传学的批评，可能来自内部，也可能来自外部。内部批评关注的方面是，某种特殊的研究或对一组研究的解释不遵守构成该进路的方法论对策；外部批评的矛头对准整个学科或该进路的关键假设。两种批评揭示了关于这个纲领的假设：在前一种情况下，涉及假定通过方法论的预防措施所满足的必要条件；在后一种情况下，涉及这个纲领的框架和结构的前提条件。个别研究可能显示出缺乏方法论依据，但不会引起对整个学科的质疑。

30　　人们经常表达的担忧与受试者选择有关。双生子研究需要防止已确定在行为的某个维度相似的双胞胎通过自我选择进入研究人群。招募受试者时需要：不透露研究感兴趣的各个行为维度，不造成招募过多在这些行为上相似的双胞胎对。使用双胞胎注册表和其他非个人数据集（比如犯罪判决）的研究，能防止犯此类错误。而旨在研究分开养育的双胞胎但不排除分开后又重新团聚的双胞胎的研究，则不能避免犯此类错误。从附属社团或双胞胎团体招募受试者的研究，必须使用诸如同卵/异卵双胞胎比较之类的不偏向结果的方法。此外，对不同研究的汇总，要求在度量中对给定行为实施相同（或非常相似）的操作方法；否则，就会冒着将不同行为的遗传力混为一谈的风险——就像是度量单个行为的遗传力。

　　外部批评是为了从对遗传力的卓越研究所表明的遗传影响或因果关系的假设中得出推论。对行为遗传学进路的一个常见误解是，认为它旨在识别个人行为的（遗传）因果关系，而不是确定群体性状变异的基础。这种误解主要是在普及化过程中被提出的，但有时也会在研究者对自己研究的潜在价值的讨论中被提出。[1]一种常见的批评指出了个体性状的起因与群体变异的伴随物之间的区别，这种批评指向所谓的下列假设：识别特殊环境中变化的相关因素乃至变化的起因无异于简单地识别性状的起因。这是理查德·勒沃汀（Richard Lewontin）对方差分析的著名批评。[2]这里有两个推断，一个是禁止从单一群体对物种（或不管所讨论的人群分组规模有多大）的推断；另一个是禁止反过来从群体到其个体成员的推断。换句话说，从发现群体 P 中性状 T 的方差的.nn 与遗传方差相关的研究中推断出，该人群中个体成员中 T 发

31　生的.nn 是遗传引起的。正如我们所看到的那样，也不能仅通过对人群

---

① Burgess 和 Molenaar（1993）声称，已经提出了从群体结果外推到个体的步骤，本质上相当于在解释人格测试结果时所运用的因素分析法。

② Lewontin（1974），被包括 Richardson（1984），Sober（2001），Lloyd（1994）在内的多个哲学家复述和引证。

P 中性状 T 的方差分析来推断，P 中 T 的遗传力统计量在各个人群中都成立。当然，存在着能做出后一种推论的情境：在这些情境中，可以确定，人们做出推断的所有人群的环境都是相同的。因此，在我看来，适当的批评不是方差分析永远都不能揭示出因果关系，而是从这样一种分析（或这样一些分析）推断出关于因果关系的断言包含了也必须得到支持的经验假设。单独的遗传力统计量并不是度量遗传作用的适当方法，因为计算出该统计量的方法不足以评估有关环境的必要假设。方差分析作为识别勒沃汀所注意到的原因的一种方法，还存在着进一步的限制。方差分析要求的是对变化的性状的分析。它不会将那些在人群中没有变化的性状，例如，在人群中的人有两条腿，识别为依赖于基因。①

　　另一个主要的担忧与下列目标有关：将行为方面的变异划分为与遗传变异相关的部分和与环境变化相关的部分。批评者指出，这没有考虑到基因与环境的相互影响：就基因在不同环境中的表达可以不同而言，在一种域境中可计算的遗传力，可能不会在其他域境中保持稳定。②从给定环境中某个性状的遗传力估计，推断出该性状的一般性遗传力估计，或者，推断出遗传的影响程度的估计，都是严重的误导。③

　　这些研究中用到的环境概念面临两种挑战：①环境可以随时间和空间的变化而变化；②确定环境中的稳态或变异需要的方法，独立于识别稳态或变异的方法。关于第一个挑战，正如刚才强调的那样，性状的遗传力标志着，在度量该性状的环境中，父母与后代的一致性。任何外推都需要假设：研究环境之外的环境，在重要的因果关系方面，与研究环境没有显著差异。如果一项研究仅针对给定环境中的给定样本人群，并且，遗传因素与环境因素相互影响，那么，不仅对因

---

① 也参见 Sober（2001）对方差分析的讨论。
② 一个强有力的相互影响概念在某些发育分析中得到了运用，正如第 6 章所讨论的那样。
③ 对于这个论证而言，常被引证的段落来自 Lewontin（1974）。其他版本参见 Gould（1981）；Lewontin 等（1984）。对该论证的复述参见 Gottlieb（1995）。

果关系或影响的任何推理都是可疑的，而且对遗传力的一般断言也是如此。在一种环境中确定的父母与后代在某一性状上的特殊的相似度，在另一种环境中，可能并不成立。

第二个挑战威胁到双生子和收养研究的方法论。[①]这些研究的一个假设是，分开养育的双胞胎是在明显不同的环境中成长的。这简单地假设，一个人所在的其他任何环境都与其出生环境有着显著的差异。对判断环境的异同并没有形成约定的衡量标准，以及为双胞胎寻找相似的家庭和为被收养者寻找类似于或将会类似于他们出生环境的家庭的安置做法，都证实了这一点。它还忽略了环境影响的程度可能随收养年龄的变化而变化的可能性，并且，忽略了子宫内和早期产后环境的相似性。[②]另一个相关的假设是，养兄弟姐妹和亲兄弟姐妹是在相似的环境中被养育的。这将环境视为是由家庭环境的总体（或共享）特征构成的，而不是由个性化（或非共享）的方面构成的。非共享的环境因素，例如，年龄和出生顺序，以及不同组合中个人性格的相互影响引发的变化，对这种因果空间的划分提出了挑战。

行为遗传学家提出更为详尽的"环境"的概念来解决这些问题，并支持他们的下列断言：行为遗传方法对于识别环境的影响和遗传的影响是适当的。他们首先介绍了共享环境和非共享环境之间的区别。[③]不能归因于共享基因或共享环境的变异，被归因于对个人来说有差异的非共享环境。斯卡尔甚至建议，非共享环境实际上是遗传变异的结果，是个人基于遗传的个性所引起的社会环境的变异。[④]

其他研究者通过首先引入客观环境与有效环境之间的区分，来解决非共享环境的问题。[⑤]"有效环境"仅限于解释产生可度量的差异的变异，而客观环境只是所有非遗传的物质，例如氧气。客观环境的概

[①] Billings 等（1992）；Lewontin（1991）；Haynes（1995）。
[②] 设计适当的纵向研究能够克服这两个不利情况中的第一种不利情况。
[③] Rowe 和 Plomin（1981）；Plomin 等（1994）。
[④] Scarr（1992）。
[⑤] 根据 Plaisance（2006）的观点，有效环境概念的提出来自 Goldsmith（1993）。

念对应于我们直觉的环境概念，但它不是定量行为遗传学家所使用的概念。对他们而言，有价值的是有效环境概念，以及在不同种类的有效环境之间做出的区分。共同因素和可变因素之间的区分，根据的是用于将原因划分为遗传因素和环境因素的表型变异模式的类型。具体而言，共享环境被定义为描述（在有血缘关系的亲属中）不考虑遗传的表型相似的有效环境（的组成部分），非共享环境被定义为描述（在有血缘关系的亲属中）不考虑遗传的表型差异的有效环境（的组成部分）。因此，出生顺序，只有在有效环境中被考虑时，才被认为是环境的一部分。

正如普赖斯安指出的那样，根据对有效环境的特殊性研究，相关环境对有效环境的限制意味着，根本无法得出有关基因或环境对某性状的相对影响的一般性结论。[1]根据用定量行为遗传学方法所度量的那些因素，提出这两种区分及其解释，可以消除不确定的噪声或相互影响项的模糊性，但实际上不能解决当初的问题。人们仍然没有独立的方法来识别和衡量环境之间的相似和差异。

行为遗传学家对非共享有效环境的本质有不同的理解。斯卡尔引入了平均预期环境概念。[2]这是一种不会造成破坏的养育环境。最初，她建议将平均预期环境中的差异视为可以相互抵消的涨落（噪声）。后来她提出，平均预期环境内的个体变异实际上是个体遗传构成的结果，这些个人的行为正是研究的对象。[3]这个观念是，由基因决定的个体差异会引起对社会（包括父母）环境的不同反应。基因和环境之间的相互影响似乎在数据中体现出来，但实际上个人创造了他们自己的非共享环境。虽然这种分析在家族内差异（例如，婴儿是否有腹绞痛）的情形中似乎是合理的，但其影响范围尚不清楚，尤其是在考虑

34

---

① Plaisance（2006）。

② Scarr 和 McCartney（1983）；Scarr（1987）。

③ Scarr（1992）。

对性状差异的社会反应和父母反应的可变性时。①

　　相比之下，普洛明把在双生子和收养研究中基因和受控制的宏观环境因素之间留下的差距，看成是在因果性意义上有效的非共享环境，并且提出，行为遗传学方法的价值之一是，它们显示了遗传影响的限度和非共享环境影响的范围。使用上面定义的有效共享环境和非共享环境的概念②，只要关系是可加的，我们就有可能剖析测试人群中由遗传、共享环境或非共享环境引起的变异。在行为遗传学研究圈子内，普洛明的提议似乎比斯卡尔的提议得到了更广泛的采纳，尽管普洛明承认，在某些情况下，非共享的环境最终可能会归因于遗传决定的差异。非共享的有效环境概念所允许的是，在单个研究中减少未识别的"噪声"。然而，它依然是方差的累加分量。如果基因的作用随环境的变化而变化，也就是说，如果基因与环境因素之间存在相互影响，那么，非共享的有效环境概念对基因的表达就是不适当的。

　　除了环境概念的这些问题外，定量行为遗传学还必须对基因和表型的关系作出一些有问题的假设。内在表型是中间态的生理或心理条件，这些条件可能是行为性状的组成部分或前兆。冲动和认知缺陷均被提议为是攻击表现行为的内在表型。普洛明倡导的"一个基因，一种病症"规则，在促使研究者从研究中发现和识别比原始行为具有更高遗传力的内在表型时，助一臂之力。③但这也有利于可疑的推断。如果一个性状是多基因的（即涉及多个基因），则对同卵双胞胎的研究将高估该性状在一般人群中的遗传力。既然同卵双胞胎共享所有的基因，那么他们将共享在给定环境中足以表达性状的完整的基因集合。除非基因被连接起来，否则，这些基因在非同卵的兄弟姐妹中同时出现的可能性，远小于该集合中任何单个基因出现的可能性，会导致同

_35_

---

① DiLalla（2002）在评论关于儿童攻击行为的遗传研究时接受了这个概念。

② 有效的共享环境通过不考虑遗传的那些表型的相似性来度量，而有效的不共享环境通过不考虑遗传的那些表型差异来度量。此外，进一步的讨论参见 Plaisance（2006）。

③ Plomin 等（1994）。

卵和异卵双胞胎之间的一致率的更大差异；同卵双胞胎的一致率明显
更高，造成了对遗传力主张的虚幻支持。"一个基因，一种病症"规
则还表明像攻击行为之类的性状，如果被确定为是多基因的，就能够
被划分为不同的子集。其中，每个子集都构成攻击行为总体的一部
分，并最终被认为是一个独特的种类。因此，行为的界定是根据成因
而不是现象来确定的。

　　一些发育系统理论家对定量行为遗传学家提出的反应范围概念提
出了批评。根据一些行为遗传学家的说法，基因型为性状的表达设定
了上限和下限，这些界限在一系列环境中都保持稳定。尽管不同的基
因型在不同的环境中的表达不同，但它们保持了不变的相对排名。相
反，发育系统理论家提出的反应-规范理念（reaction-norm idea）认
为，每个基因型都"与环境改变引起的表型变化的特征模式有关……
（但）在新的条件下，个人（关于性状表达程度）的基因排序可能会发
生可预见的和不可控制的变化"[1]。这里的重点是，尽管透过环境分量
在一种设置中的变化，一个给定的基因型将会典型地按从最低到最高
表达的顺序进行分布，但在另一种环境中，该顺序不一定会存在。尽
管行为遗传学家可能在实践中没有观察到这种变化，但在他们的方法
论中根本不要求基因型的反应范围在不同环境中保持相同。[2]

二、结　　论

　　定量行为遗传学是对群体表型变异的研究，目的是将该变异（在
生物意义上）的遗传部分与非遗传（或非生物意义上的遗传）部分区
分开来。这种研究进路包括将研究人群分为有血缘关系与无血缘关系 *36*

---

① Wahlsten 和 Gottlieb（1997）。
② 参见 Turkheimer 等（1995）。

或血缘关系较远两组，并确定两组中所考察性状显现的频率。粗略地说，血缘关系群体中显现的频率与总的研究群体中显现的频率之比是遗传力估计的基础。方差分析技巧被用于生成遗传力统计量。研究者所用的语言表明，他们将遗传力理解为遗传对所研究行为造成影响的一个指标。

这种研究进路向来存有争议。尽管它能够在生物遗传变异和环境变异之间分配群体性状表达的方差，但许多批评揭示出这个纲领的漏洞。这些漏洞涉及对遗传力结论的过度扩展，以及关于环境中相关变异对行为遗传学研究观测方法的可及性（accessibility）的假设。尽管该研究进路的方法将环境区分为共享的或非共享的，但是，这些方法不允许对环境类型进行更具体的描述，也不允许包含足以检验环境稳定性假设的度量方法。[①]

①　Turkheimer（2008；2009）在近来的演讲中，也提出了这一点。

第3章　社会-环境进路

社会-环境进路致力于理解环境对各种行为的发育和表达的作用。[1]与定量行为遗传学不同，它们并不试图量化总体考量的环境影响的范围，而是识别可能对感兴趣的行为产生影响的社会环境因素的各个方面。一些研究关注了家庭环境，例如，考虑父母的态度以及与子女的互动。另一些研究展望了学校环境、同伴关系或媒体影响。社会-环境进路所使用的方法包括相关研究（使用从公共记录以及访谈和调查中收集的信息）、在标准化（实验室）的环境中对行为和相互作用的直接观察，以及对一组个人追踪六年或六年以上的纵向研究。通常，在对攻击行为的观察研究中，受试者都是在学校或临床上确定的儿童或青少年。在考察多个变量时使用路径分析。

州、县、学校和医疗记录是相关研究的潜在数据来源。凯茜·威多姆（Cathy Widom）及其同事采用这种策略，努力将青少年和成人的暴力及反社会行为与童年期遭受虐待联系起来。出于对早期研究中各种经验缺陷的批评，他们试图控制诸如年龄、种族、性别和阶级等因素。在他们的一项研究中，他们将416名在童年期有受身体虐待和性虐待史（通过 20 年前的法庭记录确定）的成年人的记录，与对照组 283 名在童年期没有受虐待史的成年人的记录，进行了比较。[2]后一组受试

---

① Anderson 和 Bushman（2002）识别出属于这个一般名称的五个不同的理论取向。因为我将这些进路与更纯粹的生物学进路进行了对比，所以，我将在一个比他们的研究更粗略的层面来进行分析。Hill（2002）在对行为障碍的心理学研究的主要评论中提供了另一种不同的分类。

② Luntz 和 Widom（1994）。

者是通过学校的记录确定的。所选择的同意参与实验的受试者和他们的采访者都没有被告知这项研究的真正目的。该研究采用了结构化访谈，包括从智商（IQ）测试、阅读能力测试和美国国立精神卫生研究院诊断性访谈表中提取的问题，研究者评估了受试者在对这些问题的回答中所表现出的反社会人格症状的数量。在有受虐待史的受试者中，有13.5%的人可以被诊断为反社会人格障碍，而对照组的这一数值为7.1%。研究者区分了性别、犯罪定罪历史和受教育程度，并从他们的数据（以及类似风格的其他研究）中得出结论，童年受虐待的经历是造成成人后反社会人格障碍的重要因素。他们进一步推测，针对虐待受害者的特殊保护措施可以减少后期社会的攻击行为。

　　在一项结构化的临床观察研究中，拉维格（Lavigueur）及其同事试图将八九岁男孩的家庭互动模式与长期的破坏性行为联系起来。被选为研究对象的男孩是由完成了对学生的社会行为问卷调查的老师来确定的。他们通过观察父母与每个所调查的子女在实验室中联合完成任务的方式，研究了44个家庭的互动。观察者使用了检查表对父子、母子以及父母之间的二元互动进行评级。研究者发现，在亲子二元组中，负面行为（比如言语辱骂或攻击）和正面行为（比如表达爱意的言语）并不是相互的；相反，父母一方对男孩的否定行为与他对父母另一方的负面行为有关。此外，男孩对母亲的负面行为与父亲对妻子的负面态度有关。①

39　　在纽约上州进行的长达25年的纵向研究，为约翰逊（Jeffrey Johnson）及其同事调查促成父母的反社会行为与成年子女攻击性行为相关联的因素，提供了数据。②这些研究者承认，能够说明包括遗传传递在内的这种关联的因素是多种多样的。他们对纵向数据的统计分析，一方面，控制反社会父母的有问题的家教行为；另一方面，控制

---

　　① Lavigueur等（1995）。参见Duman和Margolin（2007），同样运用实验室观察来支持这种观点：具有攻击性的父母是导致后代倾向于选择攻击性解决方案的重要因素。

　　② Johnson等（2004）。

有问题父母的反社会家教行为。这一过程揭示出，有问题的育儿方式（包括诸如忽视、对规则的执行反复无常，以及父母之间大声和/或暴力争吵等行为）是父母的反社会行为与成年后代的攻击行为相关联的重要媒介。有问题的育儿方式与41%的父母反社会行为相关联，而这些行为与子女成年后的攻击性行为有关，研究者由此断定，如果父母对待子女的行为有所不同的话，后代的攻击行为将会大为减少。①

　　在心理学和社会学中有关同性恋倾向的社会-环境决定因素的大量文献，最初是在同性恋被从美国精神病学协会（APA）的精神疾病清单中删除之前的那段时期发表的，当时同性恋被假定为是病理发育情形的结果。此后，诸如"霸道母亲"（overbearing mother）之类的假设在很大程度上消失了。作为代替的是将诸如出生顺序或兄弟姐妹的数量和性别等因素与性取向联系起来的研究。②其他研究试图将实验变量与性取向相关联。冯·威克（Van Wyk）和盖斯特（Geist）率领的团队采访了 7669 名男女（均为美国白人居民），根据金赛量表（Kinsey scale）分数，把他们分配到四个组中的一个组：完全是异性恋；主要是异性恋；完全是同性恋；主要是同性恋。③然后将这些结果与多种变量相关联，包括人口统计学变量集（农村-城市地区、宗教信仰、经济状况等）、家庭变量（家庭完整、受试者出生时父母的年龄、兄弟姐妹的数量和性别等）、性别相关的变量（童年朋友的性别、参与体育运动等）以及与青春期前后性体验相关的变量。研究者首先进行了多元回归分析，排除了占方差的 1%以下或与结果变量的相关显著性小于等于 0.001 的因素。这项研究表明，继性别之后，与成人性偏好最相关的因素是早期性体验的特征。对于男性而言，早期同性接触经历，相较于其他方式或非同性接触，与以后的同性恋关系的相关度更高。对于女性来说，童年期的性别唤醒特征也与成年后的性取

40

---

① 参见 Brannigan 等（2002）。

② Cantor 等（2002），然而，这些研究经常被解释为同性恋中生物因素的证据。

③ Van Wyk 和 Geist（1984）。

向相关，但在某种程度上与男性的情况相反。当女孩在童年期与成年男性发生异性接触后，其成年后更有可能参与同性关系。研究者从这项研究中得出的结论是，继性别之后，童年性体验的特征是对成人性取向最有影响力的因素。其他研究者还强调了女性性取向的可塑性，表明她们对历史和直接的社会环境更敏感。①

通常，在此类研究中，根据教师评分、同伴评分、父母评分和自我报告的某种组合，某些儿童被确认为具有攻击性。这些都是使用标准化的清单、检查表、问卷调查或访谈清单获得的。其中，有些只区分了攻击性和非攻击性的年轻人，有些区分了攻击性的程度，还有些采用了美国精神病学协会编制的《精神疾病诊断和统计手册》中对精神病诊断的分类（比如，儿童行为障碍和对立反抗障碍）。然后，研究者试图将这种行为，与通过相同方式确定的父母态度和做法或同伴关系，或者，直接观察到的互动，联系起来。在后一种情况下，正如拉维格小组的研究一样，也是要求儿童和父母，在临床上或学校的心理学实验室里，完成一系列活动。研究者根据标准化流程记录父母之间的互动和父母与子女之间的互动。此类研究试图确定父母的管教方式与家庭内部和谐或争吵的程度（通过自我报告来确定）之间的关系，或者，确定观察到的正面互动行为和负面互动行为（例如，爱意的表达、言语攻击）与行为问题之间的关系。②在1995年的一篇评论性41 文章中，约翰·康斯坦丁诺（John Constantino）考察了流行病学、行为遗传学和儿童发育的研究，认为童年早期的依恋缺陷是导致后来攻击性行为的关键因素。③

仿佛是为了回应进行更加细粒度研究的呼吁，比彻恩（Beauchaine）及其同事专门调查了母亲对孩子的不良行为的反应。他们从当地诊所招募了攻击性的男孩，并从当地的"赢在起跑线"

① Peplau 和 Garnets（2000）；Diamond（2008）。
② Speltz 等（1995）。
③ Constantino（1995）。

（Head Start）计划中招募了非攻击性的男孩；与非攻击性男孩的母亲相比，攻击性男孩的母亲有更多的强制性，更少解释自己对不当行为的回应，对她们觉察到的儿子的不当行为提供的替代选择也更少。[①]一项关于母婴互动的研究，将两岁儿童的攻击性行为与母亲回应的形式，关联起来。[②]其他研究者试图指导父母学习替代的互动风格或管教方式，并度量父母行为的这些变化对儿童和青少年行为的影响。[③]还有人调查了攻击行为与同伴关系之间的联系。[④]一项较近的研究调查了青少年司法系统中使用的一系列心理社会干预措施在减少违法犯罪方面的有效性。[⑤]

　　确立早期童年经历与后期青少年和成人行为模式之间的关系显然更加困难，因为除了真正的长期纵向研究以外，很难确定遥远过去的童年经历的可靠性。一些研究通过使用法院记录识别童年期受虐待和被忽视的受害者，并通过访谈或随后的法院记录确定这些人群中的反社会人格障碍或成人犯罪行为的发生率，已经克服了这一障碍。[⑥]约翰逊小组在纽约州进行的研究所使用的数据就来自对发育的多个方面追踪了 25 年的纵向研究。

　　公共数据库对性取向研究提供的信息较少，性取向信息几乎完全来自自我报告，而可能起作用的环境因素是通过对受试者进行传记式问卷调查来确定的。调查或纵向研究中用来获取性取向相关信息所设计的问题，可能由于对同性恋恐惧症的内在化或对同性恋者的不断污名化而引发的警告，而无法达到目的。[⑦]就像某些遗传学研究的情况一样，潜在的受试者是通过在面向同性恋读者的出版物、同性恋社交场

42

---

① Beauchaine 等（2002）。
② Del Vecchio 和 O'Leary（2006）。
③ McCord 等（1994）。
④ Bierman 等（1993）；Bierman 和 Smoot（1991）；Miller-Johnson 等（2002）。
⑤ Sukhodolsky 和 Ruchkin（2006）。
⑥ Luntz 和 Widom（1994）；Rivera 和 Widom（1990）；Widom（1989b；1989c）。
⑦ 关于讨论参见 Fay 等（1989）；Anderson 和 Stall（2002）；Villarroel 等（2006）。

所（酒吧、俱乐部或校园组织）的公告板上刊登的广告招募的。因此，受试人群仅限于愿意自我认同为同性恋者的人。最近调查的一个假设关注男性与父亲的不良或虐待关系和后来成为同性恋之间的关联。1989 年，约瑟夫·哈里（Joseph Harry）通过在同性恋学生的校园组织赞助的社交活动中分发传单招募受试者进行的研究发现，同性恋学生中童年受父亲虐待的比例高于异性恋对照组的比例。[1]随着学术界和临床专业人士对同性恋的接受程度的提高，人们关注的重点，已从简单探究决定性取向的因素，转变为探究同性恋人群中的行为变异或经历的改变。因此，最近的社会-环境调查中更为典型的研究，试图将童年或正在获得的社会经历的某些特征（例如健康、依恋行为或自杀行为）与同性恋青年的行为变异相关联。[2]

我们可以将环境导向的行为研究的总体目标描述为，理解影响人类行为的社会-环境因素中的多样性和相互作用。环境进路的倡导者更愿意宣称，他们的工作与生物学研究者的工作，具有社会相关性和社会目的性。在研究各种因素相对作用之基础上，研究者制定了学校干预计划或向父母传授可替代的沟通方式。[3]例如，在拉维格的研究小组，研究者推测，指导父母改变互动方式可以减少其子女的破坏行为在后来发展为更严重的反社会行为的机会。

一些研究者清楚地假设，父母的行为构成了影响子女行为的原因。[4]另一些研究者则承认，在他们揭示的关联网络中，因果关系可能不会发挥他们所假设的作用。[5]威多姆对虐待的社会传递研究的早期评论，是社会-环境进路所追求的否证研究的一个事例。[6]威多姆审查了案件记录，否证了这种广泛接受的观点：童年受虐待的经历会导致更

43

---

① Harry（1989）。
② Bontempo 和 d'Augelli（2002）；Plöderl 和 Fartacek（2009）；Landolt 等（2004）。
③ 参见 Lerner（1998）；Haapasalo 和 Tremblay（1994）。
④ Haapasalo 和 Tremblay（1994）。
⑤ Bierman 和 Smoot（1991）。
⑥ Widom（1989a；1991）；Rivera 和 Widom（1990）。

高的违法和犯罪行为的发生率。她批评这项工作过于依赖自我报告和追溯性的数据，未能区分父母的疏忽和虐待，也未能区分受试者的问题行为。她接着设计了满足更高方法论标准的研究，一旦她（和其他人）进行了这些研究，就可以证明，虐待和后来的违法行为之间存在联系。①

戴安娜·鲍姆林德（Diana Baumrind）关于因果性的立场有点模棱两可（也许是故意的）。②她承认，因果性推理没有得到社会-环境研究中产生的相关数据的支持。但是，此类数据对于推翻（即使不是确证）假设也是有价值的。此外，她声称，根据多项研究得出父母行为确实会影响儿童发育的结论是合理的。在这种情况下，这些以环境为导向的研究是有价值的，因为它们能够（帮助）识别有反社会行为或违法行为"风险"的儿童，也能够确定家庭和学校动态干预的重点对象。正如我们所看到的那样，在对行为遗传学家斯卡尔把环境看成是给定的观点作出回应时，鲍姆林德强烈要求运用以环境为导向的研究来改变社会-环境的"正常"范围，即在资源分配规模的较低端改善学校和家庭环境。而且，她在社会改良论者的信仰宣言中说，即使遗传力在很大程度上解释了行为的本质，也不能因此认为社会干预无法对行为做出改善。这意味着，需要采用社会-环境研究进路来确定，哪些社会干预措施将是有效的。

进一步的研究目的，主要是确定可能需要特别注意的行为群体经历的各个方面，而不是确立因果关系。因此，如果有意义地重复的话，哈里的研究可以促使治疗师和咨询师在治疗碰巧是同性恋的患者时，能够询问父母关系，尤其是可能的虐待关系。

在更广泛的社会域境中考虑，这类研究，无论确证或否证的特定假设是什么，都倾向于增强社会工作和临床心理学的权威性——在对所调查行为的理解与管理方面，有别于医学专业。通过完善所考察的

44

---

① Luntz 和 Widom（1994）。

② Baumrind（1993）。

环境变量和家庭变量，它可以指导社会工作者和临床心理咨询师识别被认为处于危险中的年轻人。对特定干预措施的研究，可以告知这些专业人员，哪些策略有效，哪些策略无效。而且，非原因的相关性研究可以揭示出，某些类型的经历集中在某些人群中，并将这些经历与更高风险的其他疾病联系起来。因此，研究者倾向于关注学校、诊所或青少年司法场所的治疗或政策的变化。尽管他们几乎没有投入到这些政策的设计或目标中，但至少部分政策的合法性和社会工作者在政策实施过程中的权限，依赖于行为研究为其提供的信息。[①]

一、方法、范围和假设

从其最广泛的角度来看，社会-环境进路提出的问题是：环境和其他外在因素在行为 B 中起什么作用？这个问题似乎与行为遗传学家提出的问题相类似，但是，定量行为遗传学试图将人群中发生变异的比例分别指配给基因和环境，而环境导向的研究者则提出了有关这些环境影响之特征的问题。

（1）总的或宏观层次的社会变量（社会阶层；种族、人种和文化认同；城市、郊区或农村；移民或原住民身份）在 B 的表达/出现率方面起什么作用？是否有一个或多个变量在 B 的表达中处于支配地位？

（2）微观层次的变量（家庭、学校、同伴、媒体影响）在 B 的表达中起什么作用？是否有一个或多个变量在 B 的表达中处于支配地位？

45　（3）微观层次的变量对 B 的表达的影响是否随与宏观层次变量关系的变化而变化？它们之间如何相互作用？

（4）家庭内部的差异如何影响其成员的 B 的表达？

---

① 考虑到对"循证政策"（evidence-based policy）的强调，这种情况会越来越多。关于这种需求的陷阱的讨论参见 Cartwright（2006）。

（5）如何研究与 B 相关的家庭互动？

在回答这些问题时，除了某些研究是从反社会到亲社会行为出发而不是局限于反社会行为来处理一系列社会行为之外，社会-环境进路度量攻击行为所使用的方法与行为遗传学家所使用的那些方法相类似。亲社会（或"社交性"）行为包括提供帮助、参与亲切的言语交流，以及展示或交互亲热的举止。攻击行为通过身体（袭击和开始打架）和言语（愤怒、敌意的言论）行为来度量，通过自我报告和其他报告来确定；违法行为由法庭记录来确定；反社会人格障碍和童年行为障碍等心理学分类由精神诊断来确定；而敌意的对抗性互动通过直接观察来确定。

心理学中的社会-环境进路试图将攻击行为的某种度量分布与某些环境因素的变化相关联，无论这些环境因素是父母行为、教育经历、媒体影响，还是同伴关系。大多数使用问卷或访谈的研究不止使用一种度量策略（例如，自我报告和其他报告，或者，自我报告和法庭记录）来加强行为归因的可靠性。这些被采用的方法分为追溯性的和前瞻性的。追溯性方法用访谈、问卷调查或直接观察确定人群的相关参数，这些方法可分为如下类型。

（1）比较所假定的构成原因的因素（虐待和忽视、寄养家庭、社会经济状况、家庭管教办法）在目标人群与对照控制人群中的分布。

（2）比较目标人群和对照控制人群中各种可能构成原因的因素的分布。

（3）确定多种因素之间关联强度的路径分析。

前瞻性的方法涉及有意改变目标人群的样本，然后确定这种改变产生的影响，这些方法可分为如下类型。

（1）教授解决争端的其他形式，并确定在对攻击行为的某种度量方面发生的短期变化和长期变化。 *46*

（2）指导父母采取其他形式的管教办法，并观察在受影响儿童的亲子互动方面或对某种攻击行为的度量方面发生的变化。

对照组既可能是与受试者在被研究的性状之外各方面都匹配的人群中的个人，也可能是没有经历过所研究的环境变化的个人。在前一种情况下，研究者希望在受试者的背景中找到一个共同的（或足够常见的）但在对照组背景中明显不太常见的环境因素。在后一种情况下，研究者希望找到所研究的环境变化的一般影响（通常，在重新进行互动式训练后，问题行为会减少）。

以环境为导向的研究者受到的谴责是：他们重视政治正确性而不是知识，允许他们自己对社会公平的关注干扰其科学研究。[①]据说，这导致他们先行筛选要调研的可能原因，并出于对社会解读的畏惧而忽略遗传问题。他们还因为假定科学与政治之间存在直接联系而受到批评。[②]在科学上更相关的担心是，他们无法控制早期经历和后来行为的共同原因的可能性。此外，他们没有在数据中包括与遗传相关的信息，因为他们没有区分亲生家庭和收养家庭。[③]据说，这导致他们混淆了遗传传递与社会化。当把生物原因与社会原因分开时，行为遗传学家反对环境论者的说法是，生物学比社会因素更好地预测行为中的相似性和差异性。

许多作者重新分析了社会-环境研究来证实这一点。麦格（McGue）通过比较明尼苏达州双胞胎登记处的同卵双胞胎与异卵双胞胎的离婚率，反驳了父母离婚是后代离婚率的主要环境因素的假设。[④] 47 他声称，这种比较表明，父母与后代之间的相似性是由基因型造成的，而不是由父母未能建立稳定的婚姻关系造成的。斯卡尔重新分析了父母的养育方式与孩子的学业成绩之间的关系的几种研究后发现，与孩子的行为表现最相关的因素是父母的智商和受教育程度。[⑤]因此，

---

① Scarr（1994）。
② Weinrich（1995）认为，反对关于性取向的生物学研究进路的政治担心是误置的，而且，这些批评者误解了生物学进路。
③ DiLalla 和 Gottesman（1991）。
④ McGue（1994）。
⑤ Scarr（1997）。

关联父母的养育方式与孩子的学业成绩的是智商的遗传因素。这两位作者指出，其他的社会化研究将显示同样的缺陷：把研究变量局限于环境因素，无法揭示出最有可能的构成原因的因素——基因。迪拉拉和格特斯曼（Gottesman）在反驳威多姆的假设时也提出了类似的观点，这个假设是，儿童期遭受虐待的经历是以后违法或犯罪的很好的预报器。[①]他们指出，威多姆在她关于社会化的文献评论中漏掉了行为遗传学的文献。在他们看来，双生子和收养研究显示出犯罪行为的高遗传力，这为理解已发现的父母-子女在虐待行为上的相似之处提供了一个框架，而且，这些应该被援引为明显的说明。威多姆对这种批评的回应是，首先，她所关注的是童年受虐待所带来的后果，而不是造成反社会行为的原因；其次，尽管病源论因素可能发挥作用，但迪拉拉和格特斯曼夸大了与现有证据相关的生理和遗传因素的作用。[②]

　　行为遗传学研究者倾向于将他们的工作视为，反驳或阻止有关总的社会经济状况因素的影响或家庭所有成员共有因素的影响的主张，在这个方面，许多面向社会的研究考察环境的更详尽的特征（例如，所谓的非共享环境）。他们的研究设计只在环境因素中进行区分，而不涉及遗传。研究和干预社会互动和家庭互动的研究者可以（但不是必须）假设，这些因素在因果性意义上独立于受试者的属性或行为。由于许多干预措施关注改变父母的行为，因此，那些被行为遗传学研究者视为非共享环境的因素，在这里都被视为是独立的。鲍姆林德以成年人在亲子关系中更有权力为根据来支持这种做法。[③]当然，这假定，成年人不会无意识地回应孩子的行为或性格特征，这一假设直接与斯卡尔提出的非共享环境（即父母的行为）可被归为遗传效应的建议相矛盾。[④]

48

---

① DiLalla 和 Gottesman（1991）。
② Widom（1991）
③ Baumrind（1991；1993）。
④ DiLalla（2002）也赞成对非共享环境的这种理解。

正如以基因为导向的研究者必须假定有效环境的一致性（例如，"平均预期环境"）那样，以环境为导向的研究者也必须忽略其受试者的遗传变异，假设受试者具有足够内生的一致性，或者，他们的遗传变异处于平均水平，并且，与所研究的环境/经历变量没有系统性的相互影响。①如果社会-环境进路的目的是区分行为的环境原因和遗传原因，或者，将行为方差划分为归因于共享的基因型和归因于环境的行为，那么，这类研究的这个特征的确会是一个弱点。但是，这些研究者的方法旨在区分可能的环境因素，而不是遗传因素和环境因素。他们使用了按性别和社会经济状况进行分类的大样本，以及相匹配的对照组人群，来消除一些容易混淆的变量，但是，这些变量往往产生同样类型的因果影响（例如，家庭的社会经济状况），这种因果影响的作用，也是遗传学导向的研究者力图反驳的。

这些研究所能表明的是，在相同的一般环境中，特定的社会因素或环境因素与其他因素相比所具有的相对强度。它们倾向于假定，遗传因素或其他个人的内在因素（比如，激素或神经递质分泌的方式），要么具有一致性，要么是随机变异的；由此，这些研究声称是要度量各种社会因素在产生特殊行为时的相对强度，这些社会因素包括父母的互动、父母的管教方式、父母对其他家庭成员的态度、同伴的支持、学校环境。②因此，典型的研究假设是，在追溯性研究中，"童年受过虐待的父母更有可能对子女进行情感上或身体上的虐待"，或者，在前瞻性研究中，"指导父母在情境 S 中采用交流方式 C 降低子女发生攻击性反应的频率"。能够通过这些方法进行经验比较的假设，关注可选的环境因素。因为任何此类因素的影响可能会随其他环境因素的给定变异而变异，而且，倘若基因组的分布随群体的变化而变化，其群体层次的结果量值，就可能会随基因组分布的变化而变

① Sesardic（1993）在试图推翻对行为遗传学的普遍保留态度时，强调了这些假设。

② 例如，当 Harris（1999）有争议地怀疑父母会影响孩子的表现时，她是把父母的影响与同伴的影响相对比，而不是与遗传的影响相对比。

化，所以，社会-环境研究的结论，在泛化时，与经典遗传学和分子遗传学的结论一样有限。

二、结　　论

在社会学、心理学及临床环境中用于理解人类行为的社会-环境进路，力图理解社会经历对形成行为倾向的影响，或者，确定行为倾向与其治疗成效之间的相关性。方法包括大型数据库的分析、调查和访谈、实验室观察以及实验。在某种操作方式下，攻击性行为可能与儿童期遭受的虐待或与父母的沟通方式有关。虽然一些有关性取向的研究表明，个人的初次性经历的特征与后来的性取向之间存在联系，但更新的研究往往不太关注病源论因素，而更多地关注同性恋群体中早期社会化对行为/体验变异的作用。

像其他进路一样，社会-环境进路必须假定研究现象的连续性，即攻击性行为和性取向的定义和实施可以引出一类稳定的现象，其成因或相关性能够得到有意义的探究。正如定量行为遗传学进路那样，研究者必须对他们正在研究的全部原因做出假设，特别是，他们必须假定，潜在的构成原因的因素（而不是他们正在度量的因素），要么对所研究的受试人群是共同的，要么足够随机地分布，不会造成结果偏差。当使用相关性支持因果推理时，当信息从休谟式或穆勒式视角来看是不完整的时，他们还必须假定（正如鲍姆林德所承认的那样），相关因素具有因果效力。研究的重点是将构成具体原因的有效因素（或假定的有效因素）与具体结果联系起来。

第4章 分子行为遗传学

正如定量行为遗传学试图使经典遗传学的方法适合于人类行为研究一样，分子行为遗传学也试图使分子遗传学的方法可以适合于此类研究。自从 1953 年确认了 DNA 的分子结构以来，在遗传和基因组技术的商业和医学潜力的鞭策下，遗传物质的识别、分离和操纵等技术的发展突飞猛进。定量行为遗传学仅限于基于观察表型传递模式进行推理，而分子行为遗传学的抱负是，将特定的 DNA 序列或染色体位点与行为联系起来，即寻找遗传结构与性状之间的直接关联。[1]分子行为遗传学的目标是，在对任意粒度的识别都有可能的情况下，尽可能多地识别出可能揭示特定的等位基因与行为之间联系的基因区。男性常见的母系遗传性状，无论是生理性的还是行为性的，都非常适合于研究。男性只有一条 X 染色体，而女性则有两条。在男性中表达的某一

性状，能够通过审查家族谱系，被认为是由 X 染色体决定的。如果具有母系亲缘关系的男性具有同一性状，则意味着是 X-连锁。[2]这把搜索的区域缩小到一个染色体。生理疾病与行为之间已经建立的关联也是一条线索；血清素代谢变异与攻击行为的关联一直是攻击行为遗传前体（genetic precursor）的线索之一。

---

① 把（至少某种）攻击行为归因于拥有额外的 Y 染色体的工作，被认为是介于研究行为的经典遗传学进路和分子遗传学进路之间的研究。尽管继续有兴趣识别性染色体在性别-连锁行为中所起的作用，但这种 XYY 研究已经完全丧失了信誉。参见 Wasserman 和 Wachbroit（2001）；Richardson（2009）。

② 母系的男性亲属中集中患血友病，就是这种 X-连锁性状的一个事例。

在使用分子遗传学方法进行的一项早期调查中，研究者将目光投向了一个荷兰家族，其中，14名男性成员有反复发作的无端攻击行为。这14名男性成员中的8名成员（其中有5名成员表现出较极端的暴力行为）接受了布鲁纳（Brunner）及其同事的研究。血液样本取自24名家族成员。研究者发现，表现出有暴力行为的8名成员在编码MAOA的X染色体区域内有共同的等位基因变异，MAOA是指参与了血清素代谢周期的一种形式的单胺氧化酶。[①]MAOA活性的代谢物在尿液排泄中的减少进一步与MAOA的基因位点有关联，MAOA的基因位点不同于X染色体上的其他多态性基因位点。布鲁纳及其同事得出的结论是，在MAOA基因中的结构异常构成了该家族异常行为模式的遗传因素。布鲁纳的研究引起了人们对可能的遗传干预和遗传歧视的广泛关注。[②]在这之后，与血清素代谢有关的基因变异研究迅速展开。例如，1999年，马纳克（Manuck）等人开始发表他们的研究成果，这项成果揭示了在血清素代谢的另一个成分（色氨酸羟化酶）的基因多态性对攻击性行为所起的作用。2000年，他们发表了关于MAOA基因中多态性的研究文章，将基因启动子区的等位基因变异与攻击性行为变异关联起来。在这两项研究中，他们利用访谈和问卷调查数据来区分攻击性的个人和非攻击性的个人。[③]

1993年，美国国立卫生研究院的哈默及其同事发表了一项研究结果，力图识别与同性恋相关的遗传位点。他们引用了第2章所描述的双

53

---

① Brunner等（1993）；Brunner等（1993）。这个家族的5名成员表现出较极端的暴力行为，而其他9名成员的行为表现则较为温和，但还是高于平均暴力程度。

② Simm（1994）。讽刺的是，Brunner（1996）对过度解释这项研究发出了警告。MAOA基因（或确切地说是它的变体）不能被称为"攻击性基因"，既因为这种研究只限于家族，也因为为与基因的简单性相比，行为具有复杂性。尽管分子生物学此后证实了基因激活的复杂性，以及基因组和遗传过程的复杂性，但当时支持布鲁纳观点的那些人并未改变。在布鲁纳必定会强烈谴责的一种发展中，研究MAOA与非人类灵长目动物的攻击性行为之间联系的体质人类学家，现在把MAOA等位基因称为"战士基因"（Gibbons，2004）。

③ Manuck等（1999）；Manuck等（2000）。也参见Guo等（2008）；Bernet等（2007）。MAOA的工作是第6章讨论的Caspi和Moffitt的大部分工作的基础。

生子研究，以及其他群体遗传学的工作，来支持开始研究时的直觉：存在着有关性取向的遗传成分。他们从华盛顿哥伦比亚特区的艾滋病诊所和同性恋组织招募了76名男性作为研究样本；再加上他们的家族成员，所研究的个人达到122名。对另一个分开招募的38对兄弟组进行的分析表明，男同性恋者兄弟中的同性恋发生率比预期的2%的基准比率高出6.7倍。主要样本成员的家族史也显示，男同性恋者与他们的母系男性亲属（舅舅和姨妈家的表兄弟）之间的一致率更高（7.5%）。[1]此外，如果假设普通人群中的背景比率是2%，则该发生率明显很高。更精细的样本筛选揭示出更高的一致性（分别为10.3%和12.9%）。通常来说，谱系分析显示，在母系血统中的一致性高于在男性血统中的一致性，并且这种差异意味着与X染色体有关。研究者从40对兄弟中获取了DNA，运用聚合酶链式反应（PCR）技术，研究了X染色体上20个已知的多态性位点，以了解兄弟对之间的共同特征。这揭示了每对兄弟在X染色体Q28位点上常见的等位基因的标记物。[2]这一发现使研究者得出的结论是，基因在（某些）男同性恋者同性恋取向的发育中起着重要的因果作用。但哈默的发现无法在相似却不同的人群中成功重复。[3]尽管有些人把这种失败看成是反驳了同性恋取向有遗传基础的主张，但另一些人则把它看成是通过改进的或不同的分子技术继续研究这个议题的一个理由。

54　　分子行为遗传学采用了多种研究技术。哈默研究中最常用的是连锁分析。在医学遗传学中为研究诸如囊性纤维化等疾病所开发的连锁分析，是在确定共享相同性状的血缘亲属中寻找共同的遗传标记物。一些染色体位点是通过具有多种可能的等位基因来区分的，这些等位基因根据一个或多个核苷酸而发生变异，或者，具有多个独特的重复

---

① Hamer 等（1993）。

② 33对兄弟在XQ28区域内有5个标记物都一致，而7对兄弟，至少有1个标记物一致，而不是5个标记物都一致。因为每个位点都有多个变体，所以，每对兄弟所共有的是在该位点具有1个相同等位基因的特性。这不是主张，有一种变异是所有接受DNA测试的受试者都共有的。

③ Rice 等（1999）。

序列。在复等位基因位点上的系统变异，可能更容易在克隆的 DNA 样品中被识别出来，而且被称为标记物。行为遗传学中的连锁分析将等位基因变异与行为变异联系起来。尽管在一个基因位点上的共同变异（标记物）本身不是引起性状表达的遗传变异，但同样共享该性状的个人具有该变异这一发现，被视为是这段染色体区域内的某基因与该性状有关的证据。当生理中介能够与该性状相关联并且已知遗传前体时，就有可能在行为和遗传结构之间建立更紧密的联系。这正是布鲁纳研究的情况，即通过 MAOA 水平、血清素代谢和攻击性行为之间已经建立的关联，来识别与所研究的荷兰家族成员的行为有关的 MAOA 基因启动子区内数目较高的重复序列。随着基因测序技术和基因组化学成分分析技术的发展，更多的研究已经完成，建立了从性状（包括行为性状）到认定的遗传成分的更细粒度特征的联系。例如，单核苷酸多态性（SNP）能够被识别出来，并与表型性状相关联。

20 世纪 90 年代初，布鲁纳和哈默进行的研究，需要用某种方法来限制所考察的基因组区域。现在，我们已经对整个人类基因组进行了测序，有可能通过扫描整个基因组，来寻找与表型性状有显著关联的基因。全基因组关联分析（GWAS）与细粒度化学分析相结合能够识别与给定性状相关的基因集（或基因区域）。鉴于当前的共识是，大多数受遗传影响的行为表型都是多基因的，GWAS 似乎有望成为识别基因标本的一种策略。一项此类研究揭示了与男同性恋者相关联的几个染色体区域。[1]这些关联是暗示性的，并不明确，因为这类研究的统计能力不足。[2]包括哈默在内的一个团队研究了母亲体内 X 染色体失活

───────────────

① Mustanski 等（2005）。

② 关于成功的 GWAS 研究的描述参见 Shuldiner 和 Pollin（2010）。这实际上是一种元分析，汇集了许多 GWAS 研究，最终形成了 10 万人的受试者群体；即使这样，只有 10%～12%的假定遗传变异能够通过 GWAS 可识别的基因来说明。鉴于行为研究所用的样本规模大小，很难看到，GWAS 将产生比连锁分析更稳健的结果。McClellan 和 King（2010）对 GWAS 治疗精神病的可能性提出了一个同样悲观的评估，正如 Turkheimer（2012）对任意复杂的性状进行的研究那样。此外，Austin 等（2006）建议说，即使找到这些关联，也应该非常谨慎地看待它们。

的模式与其后代的性取向之间的可能关系。①这里的想法是，每个女性分别从父亲和母亲那里各获得一条X染色体，其中有一条在每个细胞中都趋于失活。他们的假说是，在女性中父亲的X染色体和母亲的X染色体的分布变化会影响她的后代，在这个案例中，会影响其后代的性取向。尽管这两项研究都不是确定的，但它们表明了前进的方向，并显示出人类行为遗传学的研究者如何继续采用最新的实验技术。随着对基因组复杂性理解的不断深入，研究者也在寻求其他研究策略。增强或抑制基因活性的几种表观遗传机制已被用于研究大鼠的行为改变。②

　　人类分子行为遗传学，像人类定量遗传学一样，也受到以下事实的束缚：更能证明遗传因果关系的各种操作，可能会牵涉在道德上禁止的生殖干预。然而，从果蝇到非人类灵长目动物的研究都支持了人类研究的结论，并且应用了人类研究可用的研究方法。在被称为反向遗传学的研究过程中，研究者将突变引入基因组，并识别后续的行为习惯的变化。这些研究可用于揭示基因表达的机制以及可能受到遗传影响的其他生物体（例如人类）的行为。几项利用热应激诱导果蝇基因区域突变的研究表明，基因突变的雄蝇倾向于在交配的体位特征上形成由多个个体相互连接的环。研究者推测，这项研究可能为研究人类同性恋提供线索。③关于啮齿类的表观遗传学研究同样被认为可能扩展到人类行为。

　　分子行为遗传学具有自下而上和自上而下两个目标。自上而下的目标始于特定的行为模式，并试图了解其遗传先例（genetic antecedents）。这类似于医学遗传学的策略，这种策略旨在确定特定疾病的遗传先例，比如，囊性纤维化和特殊的癌症。只有表现出特殊行为（就像这些疾病一样）的某些人，才会成为任意给定的候选基因（比如MAOA基因）的携带者。即使只为一部分发病者找到遗传先例，也至

---

① Bocklandt 等（2006）。

② Miller（2010）。

③ Zhang 和 Odenwald（1995）。利用这种研究作为研究生理过程的切入点的一个事例参见Kitamoto（2002）。

少是寻找疾病发展途径的开始。①自下而上的目标涉及行为遗传学在回答下列一般性问题时的贡献：遗传物质和基因组过程在塑造生物体的全部功能（其中行为是一个方面）时发挥什么样的作用。这项研究能够扩展到对基因、基因作用和基因激活的理解。当然，将基因突变和行为相关联，能够把长因果链中的两个端点连接起来，而这只构成了迈向理解整个发育过程和生物体功能的第一步。

自上而下和自下而上的目标涉及产生不同知识类型的不同研究方法。自上而下的目标驱动的研究始于群体行为性状的分布，并将遗传结构与该分布的某个部分相关联。自下而上的研究始于群体遗传结构的分布，并将行为结果与该分布的一部分相关联。在这里，反向遗传学，比如，杰弗里·霍尔（Jeffrey Hall）关于果蝇行为遗传学的工作，提供了一个范例。②这项工作包括引入特定的基因突变和观察随后在行为或运动模式方面产生的影响，而不是像约定的那样开始于性状表达的变异。鉴于对干预人类基因组的明显限制，这种自下而上的目标，是通过对动物模型的研究来实现的。偶尔可能会出现所谓的"自然实验"，比如，与知道有亲戚关系并共享基因的个人相关联的行为簇，而所共享的基因在生物体中的直接作用至少是部分已知的。像布鲁纳研究的家族这样的案例并不多见，而且研究者与受试者之间相距甚远，不过，这些研究为自上而下和自下而上的分析相结合提供了希望。

分子遗传学正在通过"一个基因，一种病症"的进路来促进某种概念的完善，该进路将一个复杂（或复合）的性状，比如智力低下，分解为由不同成因导致的多个独特（但相似）的性状。③对"一个基因，一种病症"进路的补充来自定量行为遗传学中所用的多变量分析，这种分析被用来识别共生性状，而这些共生性状是能被更广泛地

57

---

① 正如 Schaffner（1998）已经强调的那样，只有当确定了从遗传结构到表型状况的完备的生物化学和生理学途径时，我们才能说，提出了一种遗传学的说明。

② Hall（1994）。

③ Plomin 等（1994）。

识别的某种性状的全部或部分。这些进路会将冲动识别为较低级的倾向，这种倾向可能是可遗传的和有遗传基础的攻击性行为的成分。因此，对行为受遗传影响的假设驱使传统遗传学的研究者和分子遗传学的研究者完善他们的概念，以提出能更可靠地与基因相关联的"构想"。也就是说，这种一般性的假设促使人们探索认知关于个性化和性状识别的附属假设的各种办法。①

分子行为遗传学的支持者声称，分子行为遗传学可能有助于阐明潜在行为的机制；能够表明生物化学等干预策略的潜力，识别可以从此类策略中受益的人群；并为人类疾病的一致分类提供基础。然而，从强烈的遗传的思想意识视域来看，这项研究也把生物功能的遗传控制模型从生理学扩展到行为。这种思想意识对于研究者本人的影响小于对下列人员的影响：人类基因组计划的宣传者；科学记者，他们需要一个简单的模型为所描述的研究结果提供语境；卫生和社会政策分析者，他们把社会暴力和犯罪等问题视为肇事者的治疗问题，至少与其受害者的治疗问题一样多。

一、方法、范围和假设

于是，分子遗传学声称要回答的问题是：

（1）任何遗传标记物都与在给定谱系中的某种行为 B 的发生率相关联吗？

（2）特定的等位基因变异或一组等位基因变异都能与 B 的发生率

---

① 正如在第 2 章中所注意到的那样，Butte 主张，遗传病源论应该是分类身体病症和心理障碍的基础（Butte, 2008; Butte and Kohane, 2006），以寻找更好的治疗选择。但这种提议似乎低估了相关的基因序列受非基因因素影响的程度，从而使得这种辨别像当前的模糊分类一样复杂。此外，如果采纳这种疾病分类法，诊断结果就不能追溯到遗传结构上。Liu 等（2009）提倡一种基因-环境分类体系，这种分类体系似乎考虑了其中的某些担忧。

相关联吗？

（3）能够表明，这样一种等位基因或一组等位基因（或邻近的等位基因）与 B 的发生率有因果性的关联吗？

用来回答这些问题的方法是多种多样的：

（1）谱系分析。这种方法是找到具有所研究（攻击性、性取向）性状的有血缘关系的亲属，来识别相关性的模式，也许还识别其他共有的表型性状（例如，在血清素代谢中）来帮助探索遗传标记物。

（2）识别基因序列的凝胶电泳技术、快速复制目标 DNA 序列的 PCR 技术，以及在核苷酸水平上识别细粒度化学变体的 SNP 技术。

（3）连锁分析。这种方法是识别等位基因变异与谱系中的行为变异相匹配的遗传标记物。

（4）识别与行为变异相关联的基因组变异的全基因组扫描技术。

（5）反向遗传学技术。这种技术在模型生物体上进行操作，来识别基因组干预的表型结果。

（6）X 染色体失活分析。该方法是研究女性中 X 染色体镶嵌的特殊模式对其后代的可能影响。

原则上，分子研究能够识别基因或等位基因，这些基因或等位基因在基因组中的存在对表型性状的表达起主要的因果作用。[①]这样的研究能够在关于不同遗传结构的各种替代假设之间，或者，在关于遗传参与的假设和零假设之间，作出区分。但是，它们并非旨在关于构成非遗传原因的因素的各种假设之间，或者，在遗传假设与关于特定的非遗传因素的假设之间，作出区分。

对分子行为遗传学的批评主要针对的目标，并不是它的进路，而是它的这种断言：到目前为止，任何特别具有启发性的技术都出现了。比灵斯（Billings）、贝克威斯（Beckwith）和阿尔珀（Alper）声称已经证明，连锁分析仅对具有简单的孟德尔式遗传模式或 X-连锁遗

59

[①] 关于基因能够被说成引起什么或决定什么和如何引起或如何决定的一个好的讨论参见 Waters（2004）。

传模式的性状是有用的。例如，MAOA 基因和攻击性行为，或者，XQ28 和母系的男性亲属中的同性恋者——这两种情况仅在部分人群中有效。①大多数行为的性状都是多基因的和多因素的，因此，很难确证，任何单个基因与一种行为现象相关联，并且，行为也涉及非遗传因素。发现双相障碍、酒精（乙醇）中毒和精神分裂症的遗传关联的最初报告，尚未得到重复。确实，由于通常使用的样本量较小，重复此类结果可能比较困难。与多基因性状相关的每个基因都可能只是略微提升给定表型的概率，这可能是频繁失败的原因。此外，生物体的内外环境因素在表型性状的发生率方面发挥的作用大于单独的基因序列在此方面发挥的作用。旨在区分基因组内过程以及可能涉及遗传物质的某些细胞内过程的遗传学方法，无法找到这些环境因素。

人类研究中使用的小样本，在一两个错误识别的等位基因可能影响候选关联的（肯定的或否定的）重要性方面，也是有问题的。因此，即使存在遗传成分，对于进行分离的当前工具来说，也可能太不稳定或太复杂。②这些限制促使研究者采用了以下两种策略之一：①通过更有力的 GWAS 方法来识别能共同说明更高分布比例的一组基因；②识别与所讨论的基因一起共同说明更高分布比例的环境因素，而不是单独的基因或环境因素。③既然全基因组关联分析的结果表明，每个相关联的基因只会稍微提高表型疾病的可能性，根据已经识别的整套基因，也只能说明被认为是可遗传的部分表型变异，那么，第二个策略可能会更有效。

将行为与遗传结构相关联的任何研究都必须依赖于有关人群中行为基准比率的假设。通过连锁或 GWAS 分析发现的任意关联的统计显著性都是受样本大小和基准比率影响的结果。基准比率越低，支持一个给定的关联不是偶然事件的主张所需要的样本就越少。基准比率越

---

① Billings 等（1992）。有关 XQ28 和性取向参见 King（1993）。

② 因此，在 Risch 等人的元分析中所报告的对无法重复的一种回应是，这种表型并没有关涉明确的操作，或者，区分全基因组的相互作用还需要进一步的工作。

③ 这个策略是第 6 章的话题。

高，所需样本量就越大。哈默的研究使用了 2%的基准比率作为人群中同性恋的流行率。如果符合同性恋定义的人群比例更高（比如说，像某些社会学家所声称的那样为 4%），则 XQ28 关联的重要性将大大降低。①对基准比率的可靠估计需要明确的识别标准，并且在假定某一给定基准比率的任何研究中都必须采用相同的标准。虽然有对许多身体病症和精神障碍的基准比率的估计（这种估计通常采用分子方法，比如，对特定的癌症或精神分裂症的易感性），但我将在后面的章节中论证，对攻击行为和性取向的定义都不够清楚，使得对其基准比率的任何假设都缺乏置信度。识别基因及其等位基因变异的技术一直在不断进步，但是，对于大多数研究感兴趣的疾病而言，情况依然是，等位基因的变异只能与人群中这种条件方差的一小部分相关联。关于基准比率和足量样本的假设在个别研究中意义重大，但后来无法重复所谓的关联（例如，给定等位基因与酒精中毒或双相障碍的关联）的研究表明，这些假设是有问题的。关于多基因性状的研究是非常困难的，因为一项研究中发现的单基因-行为关联在较大的研究中往往被强相互作用所淹没。使用非人类实验动物的分子（或传统）遗传学进路可以产生与人类相关的结果，这个断言也必须假定，所研究的行为与人类行为足够相似，才能保证这种推理有充分的根据。②这些主张必须进一步假定，将 DNA 序列转化为 RNA，再转化为蛋白质，然后转化为一系列更高级别的表型，从细胞到组织再到器官，这些生物化学途径也是足够相似的。

二、结　　论

分子遗传学有望比经典群体遗传学方法给出更精确的基因-行为关

---

① 关于对同性恋比例的度量和更高的估计，参见原书[p.42]的脚注。
② 关于对这种假设的讨论和批评，参见 Schaffner（1998）。

系的特征。然而，到目前为止，这种精确性的代价是，减少了没有资格归因于遗传结构的行为倾向的数量。以 DNA 为中心的研究的动力是无法抗拒的，分子方法也在不断发展。从所产生的基因和遗传过程的更多知识中推断出，基因是生物过程（包括行为）的根本原因，这是很诱人的。①但这是把信息的相对数量误认为是信息的完备性或质量。分子遗传学方法足以在可替代的分子遗传学的各个假设之间作出区分，但它们依赖关于群体性状的基准比率的假设、关于该性状的可定义性和适当的可实施性的假设，以及环境变异无关于基因和行为变异的相关性度量的假设，或者，环境变异无关于可能起作用的等位基因的鉴定/度量的假设。即使是最有影响力的分子方法，也仅能解释被认为是可遗传的性状的部分变异。迄今，这些缺点仍然存在，即使分子方法变得越来越有影响力。分子遗传学揭示了基因组过程的复杂性，从而加深了我们对亚细胞生物学的理解，但这种进步还未达到理解它们跟更高级别组织联系中取得的进步水平。

---

① 关于新的分子进路恰好允许什么样的因果推理的详细解释参见 Waters（2007）。

第5章　神经生物学进路

　　研究行为的神经生理学和神经解剖学进路试图识别和描述行为的神经基质的各个方面的特征。关于人的神经生物学研究以详细介绍实验室动物实验的大量文献为基础。从啮齿类到灵长目动物的攻击行为或性取向的神经相关性研究，支持了人类行为中类似神经参与的假说，并刺激了对动物实验中发现的特殊激素、神经递质、大脑区域和代谢过程的研究。美国的十年"脑计划"项目（1990～1999 年）鼓励和资助了有关人脑和神经系统的大量研究。关于对活生生的人的较早研究（20 世纪 70 年代和 80 年代）依赖于所谓的"自然实验"，受试者是子宫内暴露于不正常水平性腺激素的个体，或者，由事故或中风而脑损伤的受害者。较新的技术使人们能够度量个人的行为（或至少是行为的代替者）和神经状态，从而使对活生生的个人的研究成为可能。关于人类的最近研究工作利用了诸如正电子发射断层扫描（PET）和功能性磁共振成像（fMRI）之类的新的成像技术，以及利用了神经化学和神经药理学的新发展。另外，一些研究继续使用传统方法，比如，通过尸体解剖来获取结构信息。

　　在神经递质中，血清素在不同疾病和行为中的作用已经受到广泛关注。①到1990年，大多数研究者达成的共识是，血清素代谢的各个方面与攻击性（或"冲动的-攻击的"）行为有关。脑脊液中较低水平的

---

　　① 其他神经化学药物，比如，去甲肾上腺素和多巴胺，也出现在 20 世纪 90 年代的大脑和神经研究中。

血清素和血清素代谢物与较高程度的攻击性行为相关。①20 世纪 90 年代的研究试图阐述其参与机制，并通过对血清素代谢物的各个方面进行归零，来分离出可能的生理混淆因素。血清素在到达它调节其活动的神经细胞的突触之前，能够被受体所吸收（"突触前摄取"），或者，被这些神经细胞膜上的受体所吸收（"突触后摄取"）。还存在着进一步终止血清素活性（"再摄取"）的过程。考虑到有多种方式能够影响到达目标神经元的神经递质数量，那么，在攻击性行为的情形中，罪魁祸首是降低了血清素的产生，还是减少了血清素被适当受体的摄取呢？

为了回答这个问题，埃米尔·科卡罗（Emil Coccaro）及其同事考察了因果通路中可能参与的血清素受体。②研究者对10名受试者，而不是5名对照者，使用了一种阻断血清素受体的血清素拮抗剂。然后，他们让受试者和对照者服用丁螺环酮，即一种在生理上模仿血清素的药物。受体的敏感性通过测量服用丁螺环酮前后催乳素水平来评估，催乳素是血清素与血清素受体结合时释放出的激素。他们的想法是通过破坏受体的功能来鉴别受体所起的作用。丁螺环酮给药后，受体被阻断的受试者的催乳素水平（与个人的基线相比）低于受体未被阻断的对照组的催乳素水平。较低的催乳素水平，此前被认为与较高程度的攻击性/易怒性相关，被此项研究确定为是由血清素受体功能失常造成的，而不是由血清素的含量造成的。这一发现意味着，血清素受体功能，而不是血清素的产生，在血清素的行为效应中起作用。后续研究将包括，调查被确定为具有攻击性的个人，与非攻击性个人的对照组相比，是具有较少的受体，还是受体受损，这可能涉及多种类型的血清素受体，等等。③

神经生物学研究还考察了行为的结构相关性。研究者能够利用新

---

① 正如上一章所讨论的那样，这支持了在布鲁纳的研究中对 MAOA 的关注。
② Coccaro 等（1990）。
③ 关于在干预期内血清素受体与攻击行为研究的评论参见 Olivier 和 van Oorschot（2005）。

的神经成像策略，如 PET、磁共振成像（MRI），来发现大脑活动的位点和暴力行为之间的关联。例如，阿德里安·雷恩（Adrian Raine）及其同事使用 PET 技术研究被指控犯有谋杀罪的人的大脑，这些人被转送到精神病诊所来诊断：是接受精神病辩护，还是接受审判。他们发现，与相匹配的对照组相比，在这个受试组中，前额皮层功能低下；但两组中，其他大脑区域的功能水平相似；从而得出结论：前额皮层功能障碍可能与某些罪犯的暴力行为有关。[①]

1989～1990 年，西蒙·利维（Simon LeVay）对死于艾滋病的异性恋患者和同性恋患者的大脑结构进行了比较研究。[②]利维选择专注于下丘脑前部的内侧视前区，该区域已被确定与大鼠的性取向有关。该区域有 4 个神经元簇或神经核团，它们会影响生殖，研究者一直对此感兴趣。在比较同性恋男性（尸体）的平均神经核团的大小时，假定异性恋男女在性取向上没有差别，利维发现，在同性恋男性的大脑中，4 个神经核团之一（被称为 INAH-3）的大小，更接近于女性大脑中这一神经核团的大小，而不是异性恋男性大脑中这一神经核团的大小。正如第 4 章中讨论的哈默的研究引发了对同性恋基因的讨论一样，利维的研究也引发了对同性恋大脑的讨论。[③]2001 年，威廉·拜恩（William Byne）及其同事使用类似的方法重复利维的研究，他们发现，在 14 名男性同性恋者的大脑中，INAH-3 的平均大小介于 34 名推测异性恋男性和 34 名推测异性恋女性之间，并且，添加了这样的信息：只是这个核团的体积发生了变化，而不是细胞数发生了变化。[④]

关于动物实验的研究工作涉及操纵神经活性物质的水平和观察这些操纵对行为的影响。尽管大多数研究兴趣已转向神经递质、神经肽和其他神经化学药物，但睾酮过去是而且现在依然是以这种方式得到

66

---

① Raine 等（1994）。
② LeVay（1991）。
③ 确实，LeVay 和 Hamer（1994）在尽力整合他们的研究成果时合作发表了一篇文章。
④ Byne 等（2001）。两种研究的评论者都表明了高的标准偏差以及异常值在产生平均值时所起的作用。

了深入研究。随着对这个性腺激素和其他性腺激素理解的深入，人们已经很清楚，循环睾酮水平与攻击性（或任何其他）行为的关系是复杂的。例如，动物研究表明，睾酮水平受经历和环境调节的支配，因此，它们不能被视为产生行为的独立因素。[①]相反，它们现在被理解为相互作用的行为-生理系统的一部分。人类研究也显示了睾酮活动的复杂性，睾酮活动与压力的联系比与攻击行为的关系更密切。[②]尽管如此，一些研究仍在继续考察产前暴露于"组织化的"激素和以后的行为之间的关系，并提出代表它们的因果性主张。[③]

研究性腺激素以外的神经活性物质所起作用的一个事例：克雷格·费里斯（Craig Ferris）的实验室一直致力于研究神经肽血管升压素（抗利尿激素）和血管升压素拮抗剂在几种啮齿类动物中，增强或减弱高度定型的攻击性行为的表达时所起的作用。[④]研究定型行为的价值在于，它们会容易被识别和再识别，并且，在一个物种中几乎是普遍存在的。[⑤]诸如胁腺标记之类的行为和典型的性爱姿势假设，就是较低层次的某种神经或生理组织的可靠指征，因此，对于理解机体内像血管升压素（或血清素、多巴胺等）那样的物质的功能是有用的。除行为外，他们还研究了内部效应，比如，与下丘脑特定部位的结合。因此，也许有人会说，在这项研究中，攻击性行为是次要的，任何容易观察到的行为效果也是如此。关于血管升压素，尽管血管升压素在一个物种内产生的影响是完全相同的，但是，这些影响却随物种的变化而变化。此外，正如已经发现的睾酮一样，血管升压素的产生对经历很敏感。

---

① 关于近来的简要评论参见 Wingfield（2005）。

② Archer（1991）。

③ 关于循环睾酮的研究参见 Ehrenkranz 等（1974）；Dabbs 等（1995）。关于组织化的睾酮的研究参见 Hines 等（2002）；Hines（2006）。关于对性腺激素的组织化作用的早期工作的讨论参见 Longino（1990）。

④ Ferris 等（1993）；Ferris 等（1994）。

⑤ 这些行为中的一些行为的二态性，即按性别的不同分布，使它们成为特别好的研究对象，因为它们的特殊性为从哪里开始寻找较低层次的结构和过程提供了思路。

　　血清素这种神经递质，既是布鲁纳的 MAOA 研究的核心，也是科
卡罗的丁螺环酮研究的核心，还有可能是这些神经化学药物中研究证
据最多的，它首先在非人类的动物中被研究：啮齿类动物和后来的恒
河猴。在啮齿类动物和灵长目动物家族中，人们发现，血清素与易怒
性（被理解为对不良刺激做出攻击性反应的倾向）是反向相关的，这
意味着类似于在人体中的作用。①因此，血清素系统（即血清素释放、
运输和重新吸收的过程）在多种烦躁状况（包括抑郁、攻击性行为、
反社会人格和成瘾）中的作用，被通过三种主要的方法在人类中进行
研究：①可以在脑脊髓液中测量血清素代谢物（例如，5-羟吲哚乙
酸、5-HT 硫酸盐）的浓度，代谢物浓度低表示血清素活性低。②可以
间接测量血清素再摄取的突触前受体位点的数量（更多数目的位点表
示更高的再摄取率，剩下更少的血清素可与神经细胞结合并调节其功
能）。③"药物挑战"研究，涉及能够利用药剂，特别是血清素兴奋
剂或仿制药的给药（比如，在科卡罗的研究中）来研究大脑中血清素
的活性，例如，受体位点的特异性，或者，血清素再摄取在加重或减
弱攻击性反应时的调节作用。

　　将血清素活性的变化与人的（冲动）攻击性行为和反社会行为的
变化相关联的研究，广泛采用这三种测量血清素活性的方法。普遍的
看法是，在血清素激活通路的末端区域内，与神经细胞结合的血清素
的含量越低，导致烦躁状况或行为异常的程度越大。这些研究考察了
在下列个体中血清素活性水平的变化：这些个体，与对照组相比，具
有相关诊断记录（符合《精神疾病诊断和统计手册》的冲动和反社会
人格障碍分类）或犯罪暴力史。②实验策略的进步使得测量和区分在同
一个体内的不同化学状态的反应成为可能。为了进一步了解血清素对

---

　　①　关于一个事例参见 Mejia 等（2002）。
　　②　Coccaro 等（1990）；Coccaro，Klar，Siever（1994）；Coccaro，Silverman，Klar（1994）；
Heiligenstein 等（1992）；Kavoussi 和 Coccaro（1993）；Kavoussi 等（1994）；Lee 和 Coccaro（2001）；
Cherek 等（2002）；Olivier（2004）。

68 　　行动的作用机理，科卡罗建议，通过任何方式减少可用的血清素，确实会影响较低级的冲动性状，这也在攻击性行为与冒险行为中表达出来。在这里，神经生物学的工作与行为遗传学的工作有了联系，在这种情况下，研究者还提倡，将注意力从关注暴力转向关注冲动，冲动被视为在遗传控制下的攻击性行为的低水平组成部分。[①]在大脑和神经系统中血清素的活性的确切性质尚不完全清楚，但是实验证明，血清素活性下降与多种精神疾病和情绪障碍，尤其是抑郁症，相关联，这使得血清素再摄取抑制剂氟西汀（Fluoxetine），商品名称为百忧解（Prozac），成为 20 世纪最畅销的药物之一（后来被伟哥超过）。

　　自从投资于"脑计划"项目以来，神经影像学也取得了很大的进步。计算机断层扫描（CT）、MRI 或核磁共振成像（NMRI），尤其是 fMRI，为人们提供了与完成各种心理任务的行为表现相关的大脑结构信息。其中的一些测试（使用纸笔或触摸屏进行）可代替攻击性行为本身。CT 技术使用从多个位置穿过个人头部的 X 射线来创建单个三维图像。MRI 是用无线电波干扰氢离子和用磁场重新排列这些离子。活跃的脑组织在重新排列阶段和不活跃的脑组织表现出不同的共振频率，然后，这些不同的频率被用来创建图像。产生该图像的这些大脑事件发生在被认定为心理事件基础的大脑事件发生后不到 1 秒的时间内，研究者认为，成像事件是这些较早大脑事件的残留，因而是这些较早的大脑事件的迹象。另外还有两种技术可用于测量大脑的活动。局部脑血流量（rCBF）研究使用吸入或注射的氙气或类似的示踪剂来检测增强的血流区域，并据此推断出增强的大脑活动。PET 通过放射性示踪剂评估葡萄糖代谢率，放射性示踪剂会在代谢活性部位留下可检测的残留物。

　　这些成像技术的使用仍然是昂贵的，并且分辨率越高，价格越贵，因此限制了这些研究中的样本量。而且，从不同类型的成像获得

---

① Kreek 等（2005）；Coccaro 等（1997）。

的数据并不总是相关。因此，通过这些策略获得的任何信息都必须被视为初步信息。[1]尽管如此，研究者正在尝试根据特定形式的攻击性行为或威胁性行为来识别特定大脑区域的功能异常。鉴于样本量很小，并且由已经怀疑患有精神病或器官性脑损伤的个体组成，因此，他们的研究往往并不能支持泛化到一般性的暴力行为或攻击性行为。例如，上面提到的雷恩的研究重点是，寻找机能下降的组织相关性，该研究提供的信息能被用来把暴力的群体划分为不同的子类。[2]即使这样，出于这些目标的结果也是初步的，充其量只是提供了进一步研究的基础。确实，雷恩和同事们就该领域的未来研究应如何进行提出了建议。[3]肯特·基耶尔（Kent Kiehl）及其同事也采用 PET 对被监禁的精神病患者（尤其是被判犯有十恶不赦大罪的犯人）的大脑进行了扫描，把边缘区（limbic area）中信息处理能力的下降或对信息的错误处理与暴力加剧联系起来。[4]这些研究将言语行为和大脑的反应与各种图像相关联，并将样本组的反应，与未标记为精神病患者的那些犯人，以及未被监禁的人的反应，进行比较。

除了对大脑和神经功能的这些相对直接的观察之外，许多研究者还研究了神经活动的间接信号。一个实验室研究了遭受配偶虐待的男性的心率差异。[5]另一实验室调查了不断有斗殴行为（和已被老师与同伴确定为具有破坏性）的男孩和对照组之间的心率差异。[6]这些研究的最大贡献是，将心率测量发展为一种研究工具。也就是说，一旦理解了诸如心率随时间推移是稳定的、静息心率与反应性心率的关系，以及心率与社会域境和所研究情境的特殊刺激之间的关系等问题，心率

69

----

① 类似于 Rasmussen（1997）在电子显微镜的发展中所研究的那些问题，毫无疑问，这在未来各种可视化技术的发展中也会出现。

② 这种警告是合理的，说出了很多接受这种研究的域境——无论多么不切实际，还是希望能找到引起暴力行为的遗传缺陷或器官的病变。

③ Mills 和 Raine（1994）；Raine 等（1997）；Raine（2008）。

④ Kiehl（2006）；Kiehl 等（2001）。

⑤ Gottman 等（1995）。

⑥ Kindlon 等（1995）。

就将是一种有用的信号：对任何行为现象的研究，都存在某种器官的维度。

关于性取向的功能和结构研究均已在进行。在利维研究之前，格拉度（Gladue）、格林（Green）和黑尔曼（Hellman）在20世纪80年代就报告了一项关于促黄体生成素（LH）对雌激素水平反应的研究。[①]在女性中，每月的激素周期包括雌激素分泌后LH水平出现峰值。格拉度及其同事对异性恋和同性恋男性受试者给予相似水平的雌激素。他们报告的同性恋男性的LH反应，位于女性和异性恋男性受试者之间。[②]他们得出的推论是，同性恋是受激素影响的，即使不是由激素驱使的。迈尔-巴尔堡（Meyer-Bahlburg）和德纳（Dörner）也研究了子宫内传递的性腺激素对后代性取向的可能影响。[③]埃利斯（Ellis）和科尔-哈丁（Cole-Harding）在对7500名大学生的调查中，跟进了这些早期研究。[④]他们发现，被认为是同性恋者的学生的母亲在孕期头三个月出现了较高的应激水平，这段时间是性腺激素影响大脑发育的关键时期。这种联系是微弱的，因为无法获知学生实际在子宫内的激素暴露，但这与早期的假设一致，即母体激素会影响发育中的胚胎，特别是在性取向的发育方面。[⑤]研究者用来推进这一研究方向的一种策略，涉及找到性取向与通常被认为是由激素决定的性状的一致性。利手、相对手指长度和皮纹（指纹模式）都属于此类特征。这些研究背后的想法是，模式之间的这种一致性将表明，基础未知的性状的起源与基础已知的性状的起源相似。这些研究已在男同性恋者和女同性恋者中进行。模棱两可的结果并没有阻止研究者继续推进这个方向的研究工作。[⑥]

---

① Gladue 等（1984）。

② 关于讨论参见 Doell 和 Longino（1988）。

③ Meyer-Bahlburg（1977）；Dörner（1988）。

④ Ellis 和 Cole-Harding（2001）。

⑤ 对进一步工作的报告出现在 Rahman 和 Wilson（2003）。

⑥ 参见 Hal 和 Kimura（1994）；Williams 等（2000）；Cohen（2002）；Mustanski 等（2002）；Brown 等（2002）；Forastieri 等（2002）；Hall 和 Love（2003）；Grimbos 等（2010）。

人脑的复杂性对研究者提出了极为诱人的挑战。许多杰出的脑科学家都是从其他科学领域转行而来的。例如，弗朗西斯·克里克（Francis Crick）来自物理学领域，杰拉尔德·埃德尔曼（Gerald Edelman）来自免疫学领域。但是，揭示复杂性只是脑科学研究者的目标之一。许多人的目标都是明显务实的。例如，开发针对抑郁症和焦虑症等烦躁状态的药理疗法，加速了血清素激活系统的研究。这项工作可以同时促进对大脑结构和功能的理解，以及对神经活性化学药物在调节情绪和行为时的作用的理解。这与制药业有着明显的联系，制药公司赞助一些研究工作，并有望从中获得极大的利益。[①]还依然有待观察的是，成功使用神经药物对关于大脑结构和功能的研究产生怎样的长期影响，也就是说，对神经状态的成功调节对全面理解它们的项目有什么影响（例如，理解神经活性物质的哪些近端作用会提升作为控制目标的远端作用）。成像研究工作，可以定位在诸如性思考、敌对和攻击性思考时活跃的大脑区域，有助于绘制大脑图谱这一更大的项目。最终，通过与生理学研究相结合，它将为潜在的认知、情感和行为现象的大脑过程提供更全面的描绘。

毫无疑问，其中的一些工作将定义和鉴别低层次组织行为的组成部分和因素。[②]例如，一些关于暴力的神经解剖学和神经生理学相关的研究，可能支持法定失能标准采纳器质性指标。这显然是雷恩及其同事和基耶尔及其同事所关注的。[③]其他工作可能促成精准定向的药物干预，例如，科卡罗提出，冲动是较低层次的心理-气质与暴力攻击行为的生物学维度相关联的结果，他在提出这一观点时推测，芬氟拉明对冲动有缓和作用。[④]

---

① 参见 Angell（2005）；Krimsky（2003）。

② 关于因果关系、构成和相关性之间的不同，参见 Churchland（1989）；Searle（1992）；Dennett（1991）。关于这些概念和哲学问题的立场，在理解对人类认知、情感和行动的神经研究成果时，发挥了作用。

③ 参见原书[p.69]的注释。

④ Coccaro（1993）；Coccaro，Silverman，Klar 等（1994）。

最后，将神经解剖结构与性取向联系起来的工作声称与分子遗传和行为遗传的工作具有相同的社会目标，即通过自然化来使同性恋正常化。与基因研究一样，关于行为的神经生物学研究倾向于将关于行为问题的认知权威转向生物医学专业，而远离非医学的心理学或社会服务专业。

72

一、方法、范围和假设

神经生物学进路解决的总体问题是：神经结构和过程在行为 B 中起什么作用？这个问题分解为许多其他问题：

（1）特定的局部神经结构或过程能够与 B 的发生相关联吗？

（2）与 B 相关联的神经过程是分布式的，还是局部的？

（3）与 B 相关联的神经过程是如何被激活的或被抑制的？

（4）与 B 相关联的神经过程是如何与其他神经和器官过程相互影响的？

（5）为了研究与行为 B 相关联的神经过程在 B 的表达中所起的作用，研究者能够如何改进现有技术？

用于解决这些问题的研究方法有追溯性的、合并性的（concurrent）和前瞻性的。追溯性方法包括用尸体解剖来识别与个人的行为模式相关的神经结构，以及通过对监狱、诊所和医院记录的相关性研究，来识别脑损伤或其他创伤（例如，新生儿期并发症）与后来的攻击性行为或犯罪行为之间的关联。这里的一个典型假设是："损坏皮层下区域 S 的 R 区，在以疾病 C 为特征的患者中，增加了攻击性事件发生的频率。"这种对比将是在 R 受损的受试者和 R 未受损或其他区域受损的对照组之间进行的。

合并性方法包括脑成像或测量与揭示在经过特定认知或感官刺激

后相关联的其他物理参数（心率）的变化。这里的一个典型假设可能是："新皮层的R区内的活动增加与攻击性行为有因果关系。"相反的假设将关注R区内缺乏关联的活动、新皮层其他区内的活动或不影响R区内的活动。因为成像需要使受试者固定不动，所以只有对行为的思虑，才与所测量的神经活动相关。因此，这样的假设只能得到间接的确证和在下列假定的背景下得到确证：这个假定是，在一个实验环境中所经历的精神状态与实际行为有关联。

前瞻性方法包括动物实验，来鉴别生物和精神活性物质的组织性或激活性暴露对行为的影响，以及人类临床试验，来确定此类物质对生理、心理和行为产生的影响。这里的一个典型假设是："以B的高发生率为特征的个人服用P后，B的发生率降低了。"相反的假设将关心P对没有B特征的个人产生的影响，以及未服用P的以B为特征的个人的行为，或者，将P的作用与同样可以提升血清素的某些其他神经药物的作用进行比较。

尽管追溯性和合并性方法能够回答有关给定神经结构、过程或损伤类型与给定行为的相关强度的问题，但尚无一种方法能够提供数据来明确证实，一种神经结构或过程对某种行为产生因果性的影响。虽然研究成果与确定因果关系有关，但仅靠这些相关性，既不能确定因果关系的方向，也不能排除共因关系。涉及操纵被假设为原因的因素的前瞻性方法能够确定，一种给定的因素，在减少、增强或以其他方式影响一种给定行为方面，起着某种因果性的作用，但是由此获得的知识，到目前为止，依然很不完善。因为需要通过其他方法来识别行动机制，而且，心理药物的作用通常比预期的作用广泛得多。因此，总结如下。

追溯性方法包括：

（1）对以特定行为为特征的个人进行的尸体解剖，以识别与这些行为模式相关的神经结构。

（2）对监狱和医院记录的相关研究，以识别脑损伤或其他创伤

（例如，新生儿期并发症）与后来的犯罪行为之间的关联。

（3）相关的双生子研究，即比较同卵和异卵双胞胎的神经系统特征（例如，血清素活性作用）出现的频率。

合并性方法包括：

（1）脑成像，即识别与特定想法或感官刺激相关的大脑活动区域。

（2）测量其他物理参数（心率、唾液量或血清睾酮量）在经过特定认知或感官刺激后发生的变化或与某些特定类型的经历相关联时发生的变化。

（3）测量行为与被认为是由生理或遗传引起的解剖差异之间的相关性。

前瞻性方法包括：

（1）动物实验，即识别生物和心理活性物质的组织性或激活性暴露对行为的影响。

（2）人类临床试验，即确定神经活性物质对生理、心理和行为的影响。

很多关于攻击性行为的研究工作都是针对已经被临床确定为是反社会的人群，这些人群通常是根据判定的罪行或精神病学诊断作出分类的囚犯，或者，正在接受治疗的被诊断为具有反社会人格的个人。在研究精神活性剂对行为的影响时，研究者也使用了类似于其他进路所运用的身体或言语的攻击性类型，并通过对问卷的答复来确定。在性取向的案例中，研究者通过男女同性恋者经常光顾的场所或适合他们的出版物来招募受试者。性取向是通过自我报告，或者，基于问卷或访谈回复的金赛测试来确定的。

这类研究的重点是，更好地理解人类行为和行动的神经基础。在这方面，它们能被看作是神经科学的更大研究项目的一部分，但专注于特定的神经递质、结构，或大脑和神经系统的其他方面。然而，在这些特征的可测量的变化与特定相关行为的变化之间存在很大的差距，这意味着这项工作还处于初期阶段。关注局部的研究可以揭示出，某个区域或过程与某个性状有关，但并不足以揭示出与产生这一性状的过程或区域发生相互作用的所有因素。此外，虽然在某些情况下（例如，伤害会改变结构或功能，然后改变行为），能够相当肯定地确定因果关系的方向，但在另外一些情况下，与经验相关的现象之间的因果关系仍然未知。对于攻击行为和性取向的大多数神经生物学工作都是如此。既然在这两种情况下，某些功能和结构的差异都可能是受其他因素控制的行为后果，那么就无法肯定地推断出它们的因果作用。

在攻击行为方面的研究工作具有不同的实际目标。例如，为血清素的研究提供心理药物干预的信息，如对攻击性个体施用百忧解或其他药物。因此，它与医学和商业网络有关，并伴有相应的社会和政治反响。① 这项工作以及神经影像学和生理学研究也表明，需要区分攻击性个人的子类。在某些情况下，能够确定某个攻击行为性状的生物学基础，但可能会有几个这样的基础。而且，一些较高层次的性状也会与攻击性性状相关。例如，对低层次冲动的控制，在许多研究中，是区分功能或结构差异的一种性状。但是，这些中间的生理或心理性状，只关涉给定样本中可识别的部分攻击性性状，而且它们还经常与攻击性以外的行为或气质性状相关联。

尽管在解释进路（如关于性取向的神经内分泌学或遗传学解释）方面存在一些分歧，神经生物学研究一般不希望卷入像遗传学和环境研究那样的激烈争论。② 不过，研究者本人得出的结论，或者，学者或媒体评论员得出的结论，都受到过批评。例如，利维关于下丘脑核团大小与性取向之间相关性的著名研究，被批评为样本量太小，且不能排除混淆的因素。③ 大多数神经生物学研究，像大多数分子生物学研究

---

① 例如，某些研究，如 Heiligenstein 等（1992），是从礼来制药公司获得资助资金的。

② 关于根据遗传因素比根据内分泌因素能更好地说明攻击行为和性取向的一种论证，参见 Bocklandt 和 Vilain（2007）。

③ Fausto-Sterling（1992）。

一样，都是基于小样本进行的，因此具有类似的局限性。作为例外，埃利斯和科尔-哈丁进行的大样本研究，是从神经发育做出推断，而不是直接测量。

76　　如果一项研究只能在某个特定时间识别相关性，那么，在确定因果关系或影响的方向方面会遇到困难。研究者表明，睾酮水平升高，发生在暴力发作之后，而不是之前，对应激反应的响应也是如此，这使人们对有关睾酮对攻击行为的因果影响的一般假设产生了怀疑。①而且，由于费用高昂，许多成像研究都是在小样本基础上进行的，样本量太小以至于无法支持任何因果性的结论。此外，研究还处在这样的阶段：将相当普遍的思维模式与大脑区域和激活相关联，并且，远离对特定内容与特定神经模式的相关性的任何细粒度分析。②一个唯物主义者或物理学家，会期望发现行为和精神现象与神经现象之间的相关性。神经现象将被理解为精神现象的组成部分，因而因果性问题的研究从关注作为说明项的精神现象转向关注构成性的神经状态。也就是说，解释的相关问题不是关于心灵或意识本质的形而上学问题，而是关注从数据到任何因果假设的推理。关于神经和精神状态之间有什么相关性和构成关系的问题，需要理论和实践上的继续研究。③

这类研究中的相当一部分，是为了识别令人困惑的暴力行为或攻击行为的神经病理基础。这样的研究，尤其是确定在神经系统异常和行为异常之间的强关联的那些研究，可能仅限应用于特定的病理条件。但是，攻击性行为在许多域境中都会发生，并不都会表现出病

---

① Zitzmann 和 Nieschlag（2001）；Sapolsky（2005）；Booth 等（2006）。对类似环境和经历的敏感性，通过其他神经活性化学药物，得到了证实，参见 Huhman 等（1991）。

② 关于行为、精神状态和神经状态的相关性的神经影像研究，参见 Greene 等（2001）；Greene 等（2004）；McClure 等（2004）；Sanfey 等（2003）。这些研究力图使可观察的神经现象与所推理的情感状态和实验设置中的措施相关联。这个目标是，理解与情绪或欲望相关联的不同脑区域之间的相互影响（而这些情绪或欲望又与认知相关联）。研究中涉及的这些特殊行为可作为精神状态的指征，而不是本身成为研究对象。Suppes 等（1999a；1999b）力图把不同的脑电波模式与不同的语句和概念相关联。

③ 参见原书[p.71、76、78]的参考文献。

状。因此，这种研究并不能回答关于攻击行为的一般性问题。据说，关于性取向的研究可能也会存在类似的问题，这种研究试图确定同性恋的某种特定的神经解剖学或神经生理学的条件。当探究模型是生物医学的时，即探索可能引起行为的一种特定的神经异常，解释范围只能限于少数实例。这个议题将在第 6 章进一步阐述。

神经生物学进路用到的方法涉及很多假设。神经影像技术假定，在特殊的思维过程中表现出更高的葡萄糖代谢，或者，不同大脑区域的氢离子扰动程度，与思维过程具有因果相关性（而不是附带地或偶然地受其影响），即与思维过程相关的大脑区域将显示出活性。如果要得出与思维过程相关的脑区参与了行为的结论，那么，还需要假设思维过程与行为之间的关联模式（因果性的或只是关联性的），以及根据这一假设，再假设脑区活动与行为之间的关联模式。因此，诸如将大脑活动区域与敌意想法相关联，并通过这些想法与攻击性行为相关联的研究，可被描述为发现了关联或因果关系，这取决于呈现这些发现所使用的假设。因为寻找相关性的研究的目的是找到因果关系，所以这种研究通常被解释为支持因果关系，但因果关系的方向常常仅是被间接地确定。此外，这种推理思路必须首先假设，这些想法能够被正确地归因于参与者，然后假设，这些想法适合指征所关注的行为。但是，冲动是一种中间性状的观点意味着，通过 PET 技术，fMRI 或脑电图（EEG）观察到的受试者的想法不能轻易地等同于行为。

通过尸检确定的神经结构与某种行为有因果关系的提议基于如下假设：解剖发现的关联适用于行为，并且，神经结构的发育是在相关行为之前，而不是之后。在动物实验可以支持的范围内，人们假定，结构和功能具有跨物种的一致性，以及人类行为和动物行为具有相似性。这个假设并不总是得到证实。例如，在大鼠中似乎能够影响性伴侣选择的下丘脑的神经核团，不同于利维在人类中发现的特点（有大小差异）。

试图确定神经活性药物对生理和行为的作用的临床研究，并不需

77

78 要做出与成像和尸检研究相同的因果假设。此处的研究兴趣在于，确定服用某些化学药物后出现了某些可取的状态，而不是不良状态。[①]尽管一些研究者致力于证明，特定的大脑-行为关系与基因无关，但另一些研究者则试图与遗传和基因研究建立联系，因而采用了行为遗传学项目的许多假设。[②]

尽管与20世纪90年代初相比，人们对大脑和神经系统有了更多的了解，但依然没有（人们支持或反对的）关于脑功能的一个总体理论。尽管存在驱动实验项目的一些一般的脑功能理论，比如，埃德尔曼提出的神经元群选择理论，但是，大脑在（人类）意识现象中的作用似乎仍然是一个哲学问题，也是一个科学问题。[③]关于攻击行为和性取向的神经相关性研究似乎并不属于大脑发育和功能的任一具体的理论，而是一个较为零碎的过程，是在如下合理的假设下进行的：对大脑和神经功能的描述将成为对行为机制做出的完备描述的一部分。

二、结　　论

在人类受试者中，新的成像技术能够识别在某些认知表现期间活跃的大脑区域，或者，参与者受到特定认知或情感刺激时活跃的大脑区域。尸体解剖能够研究可能与行为变异相关的解剖变异。动物研究能够对神经过程进行广泛的考察，从而得出人类受试者所遵循的特定假设。在人类中，神经活性化学物质（神经递质、神经肽、酶、激

---

① 这是 Heiligenstein 等（1992）的情况，他们的研究受到了礼来制药公司的资助。关于制药业在研究中所起作用的更多文献参见 Angell（2005）。

② 参见如 Alia-Klein 等（2008），该文意味着，MAOA-攻击性的关联支持基因型的独立性，以及 Coccaro 等（1997），该文运用行为遗传学方法，来论证血清素代谢差异的遗传基础。

③ 参见 Johnson（1993）；Edelman 等（1985）。关于对人脑与人的意识的更新近的理论陈述参见 Crick（1996）；Damasio（1999）；Edelman 和 Tononi（2000）。

素）的作用，能够通过服用仿制药和拮抗剂，破坏产生、扩散、摄取和再摄取的过程，来进行研究。关于大脑结构和过程的知识已经取得了巨大的进步，但是，要理解它们在人类行为中的确切作用仍然面临各种挑战。脑科学的进步尽管非同寻常，但依然是零星的，着重于对化学活动和电活动的认真测量，这些活动可能与更高级的行为（或气质）现象相关。在识别大脑-行为的相关性以及理解神经化学方面取得的进展表明，巨大的复杂性问题还有待阐明。为了将对给定行为的因果影响归因于给定的神经因素，各种研究必须假定，所研究的因素独立于其他因素，也独立于公认的行为效应，并且，当行为方面的变异不能通过所考察的因素完全解释时，必须假定，未解释的部分拥有独立的说明。目前还没有一个普遍公认的把经验工作纳入其中的大图景，而且，这个图景与最终要理解的行为之间仍然有很大的差距。识别和测量这些行为的方法是遗传学和社会-环境进路中的常见方法，因此，神经生物学进路也决心对行为的个体化和可操作化作出类似的假设。

第6章 整合的进路

　　尽管到目前为止所描述的这些进路的倡导者们都承认，生物因素和环境因素相互作用，产生了他们所研究的行为结果，但是，除了有限的经典行为遗传学家外，还没有人研究相互作用论的纲领（interactionist program），也没有人研究，如果考虑其他因素会对他们的进路、方法和结论产生怎样的影响。然而，有几个研究纲领确实是把理解因素的多样性及其相互作用作为研究重点。这些包括全域的（global）整合论，比如，发育系统理论，以及更局域的（local）整合论，比如，阿夫沙洛姆·卡斯皮（Avshalom Caspi）和特里·莫菲特（Terrie Moffitt）提出的 GxExN（遗传-环境-神经）整合进路，以及肯德勒及其同事提出的多因素进路。

一、发育系统理论

1. 概述

　　从相互作用的观点和预期的说明范围来看，发育系统理论（DST）是最雄心勃勃的整合进路。这种进路在胚胎学和发育生物学方面有其理论基础，心理学家和发育理论家苏珊·奥亚马（Susan

Oyama）对它进行了较详尽的阐述。①这里的核心问题是，生物体如何从单个受精卵细胞发育成具有多个专门器官和组织的成熟个体。分化，即细胞的专门化过程，对发育生物学家来说，是关键问题之一。对于这种系统进路而言，发育必然会受到遗传和环境的影响；它们之间的关系是非加和的和非线性的。行为的发育也不能与发育的其他方面相分离。探究的对象被重新构想为一个发育系统，这个系统是交互影响的复合体，其中一些影响来自机体之内，另外一些影响来自机体之外。因果关系被理解为以多重因素为依据，以及既彼此选择又相互决定结果的因果性的影响。②正如奥亚马所指出的那样，"变化……最好被认为……是由同时期的影响和系统的状态共同决定的系统变更，该系统的状态代表了较早相互作用的合成"③。

　　这个传统的另一位主要研究者是已故的吉尔伯特·戈特利布（Gilbert Gottlieb），他把发育描述为是涌现的（emergent）、共同作用的（coactional）和层级的（hierarchical）。④戈特利布所说的"层级的"似乎是指发育的多层次特征，以及层次之间和层次内部的共同作用的特征；该术语不是用来表达优势或优先考虑的因果关系，而是用来表达发育系统的遗传的、生理的、神经的、行为的和环境的各个方面的统一。因此，与格里尼（Grene）和埃尔德雷奇（Eldredge）的用法一样，这个术语更多地被用来表示像嵌入（embeddedness）程度或闭合（enclosure）程度之类的意思。⑤戈特利布所说的"涌现的"是指，由于个人的组织的各个层次内部和层次之间的相互作用，在所有层次上都增加了结构和功能的复杂性。他所说的"共同作用的"是

──────────

① Oyama（1985；2000）。在哲学家中间，Griffiths 和 Stotz 是关于这种进路的著名的解释者和拥护者。参见 Griffiths 和 Gray（1994）；Stotz（2006）；Griffiths 和 Stotz（2006）。女性主义者也信奉这种进路。参见 Fujimura（2006）。

② Oyama（1985：24）。

③ Oyama（1985：37）。

④ Gottlieb（1991）。

⑤ Eldredge 和 Grene（1992）。

指，参与发育的那些因素进行相互作用。这些因素不仅不能独立地起作用，而且还相互规定，从而改变了它们各自对后续发育阶段的影响。

发育系统理论家将发育过程描述为"表观遗传的"。DNA 在生物体中不是静态的，而是被概念化为"有效的基因型"。DST 并不是认为基因具有稳定的活性，而是将基因组视为由潜在的基因激活模式组成，这些模式对生物体内外环境的变化具有不同的响应。正如另一位研究者所表达的那样，后成说的概念与行为相关，个体发育（单个生物体的发育）受以下三类因素的操纵：①几乎普适的发育、域境相关因素，即人群或物种的所有成员共有的遗传特征和环境特征；②异质而稳定的发育、域境相关因素，即个人特有的遗传特征和环境特征；③个体在发育过程中产生的约束。①任何个体发育的轨迹都反映了这三类因素的融合。

DST 的经验和实验工作专注于实验室的动物实验。这些研究旨在证实，由经历（而不是基因）造成的行为的定型（canalization）或共同作用的原则。一项关于小鸭子的实验表明，它们需要在出生前听到自己或母亲的发声，以回应出生后物种特定的叫声。一项对大鼠幼崽的实验表明，患有原发性高血压（SHR）的幼崽，只有在被 SHR 的母亲哺乳后，才会发展出高血压。如果被非 SHR 的母亲哺乳，它们就不会发展出高血压；非 SHR 的幼崽，如果被 SHR 的母亲哺乳，也不会发展为高血压。它们发展为高血压的必要条件是，由 SHR 的母亲生育和哺乳。（据我所知，他们并没有研究：这是否反映出，行为交互方面的差异或母乳成分的差异）关于非人类动物中行为可塑性的研究，也被认为显示出发育的复杂的共同作用本性。戈特利布和同事认为，只有当人们进行"以一种系统的方式改变潜在影响因素的受控实验"时，才有可能理解影响发育的因素之间的复杂关系。②尽管以这种方式干预人类基因或生理过程的实验，既不符合伦理，又不切实际，但研

---

① Cairns（1991）。

② Wahlsten 和 Gottlieb（1997：165）。

究者声称，人类与所选择的非人类动物之间在分子、生理、神经和认知过程方面的相似性，使得他们能够大体上得出人类发育过程的某些结论。这些是关于刚才讨论过的发育的表观遗传特征的主张。①

另一个"系统"观点是动态系统进路。虽然它常被当作是发育系统理论的一个版本，但它们之间有重要的差异。发育系统进路的提倡者强调发育过程中内生因素和外生因素相互作用的复杂性，而动态系统进路的提倡者则强调发育的时间性和顺序性，即发育的某个阶段依赖于较早的阶段。他们运用了来自数学和物理学的动态系统理论的概念——尤其是有多重可能的稳态概念，以及在将系统从一种状态转变为另一种状态时重要的干扰概念——来研究特定能力和行为的发育。已故的埃丝特·特伦（Esther Thelen）是这种方法的开拓者之一。②她和她的同事研究了基本运动技能的发育，例如，婴儿伸手抓东西的技能，涉及认知、神经和肌肉的协调。他们也进行了"以系统的方式改变潜在影响因素"的实验，但是，他们的干预仅限于改变不会对机体造成永久影响的机体外的特征。特伦小组的研究涉及系统地改变情境元素，例如，改变感知环境的内容，变更物体在该环境中的移动速度，测量手臂的角度和手腕的扭矩，更改对肌肉的约束（利用负重），以及逐渐地重复这些变化，来领会生物体如何学会将部分的能力整合为一致的行为。运动技能是为解决妨碍目标的问题发展出来的（比如，伸手抓住玩具），并且，它们的发展遵从一定的顺序，从较为简单到更加复杂。尽管多重因素相互作用的概念对这种进路很重要，但它关注的焦点是时间性，即发育事件的顺序。

伊莎贝拉·格兰尼克（Isabella Granic）和她的同事莱米（A. K. Lamey）已将这种干扰技术应用于实验室环境中的亲子互动。③他们强

---

① 发育系统理论家也强调他们的反应-规范概念。关于讨论参见第 2 章，原书[p.35]。

② 参见 Thelen（2000）；Smith 等（1999）。

③ Granic 和 Lamey（2002）。关于理解更普遍的反社会行为的发育进路的详细发展，参见 Granic 和 Patterson（2006）。

调，动态系统理论的抽象的数学本性是能够应用于从物理化学到行为类型的系统的一个框架。他们感兴趣的系统是亲子二元组，他们通过对亲子关系的理解来表明互动模式，这些互动模式很容易不同程度地受到稳定状态（可能的互动模式的状态空间中的吸引子）的影响。该研究模型的一种应用是从识别两种不同类型的亲子二元组开始的。在一种类型中，孩子被判断为是"外化"（externalizing）型的（例如，好斗）；另一种类型中，孩子被判断为是"混合"型的，既"外化"又"内化"（internalizing）（如孤僻、抑郁）。实验包括在执行任务的过程中引入干扰，然后，观察不同的二元组类型在解决问题时所处的状态。这类似于特伦在婴儿控制肢体动作的过程中使用的动作中断、负重的改变等，即从个人的自身过程扩展到人与人之间的过程。

发育系统进路关注单个生物体发育的过程本质。这不同于行为遗传学所提出的问题，行为遗传学关注遗传对行为的影响程度，回答问题的方式是，将人群中的基因型（或基因）频率与该人群中的行为变异联系起来，或者，将单个基因或等位基因与给定行为的构成部分（行为或性状）相关联。就具体环境对个人行为的影响程度和本质而言，这也不同于社会-环境问题。行为遗传学与社会-环境这两种纲领都是将因果链中的端点关联起来，而发育系统和动态系统研究者则强调端点之间的转化顺序。[①]

发育系统进路主要描绘互动因素的完整作用、它们的互动特征，以及在发育成熟的过程中经历的一系列阶段。发育系统理论家将他们的工作重点视为是对发育机制的全面理解。他们感兴趣的对象是代表物种而不是种群的单个生物体。对于他们来说，核心问题是分化（differentiation）问题。在行为领域内，这意味着，理解某些行为是如何被定型的，也就是说，如何被固定为稳定的习惯或倾向，而另一些行为在人的一生中依然是可塑造的。这种对可变性和域境依赖性的坚

---

① 而且，应该注意到，DST研究者坚持认为，初始端点以多重因素为特征。卵细胞除了对囊胚的核基因起作用之外，还对细胞质和线粒体起作用。

持意味着，如果各种泛化（generalization）是在这种进路内获得的，那
么，它们将不是关于群体、个体或他们的属性的泛化，而是关于过程
的泛化。这样的泛化将更多地是关于抽象构想的实体，比如，行为的
定型，而不是具体行为，比如，攻击行为或性取向本身。

　　这些研究者似乎不如前几章讨论的某些研究者那样关注实际应
用，尽管有些研究者认为，采用系统的观点具有实践意义。例如，发
育系统进路的提倡者已经看到，这在引导研究者和临床医生摆脱与行
为相关的过于简单化的因果关系概念时是有价值的。勒纳（Lerner）认
为，系统或域境的进路，由于包括更好地关注个体之间和环境之间的
差异，需要在社会干预策略的设计中放弃"普通儿童"（generic
child）概念（通常是中产阶级的白人儿童）。①相反，研究者和临床医
生应该考虑域境的可变性，即发育域境中的变化和不同个体在相同域
境中相互作用的变化。发育系统理论的拥护者，尤其是哲学的倡导
者，提出该进路可以作为遗传决定论的替代，也可以作为更适当的进
化发育框架的来源。提倡采用这种进路来研究性取向发育的研究者，
比如，拜恩和帕森斯（Parsons），从中看到，在无须将原因归结为一
个因素的前提下，将同性恋和双性恋自然化的一种方式。

　　虽然理解运动技能发育的动态系统进路包含了生物的和环境的考
虑，但是，它理解行为发育（比如，攻击行为或性取向）的进路，却
未明确提到生物因素。它的实践者研究具有相对稳定的互动特征的二
元系统或 n 元系统中的个体，基于此，该进路似乎在概念上对生物因素
持开放态度。格兰尼克和她的合作者所阐明的目标是，对能够描述交
互系统特征的各种模式作出更好的区分和分类，发展和改进抽象的动
态系统进路，来适用于行为系统。基于交互模式在产生行为倾向时的重
要性，研究者通过改变这些模式，可以产生或促进更有利于该系统长期
安康的发育倾向。两种系统观都反对将发育看成是固定程序的展现，不

---

① Lerner（1991）。

论编码是在基因里，还是在其他地方。他们强调，发育是偶然的。

2. 方法、范围和假设

正如在其他进路中一样，总的问题是：在单个生物体中 B 的能力/倾向是如何发育的？发育系统理论将这个问题转化为以下类型的问题：

（1）最终导致 B 的发育轨迹是什么？

（2）在 B 的发育过程中相互作用的发育因素（遗传的、上位遗传的、子宫内的、生理的、物理的、社会环境的）是什么？

（3）B 的倾向是被定型的吗？如果是，那么，是如何被定型的？

（4）与 B 相关的因果/发育过程，是在机体整合和构成的哪些层次上进行的？

（5）物种典型性状的发育不同于个体的可变性状的发育吗？（B 是哪种类型？）

（6）组织的复杂性与功能的专门化是如何发育的？

（7）研究者如何能够研究层次内部和层次之间的相互作用？

动态系统进路增加了以下几个问题：

（1）某种行为表现/技能的构成部分是什么？

（2）发育中的婴儿如何表达这些构成部分的每个组分？

（3）这些构成部分的出现顺序是什么？

（4）构成部分在数量上和出现顺序上发生怎样的变化，才能与行为表现/技能的最终表达相一致？

（5）在 n 元的多人系统集合 S_1 中的互动模式是什么？

（6）S_1 中的模式与集合 S_2 中的模式是否有系统性的差异？

为了回答这些问题，系统进路采用了与它们的整个理论框架保持一致的各种方法。发育系统理论为了确定适当的方法论来回答这些问题提出了两个主张：①分析的单元应该是（整个）发育系统，即共同发展的互动元素的层级集合；②因果相互作用不仅是将构成原因的因

素与共同产生的结果联系起来，而且还是这些因素彼此之间的相互修
正。动态系统进路的理论主张不太抽象，最主要的主张是：精神和心 　88
理（认知和认知能力）是通过身体与物理环境的相互作用而出现的。
它的倡导者的方法是假定或检验这些假设。在他们看来，动态系统进
路的优点之一是对情况的敏感性，也就是说，在这种进路中可接受的
建模偏差是相对于应用它的特定情况而言的。他们关注特殊行为，他
们构想特殊行为的方式与发育系统理论家构想发育系统的方式一样复
杂；他们将行为视为存在一段时间的一个动态系统，并将行为本领中
各项技能的发育视为所研究的现象，如同"经过一段时间的过程，而
不是静态的结构"一样。①这既适用于个人的行为本领，也适用于相互
作用的行为系统。

　　发育系统的研究者将他们的经验工作聚焦于动物模型以及人类的
婴儿和儿童，因此，在成人期或青春期后期显示出的行为倾向方面，
他们拥有的相关经验结果，少于其他研究进路拥有的相关经验结果。
不过，个别研究者主张，这种进路适用于一般的人类行为或某个特定
行为。②基于这种进路的整体性特征，目前尚不清楚，整个人类机体的
特定行为（像"无刺激打斗"或"无刺激击打"）机制在多大程度上
可分解，以及研究者将采用何种策略个性化和度量行为。相比之下，
在动物中，人们已经研究了适合实验干预的各种行为。然而，论证的
主要形式似乎要么是概念论证，要么是指出其他进路的缺点和重新分
析它们的数据。实验方法涉及干预发育系统，表明某个给定因素是某
种性状或行为正常发育所必需的（与另一种进路的预期结果相反）。
动物实验包括繁殖具有共同遗传概貌的某个物种的变种，然后，将不
同概貌的个体暴露在不同的饲养条件下。当成功获得性状时，这样的
实验证明，特定的基因和特定的饲养条件两者对于某种性状的发育都
是必要的，无论是像高血压一样的功能障碍，还是物种的典型性状。

————————————

① Thelen（2000：7）。
② Byne 和 Parsons（1993）。

89   特伦和她的同事们将他们的研究聚焦于人类婴儿、特定的运动技能（比如，抓住）和认知-运动技能（比如，完成"A 非 B 任务"[①]时的行为表现）的发育。他们的研究系统性地和有顺序地改变这些技能出现时的特征，比如，在学习移动手臂来实现特定目标时改变腿部移动的自由度，或者，增加手臂的负重。将这种方法应用于更高层次的认知调节的行为，在固化特殊行为倾向的过程中涉及的所有遗传的、生理的和环境的因素，都将需要发生类似的改变（或在自然界中进行研究）。当前这种方法，通过干扰关系，观察对干扰作出反应时的差异，来识别人格类型和互动模式。这些差异使对互动模式的分类成为可能。通过使用标准清单来识别人格类型，可以分析不同人格类型的组合（构成系统）如何产生特定的互动模式。

相较于动态系统进路对人类婴儿或互动模式的细致研究，还没有人运用发育系统进路对人类进行明确的研究。[②]该进路的拥护者进行的实验和观察研究主要关注动物模型，而在田野调查中，主要研究动物种群。这种进路在应用于人类时，被用来为已有的关于行为的遗传数据和社会-环境数据提供一个可替代的解释框架，为评论基于这些数据的解释提供了一个平台。[③]

与环境论者一样，发育论者也被"指控"为是不科学的。然而，他们所谓的"过错"不是社会或政治上不正确，而是重新引入活力论。[④]基于最近对基因激活和调节的研究体现出对表观遗传过程的重视，人们可能会把这看成只是"贩卖"形而上学。更实质性的批评关注在发育进路中获得全部知识的可能性，以及发育论者在多重层次上的反还原论。行为遗传学家斯卡尔一直是发育系统理论进路最猛烈的

---

① 这是让·皮亚杰（Jean Piaget）首先构想的一种标准的实验检验，在这个实验检验中，婴儿首先学习需要抓住 B 的协调动作，然后，当挑战抓住放在不同地方的东西 A 时，就会修改所学到的运动模式。

② 关于对发育系统理论和动态系统理论之间差异的进一步讨论参见 Keller（2005）。

③ Wahlsten 和 Gottlieb（1997），也参见第 6 章首个注释中的参考文献。

④ Scarr（1993）。

批评者之一。她的首要"指控"认为，如果一项研究将所有原因都视
为是相互影响的，那么，就不可能设计出能够确定表型结果成因的研
究，因而就不可能单独挑出任何一个特定的原因供研究。[①]她声称，与
行为遗传学家聚焦"有多少"（how much）相比，发育系统进路聚焦
的"如何"（how）无法或几乎无法生产出知识成果。这里有两点需要
澄清：当与"有多少"进路进行比较时，"如何"进路关注的是质
量，而不是数量；回答"如何"问题会生产出知识，只是其中一些知
识与"有多少"问题无关。斯卡尔关于研究设计的讨论还是有意义
的。尽管研究者可以创建复杂互动的计算机模型，但无法设计出这样
的经验研究：能够同时测量复杂的发育过程中包括的所有变量的值，
以及它们如何彼此影响和导致某个行为或倾向的结果。所有因素在实
验设计中都要保留，除了一两个其表现性状需要恒定的之外。确实，
发育系统理论家设计的许多动物实验都涉及证实，某个特殊因素（或
因素对）对发育过程是必要的，而不是证实，该进路假设的高度复杂
的相互作用。因此，尽管发育系统理论的总体纲领能够指导研究的设
计和解释，但是，这些研究本身并不能构成对该进路的检验，现在甚
至也不可能对该理论所提出的在实际系统中充分例证、充分揭示的相
互作用进行研究。

　　反还原论的"指控"也需要得到解决。行为遗传学家伯吉斯
（Burgess）和莫勒纳尔（Molenaar）认为，还原论与承认组织的多重层
次并非不相容。[②]他们承认多重层次，这是 DST 的一个宗旨，但尽管如
此，他们声称，既然最"一般的"，因而也是最有说明力的，基本命
题，是在组织的最低层次获得的，那么，所有的解释都必然提及基
因，因此这是还原论的。如果他们的意思是说，无论诉诸什么，基因
都将与任何一个完备的解释有密切的关系，那么，既然发育系统理论
家的完备的解释包含基因作为相关因素，在这种意义上他们的进路就

---

① Scarr（1993）。
② Burgess 和 Molenaar（1995）。

91 是还原论的。然而，还有另一种更为普遍的"还原论"的含义是，相信所有因果关系都发生在组织的最低层次。这是 DST 所拒绝的含义。但是，他们并没有声称，从所有的发育解释中都排除基因。他们也没有声称，所有的因果关系都来自组织的某个更高层次。相反，他们主张，所有层次的构成原因的因素都是势均力敌的。这是他们不同于伯吉斯和莫勒纳尔的主张，伯吉斯和莫勒纳尔特别优待因果关系和说明的"基本"层次。然而，在赞成所有的因果关系最终都能归因为遗传的还原论观点与 DST 认为的所有的因素都势均力敌的观点之间，还存在着一种中间进路。这样一种进路将允许构成原因的因素的多样性，而不必声称，所有的构成因素都是等效的。①

一些对发育论者的批评关涉行为遗传学纲领。斯卡尔声称，人们不需要通过机制性的知识，即发育（乃至基因作用）过程的知识，来识别引起现象的原因。②"有多少"问题能够产生行为分布的因果性知识。她还认为，发育论者是空谈的决定论者。考虑到他们坚持互动的偶然性，这种指责是古怪的。DST 的倡导者关心的是，获得有关单个生物体发育模式的因果性知识，而且，他们认为，对发育的遗传学解释将总是不完备的，但如果构成原因的因素与结果之间具有不可还原的概率关系，则一个完备的解释不需要是一个决定论的解释。更温和的批评者特克海默（Turkheimer）和格特斯曼强调，行为遗传学家和发育论者提出了不同的问题：发育论者所寻求的是理解发育过程，而行为遗传学家则想知道群体变异。③此外，发育论者由于聚焦单变量的遗传分析，所以低估了行为遗传学家能够提供的信息种类。有人可能会接着说，由于 DST 的倡导者对物种的典型性状的发育很感兴趣，因此，他们忽视了运用行为遗传学方法，解析统一环境中群体内部影响

① 关于这种立场的发展参见 Waters（2006；2007）。
② Scarr（1995）。
③ Turkheimer 和 Gottesman（1991）。哲学家 James Tabery 阐述了这种观点，他的工作在第 8 章中讨论。如果行为遗传学本身真的局限于这些主张，那么，很难看到，争论是如何产生的。这些议题关注对基因和遗传的因果关系的推断，以及对真正问题为何的相互矛盾的看法。

的可能性，或者，比较在不同环境中的影响程度的可能性。

发育系统理论家，在考虑不同环境中的不同人群，来支持他们的整个进路时，运用了遗传力估计的可变性概念。这种论证假定，原因之间的相互作用意味着，分离出原因是根本不可能的。但周到的实验设计能够分离出特殊环境中的原因，并且实际上，他们自己的实验，为了确定他们希望证实的相互作用，需要分离出潜在的原因。他们批评的某些人所犯的错误是，假设一组实验条件下所产生的知识能够无须检验地在其他实验条件下适用。DST 进路也假定，人类和非人类在总体发育过程方面是足够相似的，因此，基于动物实验的结论将会适用于人类。最后，他们的进路意味着，理解发育必须充分理解个体的体内过程。他们的辩论性的著作也表达了：唯一有趣的生物问题是发育问题——这一论点基于其和其技术不能充分阐明发育，即物种的个体表达某种性状的过程，无论是眼睛颜色，还是某种智能。当然，这原则上类似于行为遗传学家对他们的批评。如果这种论点的重点是要使行为遗传学方法（例如，双生子研究）在行为研究中丧失合法性，那么，他们就必须假定，唯一有趣的问题是这种（狭义地定义的）发育的问题。但是，正如上文所述，行为遗传学家能够解决的许多问题并不是发育问题。①发育系统进路，为了获得能够支持其理论建议的数据，还必须开发一套完整的经验方法。因此，有助于判断证据相关性的许多假设还尚未发挥作用。戈特利布的选择是依靠实验推理，而不是依靠统计数据的收集。上文描述的实验足以表明，在某个特殊性状的发育过程中，具体的多重因素的必要性，但是，尽管展现了这些因素的相互作用，还是不足以强有力地支持它们是如何相互作用的观点。

尽管两种系统进路都对发育提出了全域性的主张，但经验证实局限于实验设计所针对的特殊性状。只有实际上应用于攻击性行为或性 取向行为中所包含的更复杂的活动和态度时，对这些行为的推论性的

---

① 请在 1991 年担任美国儿童发育研究学会主席的斯卡尔原谅。

扩展才基于将这些复杂行为和已研究的行为进行充分类比的假设。在动态系统进路应用于个体发育的情况下，这将涉及假设：基本的运动模式和技能（比如，抓住）类似于攻击性行为或性取向。这样的假设将需要推测，后者与前者一样是分立的和能够个性化的。[1]这也涉及这样的希望：后一种行为所涉及的构成部分与婴儿动作的构成部分一样容易研究。尽管动态系统思维应用于互动模式研究（正如格兰尼克及其合作者所倡导的那样）有一个适当层次的被说明项，但这种应用却将因果系统的度量要素限于心理现象。此外，心理类型和互动模式的激增使得对不同的类型和模式作出多重说明。期待单一解释框架的希望因而式微。动态系统进路没有提出完备性要求，而是要理解生物体的具体表观。因此，与发育系统进路不同，在行为研究中，它不准备替代遗传学进路或社会-环境进路。

二、GxExN

1. 概述

GxExN 纲领来自卡斯皮和莫菲特的工作，他们对幼儿的经历和特定的遗传结构之间的关系的研究，引起了广泛的关注。他们的工作首先努力探索遗传概貌和环境概况之间的相互作用。他们注意到，某种疾病或行为效应的特定风险类别的交集表明，该疾病/概貌在两种风险类别都起作用时的发生率高于任何一种风险类别起作用时的发生率。这促使他们建立了基因 x 环境（GxE）在行为/性格倾向的发育过程中相互作用的一个模型。他们的策略是，选取某个有问题的行为概貌 X

---

① 人们可能既同意动态系统进路的主张，即精神性通过身体活动涌现和发展，也通过秉持如下观点来拒绝如上类比：攻击行为或性取向中涉及的精神状态与具体的身体动作无关，因而，这些动作所构成的行为不属于相关分类。关于进一步的讨论参见第9章。

（攻击性、抑郁、反社会行为），然后，比较四个子样本：没有童年受虐待史和基因突变的个人；只有基因突变的个人；只有受虐待史的个人；既有受虐待史也基因突变的个人。在许多情况下发现，X 在具有两种"风险因素"的受试组中的发生率比只有一种风险因素的那些受试组中的发生率高得多；而只有一种风险因素的受试组与没有风险因素的受试组相比，X 的发生率仅略有升高或没有差别。

　　他们大部分工作的基础是，对 1971 年出生并居住在达尼丁（Dunedin）市或附近的 1037 名典型的新西兰人进行纵向研究。一项研究的重点是揭示男性在儿童期遭受虐待与后来（青少年和成年后）的反社会行为中 MAOA 基因启动子区多态性之间的关系。[①]研究者通过几种不同的度量方法对研究人群进行比较：童年经历（未遭受虐待，64%；可能遭受虐待，28%；遭受严重虐待，8%），基因型（与低 MAOA 活性相关的启动子，37%；与高 MAOA 活性相关的启动子，63%）[②]，以及几种类型的反社会行为。使用多种类型的反社会行为（包括行为病症、暴力犯罪、暴力倾向和反社会人格）的目的，是要在对攻击行为/反社会行为的不同度量之间建立任何一种结果的鲁棒性。数据分析表明，就对反社会性的度量而言，单独的基因型在受试者之间没有区别。另外，虐待确实显示出显著影响。在遭受虐待的受试组中，反社会行为与低 MAOA 的相关性比与高 MAOA 的相关性更高。已知 MAOA 水平与反社会行为并不显著相关，在遭受严重虐待的受试组（n=33）中，与具有 MAOA 高活性基因型的受试者相比，具有 MAOA 低活性基因型的受试者，在 18 岁前被诊断出品行障碍的可能性高出一倍，而在 26 岁之前被定罪为暴力犯罪的可能性高出 50%。这项研究提供了基因与环境相互作用的一个事例，因为对于结果而言，任何一个

95

---

① Caspi 等（2002）。

② 他们提出的假设是，基因的变异实际上相关于酶活性水平。Alia-Klein 等（2008）在其他类似的研究中，通过 PET 技术直接测量了 MAOA 水平，发现 MAOA 水平与童年遭受虐待相互作用，增加了反社会人格度量（"攻击特质"）的得分。实际的 MAOA 水平与基因变异无关。

因素都是不充分的，而同时兼有这两个因素的受试组犯下严重罪行的可能性高出很多。

自从这篇早期合作的论文发表以来，卡斯皮和莫菲特已经将他们的整合进路应用于其他疾病，包括抑郁、胆怯和使用大麻。[①]在更近的一篇论文中，他们倡导了一种整合的遗传-环境-神经（GxExN）进路来研究精神疾病。根据这个更为复杂的三元模型，神经生物结构和过程直接成为特定精神疾病的基础；遗传因素决定了这些神经生物结构；环境因素，比如，离婚，父母、配偶或子女死亡，或者失业，会差异性地激活这些神经生物结构。[②]因此，遗传因素和环境因素在神经生物层次上相互作用，由遗传决定的神经生物结构易受环境应激源的影响，这体现在可诊断的精神疾病中。

因而，GxExN 进路的范围比发育系统理论的范围要窄。尽管在涵盖发育过程的复杂性方面与 DST 相似，但该模型提出了一组可度量的具体的相互作用来研究精神疾病。它的拥护者致力于，通过确定由环境应激源（作用于遗传决定的大脑结构）所导致的底层神经缺陷，来为特定的精神疾病提供因果性描述，而不是渴望提出生物体发育的一般性描述。他们的目标是，为这些（至少是其中的一些）精神疾病的发育提供一种描述，以便进行有效干预，要么减轻其影响，要么从一开始就防止其发生。

2. 方法、范围和假设

尽管 GxExN 进路可能被理解为是对行为发育的一般描述，但其目标详述了一组较为狭义的问题：

（1）神经基质 N 的什么疾病 D_N 与精神疾病 D_P 有关？

（2）D_P 的已确定的环境风险因素/原因 E 对 N 的变异有什么影响？

---

① Caspi 等（2003）。

② Caspi 和 Moffitt（2006）。

（3）D_P 中已确定的遗传因素 G 对 N 的变异有什么影响？　　　*96*

（4）G 和 E 在诱发与精神疾病 D_P 有关的特定神经疾病 D_N 时如何相互作用？

为了回答这些问题和推进他们的整合论纲领，卡斯皮和莫菲特概括出六个研究策略。其中的一些策略相当于是方法，而另一些策略是方法的构成部分或获取数据的计划。

（1）找到或建立环境病原体暴露的动物模型。

（2）给定人群中基因型变异的特征，比较该人群中不同基因型分组对环境病原体的反应。

（3）给定人群中暴露于具体环境病原体的特征，研究暴露于病原体的受试者之间的遗传变异，尤其是有关精神疾病发育的遗传变异。

（4）在抑郁症、反社会人格等的流行病学队列研究中使用神经科学的度量方法。

（5）在精神疾病的病理学中，研究基因系统和基因型多态性集合的作用。

（6）提供有关人口统计学变量之间关系的信息，比如，年龄和性别，对给定精神疾病的相关性。

这些方法或构成部分利用了来自单一因素进路的要素，包括追溯性和前瞻性的方法，并详述了获取下列信息的方式：精神疾病产生过程中相关因素的关系（这些因素由卡斯皮和莫菲特提出）。因此，他们概述的策略预设了：前几章已经讨论过的方法，在被应用于不同的精神疾病时，是成功的。到目前为止，他们自己的工作主要包括将行为遗传学的工作和社会-环境研究结合起来，正如它能够被应用于达尼丁的样本那样，在很大程度上是沿着策略（2）和策略（3）所建议的思路进行的。例如，他们根据与某种疾病相关的遗传概貌进行分组，并且，根据是否有特定生活创伤的经历（比如，失去生活伴侣），将这些群体划分为两个子群，来查看有遗传风险的受试组内的各种相互关系，是否随分组而变化。在这种情况下，他们关注与血清素系统的　　*97*

不同构成部分相关联的基因。策略（3）从经历过特定生活创伤的受试群体开始。策略（5）涉及根据出生时的基因型来识别个体，并追踪他们的生涯，来查看哪些行为概貌与不同的基因型相关联。

达尼丁市的研究涉及对等位基因的事后基因分型，这些等位基因独立地与行为变异相关联。鉴于对隐私、伦理和规模的关注，策略（2）的理想实施所需要的全方位的前瞻性研究仍然遥不可及，正如策略（1）所建议的那样，这使确定动物模型对这个纲领至关重要。在这个阶段，卡斯皮和莫菲特尚未将明确的神经生物学研究［策略（4）］纳入他们的工作中。实际上，在神经科学方面，特别是在试图确定遗传或环境风险因素的神经相关性方面，仍有许多工作要做，而且，如果找到合适的动物模型，也将得到进一步发展。当然，已经进行了一些研究，特别是关于血清素活性系统的研究，这些研究考察了各种基因参与 MAOA 生成中的作用，MAOA 又参与血清素的代谢。[1]并且，已经有人在冲动与血清素代谢之间存在联系的假设下，试图证明冲动的遗传性。[2]

部分因为卡斯皮和莫菲特的工作是较近的，部分因为他们的工作吸收了遗传学和社会-环境进路的工作，而不是把自己设置为与其中的任何一种进路相对立，所以，他们的工作仍然有点不受先天-后天之争中的批评态度的影响。不过，因为吸收了遗传学和社会-环境进路的工作，他们的工作受到的批评类型与这些进路受到的批评类型是相同的。尼尔·里施（Neil Risch）及其同事进行的一项研究，明确批评了基因研究（如卡斯皮和莫菲特对抑郁症的整合论式描述）。[3]美国国立精神卫生研究院组织召开过一次讨论治疗精神疾病的GxExN进路的大型会议，里施小组受这个会议的驱动，对抑郁症和5-HTTLPR（卡斯皮和莫菲特提到的基因）研究进行了元分析，结果未发

---

① 参见整个第 4 章的参考文献。
② Coccaro, Silverman, Klar 等（1994）；Coccaro 等（1997）。
③ Risch 等（2009）。

现有充分证据支持基因和抑郁症之间相关联的主张。一些研究确实表明了达到统计显著性的一种关联，但许多或更多的研究却给出否定结果。基因-精神疾病的关联，是从经历过应激生活事件的人群中挑选出携带 5-HTTLPR 血清素转运蛋白基因的人组成子群的基础，如果这种关联是假性的，那么关于抑郁症整合论的主张就会被推翻。尽管元分析使关于抑郁症的研究进路受到质疑，但它不一定影响整个 GxExN 纲领。然而，对其他基因-行为/精神疾病相关联的相似结果进行类似的元分析，将引起对该纲领很好地实现其目标的能力的严重怀疑。委婉点说，如果遗传风险升高，只在经历过虐待或某种环境应激源的那些人中间显示出来，那么，它就不会在对一般人群的继发疾病的研究中显示出来。

　　里施的元分析不是对 GxExN 模型提出的唯一的经验挑战。跟进 1993 年布鲁纳研究的最近的那些研究一直是模棱两可的：动物研究显示，攻击行为升级与"低"MAOA 基因型相关联[1]，但细粒度的人类研究表明，还涉及其他等位基因，而且，在不同种族之间相关联的频率有很大的变化。[2]阿里亚-克莱因（Alia-Klein）和她的同事进行的研究表明，与人类攻击行为相关联的"低"MAOA 水平，是由环境因素促成的，而非遗传因素促成的。[3]尽管他们确实发现，通过 PET 扫描可测量的 MAOA 水平与"攻击特质"之间存在着一种关联，但他们的研究未能显示出，对攻击行为的度量与 MAOA 水平之间的相关性，和与基因型之间的相关性。[4]这项研究对卡斯皮和莫菲特的框架甚至提出了更大的挑战，因为它表明，环境因素并非与（在遗传意义上）固定的 MAOA 水平相互作用，而是 MAOA 水平本身会随环境因素而涨落。除了对该模型框架的这些实验挑战之外，对全面贯彻这个纲领所需的非

---

① Mejia 等（2002）。
② Sabol 等（1998）。
③ Alia-Klein 等（2008），也参见原书[p.94]注释中的讨论。
④ 也参见 Fowler 等（2007）。

人类研究对象，提出了熟悉的问题：非人类的行为在多大程度上能够用作人类行为的模型。最后，鉴于异常行为（性状）在识别具体的神经或遗传的相关性方面所起的作用（正如神经生物学研究指出的那样），这项工作的适用性可能仅限于可识别的异常行为，而不是一般的行为。

GxExN 进路在应用于其所针对的特殊性状时需要一些具体的假设。这些假设包括，基因促成了环境病原体对疾病的影响（通过它们对脑结构和功能的影响）；实验神经科学能足够准确地识别疾病的神经基质；以及能够通过理想化、动物模型乃至替代组织（tissue stand-ins）来克服人类样本量小的挑战。就第一个假设而言，可能是常见的环境因素（而非基因）诱导神经系统对该域境中的环境病原体易感。如果聚焦于神经生物基质（像神经生理学进路所做的那样），最终应会揭示出这一点。另外，卡斯皮和莫菲特已明确表示他们的模型是专门针对精神疾病的模型，并且针对生物体的机能失常具有明确的诊断标准。他们将精神病症不仅看成是类似于生理病症，而且看成是源自生理缺陷和神经病症。他们的进路能够被理解为是，对身体机能失常的病源论进路的一种扩展，病源论进路提出，基因和环境在生理基质中起作用，生理基质是机能失常表现的更直接的基础。只要所研究的精神病症，无论是从分类上定义，还是从维度上定义，都构成了可识别的不同的综合征，并且，具有 GxExN 模型提出的因果结构，那么，他们的进路将最终（经过多次迭代）确定这些综合征的成因。也就是说，只要这些综合征能够被根据具体的身体性状（比如，身高）或生理的机能失常（比如，淋巴瘤）的模型来理解，那么，GxExN 进路就可能在某些病理综合征上获得成功。然而，将模型应用于更普遍的行为，既需要具有将非病理的行为与大脑和神经系统的正常状态联系起来的能力，更重要的是，还需要识别、个性化行为的可靠标准。满足这些要求所面临的挑战将在第 9 章中探讨。

三、多因素路径分析

1. 概述

　　肯德勒及其合作者采用的多因素进路试图量化包括遗传、社会、经历和心理等在内的不同因素在导致某种精神病症时的作用。[①]他们的一项研究使用了对 1942 名在 1933 年至 1972 年出生于弗吉尼亚州的女性双胞胎进行纵向研究的数据。这些女性双胞胎的父母也接受了采访。为了努力追踪遗传和环境影响的相对重要性，他们将 18 个风险因素分类到五个发育期，使用标准的双生子研究方法来确定遗传风险：父母和后代的抑郁症，以及双胞胎（校正了异卵双胞胎与同卵双胞胎的身份，但未将同卵双胞胎与异卵双胞胎进行比较）的抑郁症，是否一致。通过访谈来确定其他因素，包括从儿童期感到烦恼的家庭环境到前一年出现过婚姻问题或遭遇过其他应激事件。他们对不同因素之间的相关性进行了历时评估和在同一发育时期内的评估，获得许多信息：在接受访谈的前一年，遗传风险与样本中10%的重度抑郁症的变化相关；遗传风险稍微增加了神经质的风险，后者与样本中前一年16%的重度抑郁症的变化相关；最高的风险因素（相关系数为0.35）取决于重大的生活应激事件，这种应激事件源自个人自己在前一年的行为。这些研究提出了经历风险因素的三种主要途径：内在化的途径，始于遗传风险，但对于这种途径来说，早发性焦虑也作为一个独立的引发因素；外在化的途径，始于品行障碍（这本身与同一发育阶段和先前发育阶段的因素相关）；明显的逆境/人际关系困难的途径，如感到烦恼的家庭环境、儿童期性虐待和儿童期父母丧失，被认为是独立

100

---

　　①　Kendler 等（2002）。

的诱发因素。

2. 方法、范围和假设

肯德勒和他的合作者坦率地讨论了这项研究的局限性，如所提出的假设或所采用的获取数据的方法可能对最终的相关性度量产生影响。例如，他们无法明确地从儿童早期的环境风险源中筛选出遗传因素。他们的目标主要是提出一种方法，揭示成年人得抑郁症的多种独立的诱发因素，从而表明每个人得重度抑郁症的途径是不同的，并且，可能显示出风险因素的不同组合。这些知识的价值是，可以作为患者个人的干预和预防的基础，这些患者受到临床医生的关注，呈现出所确定的风险因素的某种组合。调整假设或改进数据采集过程将导致相关性数值的调整，但不会为重新评估多因素起源的主张提供依据。

从某种意义上说，这项研究代表了定量行为遗传学的未来。它采用一些相同的方法，考察血缘相关的个体之间的一致性。它在识别和测量特定的环境条件和事件时超越了行为遗传学，而不是通过从总方差中减去遗传方差，或者，使用表型方差的其他划分，来简单地评估环境的影响。将这种进路与经典定量行为遗传学联系起来，以及将它与本章所描述的其他两种整合进路区分开来的一个特征是，它将风险因素之间的关系看成是加和的与线性的。肯德勒的进路把在确认一种疾病可能有几个独立的起因时存在的复杂性考虑在内，并且考虑到这些起因之间的相互作用，因为在较早发育阶段的不同因素的路径可能会强化后来发育阶段的另一个因素，而该因素与所研究疾病的相关性高于其他任何因素与该疾病的相关性。然而，必须强调的是，这种相互作用从下列意义上看是统计性的：导致相同疾病结果的因素可以是单一的，也可以是组合的，研究者力图确定诱发该疾病的不同途径，而不是度量风险因素通过彼此作用对产生该结果所造成的影响。这是一个预测模型。该模型的一个假设是，当所度量的风险因素出现在人生的五个发育阶段时，在这五个阶段发生的事件中，某些事件是因果相关的，在这种程度上，该模型也是一个因果性的模型，但作者并没有试图在建立模型的过程中检验因果性的假设，也没有提出因果性的主张。为了支持因果性的假设，至少需要进行纵向的前瞻性研究，从人的出生开始跟踪，理想化的情况是，跟踪研究受试者在基因型意义上的个性化过程。该模型也没有确定可能的预防因素在减轻风险因素的影响时所起的作用。这是对风险因素的定位图，也是对这些因素之间的相关性以及这些因素与所感兴趣的结果（抑郁）之间的相关性的定位图。最后，像所有的研究进路一样，这种进路假定，可以清楚明确地定义所考察的行为/性格的结果。

四、结　　论

在这些类型的整合进路中，每一种进路都能够被理解为是，试图公平对待在单一因素进路中可获得的经验结果的多样性和偏向性，并试图以统计这些结果所建议的方式来整合各种因素。发育系统理论坚信，研究的单位是整个发育系统，包括有机体内部和外部的各种因素，这种进路最有雄心从根本上把这些因素整合起来。它也最不容易进行直接的经验验证，因为这将需要同时测量极其大量的参数。①

卡斯皮、莫菲特和迈克尔·鲁特（Michael Rutter）所倡导的 GxExN 进路专注于特殊行为和性格的病理发育。像发育系统进路一样，GxExN 进路通过在它的成因模型中考虑到假定的神经系统疾病，将肉体和器官合并起来，但是，它对疾病的关注却使它的构想更加狭隘。

这种多因素进路试图量化各种所度量的因素对性格或行为结果的

102

---

① 在这一点上，DST 面临的挑战，也是气候建模者所面临的挑战，他们从事的工作也是提出不能直接检验的模型。关于讨论参见原书［p.116］的注释。

影响，但是，除了基因之外，这些因素还有环境因素和心理因素。器官方面依然是一个未被测量的基质，而测量结果无疑会影响对目前可确定的相关性的各种解释。总而言之，一种整合的进路，越容易进行经验操作，就越没有说明的雄心。相反，越有说明的抱负，就越不容易进行经验操作。

第7章 这些进路的范围与限度

前几章概述了研究人类行为的五种主要进路。这些进路关注的是近端原因，即引发或产生种群中某个生物体的行为（或行为变异）的因素，而不是最终原因，即让特殊的行为模式适应物种进化过程的因素，或者，解释物种形成行为模式的因素，无论这些模式是不是适应的。它们对由/在个体（人类和非人类）生物体中所表达的行为有共同的兴趣。但是，将行为作为研究对象的理解方式却有所不同：把行为视为倾向或事件，视为种群之间某个种群变异的维度，或者，视为个体的特征。在某些情况下，所感兴趣的是物种的特异行为和物种的典型行为，而在另一些情况下，则是物种内部和种群内部的变异。

一、对这些进路的评论

整合论进路追求的目标是，对某个性状的发育提供完备的描述，而单一因素进路则着眼于某个特殊因素作为原因所起的作用。所有这些进路都依赖于各种假设，有些假设要求把一套研究方法应用于某个感兴趣的现象，有些假设则支持将特殊研究或实验的结果推广到更广泛的人群。尽管结论经常会受到质疑，而且，结果被表示为是满足某
个显著性阈值但还需要进一步研究的相关性或关联，但是，采用任意

这些进路之一的理由是，它将揭示或帮助揭示重要的构成原因的信息。有些假设是给定的进路所特有的，有些假设则是各种进路所共享的。本章将总结前五章的结果，对这些进路进行相互比较，对这些进路与不成熟的群体/生态进路进行比较，考虑它们能够产生的知识种类和必须做出的假设。这将为本书第二部分进行的更多哲学分析做好准备。

定量行为遗传学。将定量行为遗传学分类为单一因素进路似乎是不公平的或不准确的，因为它是在基因和环境之间分配方差。尽管如此，将其如此分类有两个原因：①定量行为遗传学的实践者更感兴趣（或一直更感兴趣）的是，确定给定性状的遗传力，并从遗传力推断遗传的作用，而不是识别环境的作用。②他们为了支持自己的结论，采用的一种方法是，通过所度量的生物相关性来分析表型方差。他们参照表型方差而不是环境因素本身的变化，在共享和非共享的环境之间（例如，在父母的影响和同伴的影响之间，或者，在媒体影响和学校之间，或者，在社会经济地位和家庭内部的发展过程之间），作出区分。尽管批评者强调说，这种进路的方法缺乏对环境因素的剖析，但也应该指出，除了连锁情况之外，定量行为遗传学没有（不能）在基因中作出区分，因为几代人中同时出现的两个以上的性状，或X-连锁的母系遗传。定量行为遗传学是将群体中的表型方差部分归因于该群体中的遗传方差和环境方差的一种实践，具体做法是，度量该群体中样本成员之间的生物相关性。它能够区分将不同遗传力（被理解为遗传变异在总变异中的占比）分配给群体中某种性状的那些假设。根据研究结果，这可能有助于指导进一步的研究，无论是研究分化的遗传基础，还是研究环境的基础。

105　　在人类中，将遗传引起的变异与环境引起的变异进行分类的主要方法是双生子研究和收养研究。为了支持从正在研究的群体得出的结论，研究者必须对环境和受试者做出几个假设。首先，必须假定，受试者没有构成有偏样本。从双胞胎协会或通过针对双胞胎的媒体招募受试者的双生子研究，或者，从同性恋组织或通过同性恋媒体招募受试者的性取向研究，可能很难证实这一点。对双胞胎和被收养人从出生（或尽可能接近出生）开始进行的纵向研究，以及对同卵双胞胎和异卵双胞胎（而不是和无血缘关系的两个相像的人）进行的比较（如果这样的比较是有效的话），可能会解决这些问题，但仍然必须依赖于关于运用 QBG 的分析方式无法进行实验检验的环境的假设。在对收养者进行研究的情况下，必须假定，收养环境与亲生家庭的环境几乎完全不同，以此来支持生物相似性和环境相似性之间的区别。这将需要寻找这样的收养者：他们所在的收养机构没有出台收养政策，要求将儿童安置在与其亲生家庭环境尽可能相似的环境中，并且，需要获得有关出生家庭的足够信息，来支持出生和收养环境实际上不同的假设（并且，在其他相关方面也是这么做的）。在双生子研究中，必须假定，家庭的内部环境足够相似，以至于同卵/异卵双胞胎一致性的差异能够完全被归因于两组之间的生物变异。当满足这些假设时，QBG能够给出由特殊的环境结构所描述的给定的群体性状的遗传力估计。为了将从给定样本人群中所得出的发现推广到一般人群，必须假定，遗传和环境结构在不同人群中的分布是相似的。为了把遗传力估计用作关于遗传的因果性主张的依据，还必须进一步假定，基因与环境之间的相互作用是不显著的，而且，基因是跨代性状传递的唯一载体。即使满足这些假设，该发现也将仅适用于该人群或相同环境中的人群。最后，必须假定，正在研究的任何性状都构成了被明确定义的和可重新识别的现象，也就是说，研究中使用的操作程序和度量方式更普遍地代表了该性状。

　　社会-环境进路。这些进路试图确定社会环境中行为的决定因素。*106*所采用的具体方法包括将感兴趣的性状与环境条件或环境条件的指标（例如，虐待的法庭记录）相关联，比较性地观察群体中人与人之间的互动情况，以及观察干预对个人行为的影响，或者，观察在个人社交环境中的指导成员对个人行为的影响。通过比较相关性，研究者能够表明，在所研究的人群中，某个给定的社会-环境因素与给定的行为模式之间的相关度高于另一个因素与给定的行为模式之间的相关度。对社会环境要素的干预能够支持以下结论：被干预的因素在行为的发育或表达中起到了原因的作用。社会–环境进路区分了不同的环境因素，而不是试图表明，环境而非基因是行为变异的原因。

在所研究的人群中，为了从相关性推导出原因，研究者必须假定，相关的因素与行为性状是彼此独立的，并且，两者没有共同的原因。这意味着假设：所有可能相关的其他因素（无论是生物因素，还是社会因素）在所研究的人群中的分布是足够随机的；只揭示所研究因素产生的影响，或者，似乎与性状最高度相关的一个（或多个）因素不是由该性状本身以某种方式引起的。正如在 QBG 进路中那样，为了将相关研究或干预研究的结果扩展到所研究的人群之外，研究者必须假定，不同人群之间的条件足够相似。这拆分为两个假设：①其他人群所在的其他地方的条件与所研究的人群所在地方的条件足够相似，也就是说，生物相关因素的分布相似，并且，其他人群的环境因素没有很大地增加或减少；②在实验室或临床研究中减少噪声的努力，并未排除在研究域境之外的世界中发挥作用的那些因素。此外，还必须假定，所研究的性状是被明确定义的和可重新识别的，具有明确的操作程序和测量标准，而且，在样本人群中所研究的性状与研究者希望在普通人群中理解的性状相同。

分子行为遗传学。分子行为遗传学的目标是，识别在表型性状的发育和表达中起作用的特定的遗传结构。在 GWAS 出现之前，这有如大海捞针，除非已经有线索来缩小人们发现可能相关基因的基因组区域。这样的线索可以通过如下方式获得：X-连锁，行为与已知部分遗传信息（例如，血清素和 MAOA）的生理媒介的关联，或者，多等位基因标记物的可利用性。一旦确定了基因区域，动物研究者就能够进行基因敲除实验或其他形式的反向遗传学研究，来识别基因在某种行为中的作用。对于人类的状况而言，研究者仅限于通过相关性研究来确定基因与行为的关系，得出基因（或基因区域）与所感兴趣的行为之间的统计关联。行为与单个基因的大多数这样的关联，只略高于一般人群的基线，但是，GWAS 有潜力揭示基因结构与行为的关联。无论如何，在取得成功时，这些研究不仅揭示出这个基因，而且还揭示出很多基因，但还需要进一步的工作来弄清楚是否涉及已识别基因的多种组合。MBG 方法能够在特殊的分析水平内区分不同的分子假设。正如肯尼斯·沙夫纳（Kenneth Schaffner）所指出的那样，这只是表型性状说明的开始，因为一系列复杂的生理事件和过程位于遗传结构和表型表达之间。[①]

在对任意关联赋予显著性时，研究者必须假定，他们已经正确识别出群体性状的基准比率，因为样本人群的基准比率和规模决定了任意关联的显著性。他们还必须进一步假定，没有其他构成原因的因素正在影响所观察到的相关性，也就是说，所做的度量正确反映了生物体内的过程。为了推广样本人群的任何结论，研究者必须假定，一般人群和样本人群在遗传和环境方面都足够相似。最后，他们必须假定，所研究的性状是被明确定义的和可操作的，而且，样本人群中所研究的性状与研究者希望在一般人群中理解的性状相同。

神经生物学进路。关于行为的神经生物学研究是力图确定行为（行为倾向和行为事件）所涉及的神经结构和过程。这些方法包括神经结构的尸检、脑损伤研究、成像技术、神经递质和神经活性激素的生化分析，以及对各种经历的生理伴随物的分析，每种方法都足以在它所测量的范围内辨析各种假设。尸检能够判断给定的结构是否与某个性状相关联；影像能够支持关于特定脑区的活动的增强或减弱与特定认知/情感刺激或行为表现相关联的结论；等等。尽管动物研究可以直接干预神经过程，但人类研究仅限于观察在机体内发生的可观察的结构或过程与感兴趣的现象之间的相关性，或者，仅限于测量使用心理神经性药物对行为或性格的影响。

108

---

　① Schaffner（1998）。

在从观察到的关联到因果结论的推理中，研究者必须假定，观察到的神经结构出现在行为倾向之前，并且，结构与倾向之间的协方差表明，这些结构在这些倾向的发育和/或表达中起功能性作用。在影像研究的情况下，研究者必须假定，脑活动成像与行为或认知表现之间的协方差表明了：该活动的功能性作用，而不是附带的该行为的关系；大脑活动和认知表现的共因结果；乃至精神活动的效应。研究者还必须假定，此类研究中使用的行为的替代者（要求有稳定性）与所关注的行为高度相关，因此可以被视为具有代表性。

药理学研究确实构成了对系统的干预，但是，有关药物所作用的物质或过程和样本人群中所关注的行为的结论，需要排除安慰剂的影响，而对一般人群作出推论则需要对系统中该药物的活性作出假设，排除其他生物因素，并且假定，样本和一般人群在相关方面具有相似性。最后，研究者必须假定，所研究的性状是被明确定义的和可操作的，以及研究中的可操作性分布在一般人群中与所研究的人群中一样。

109　任意四种进路之一最多只能在可能构成原因的因素和感兴趣的行为或行为倾向之间提供一种统计关联。因此，每一种进路只确定与现象的一部分相关联的因素，无论是人群中该现象的表达，还是该现象表达时发生的变化。关于这种偏向性有两种思维方式。在一种思维方式中，我们可以假设，同一现象由多个独立的原因引起，每个原因都单独增加了该现象发生的可能性。这种进路是线性的和加和的。在另一种思维方式中，我们可以假设，现象是相互依存的原因的结果，其中，每种原因（或原因的某个子集）是该现象发生的必要条件，但不是充分条件，并且，这些原因分别有不同的结果，取决于它们发生的子集的结构。所概述的整合进路反映了这些不同的思维方式。

发育系统理论/动态系统理论。这两种进路为思考生物体和发育提供了系统的理解。发育系统理论聚焦于说明物种典型的个体发育。它致力于将生物体视为系统中的一个元素，这个系统包含了相互作用的因素的复合体，从基因经过细胞，经过整个生物体的表型，到在系统的有序变化中起作用的环境因素。行为经常被作为性状进行研究，它的发育说明了所有这些构成原因的因素的交互性和相互依赖性。支持这种进路的实验工作主要是对非人类的动物进行的，并且，通过从较简单到较复杂的推理，来推广到应用于人类的行为。对动物的实验和观察工作通常能够证明，给定性状的基因-环境是相互作用的（而且，原则上，是各种不同因素的双向相互作用），但不能证明被提议为是系统变化的构成要素的一整套相互作用。DST 从技术上应该能够区分的替代假设，由对每个不同的因素在产生某种结果时所起作用的不同规定组成，也就是说，对让位于所研究的系统状态的那种系统状态的替代假设。然而，正如前一章所强调的那样，不可能对一个系统的所有因素进行同时测量，而这些因素的相互作用决定了该系统的下一个状态。因此，这种进路仍需要提出能够揭示它设定的实际原因之间的相互依赖性和区分所假设的相互作用的研究策略。

DST 在坚持其进路的正确性时，与关注个人因素的进路的正确性正相反，它假定，原因的交互性意味着，永远不可能研究不同因素类型的因果性的影响。只有完整的描述才会奏效，而所设定的复杂交互性意味着，完整的描述必须包含所有的因素。此外，DST 的争论性著述似乎假定，发育问题是首要的。对于从动物到人类行为的任何推广而言，比表明产生现象时多种因素的相互作用更具体的是，研究者必须假定，人类行为的动物模型是适当的。毫无疑问，在形而上学的意义上，这是对生物体发育的（接近）正确的描述：生物体是复杂的实体，在一定的限度内是非常稳健的，但易受其任意成分状态的极度波动的影响。形而上学图景本身的拟真性是，从少数情况下已证实的基因与环境或生理与环境的相互依赖性和已知任何单一因素解释的偏向性得出的推论。它有一个谨慎的目标：警告不要在任何单一因素的解释中投入过多。它也为研究者提供了一种启发，鼓励研究可能的相互作用，即使无法从经验上证实整个图景。

动态系统进路追求的说明目标更加有限。与发育系统理论家所关注的系统相比，动态系统进路所研究的系统更加局部。在一个版本中，它着重于运动技能发育的顺序和域境敏感的特征，目的在于描绘行动的认知、身体要素的共同发育。每项考察都着眼于特殊技能的发育，无论是抓取的能力，还是能自己移动的某种能力。所涉及肌肉的、知觉的和意志力的要素都能够被认为是生物体的子系统。这种进路强调了生物体在技能增强和行为倾向发育方面的经历。这种进路的实验方法能使它在赋予该系统元素的不同时序或顺序的假设之间做出区分。在解释反社会人格或攻击性人格的发育时，它强调了受试者的心理取向和 n 元分组的互动方式。这里的系统是一个社会的子系统；研究对象是一对（或原则上是稍大的集合）彼此互动的个体。尚未提出全面性或比较说明的优越性的主张，或者，所研究的因素独立于其他因素（基因、先前的经历）的主张。既然动态系统进路的核心主张关注发育过程的时间和域境敏感的特征，那么可以推测，个人参与互动的任何状态/心理取向本身都将受到相同说明策略的支配。然而，在每个阶段，都有必要假定，除了所研究的因素以外，其他因素的分布是足够随机的，被认为不影响所研究的结果。第 6 章中总结了动态系统进路对反社会人格的说明，这种说明来自对少量互动对的研究工作。扩展到一般人群将假定，相关因素是相似的，并且，在样本人群中所研究的互动是在一般人群中值得被说明的反社会行为的恰当模型。这就要求提出识别和重新识别的明确标准，即行为是被明确定义的和可操作的。

基因 x 环境 x 神经系统相互作用。GxExN 进路利用了单一因素进路中所进行的研究，而在遗传因素和环境因素均与群体性状的表达有关时，研究通过这两个因素描述的那部分人群中所调查的疾病的发生率。也就是说，它把所研究的人群拆分为，仅由遗传因素所描述、仅由环境因素所描述以及二者共同描述的子群。在许多情况下，这种策略最终发现，同时有两种因素的子群，比任意单因素的子群，显示出某些不良表型（无论是反社会人格、抑郁，还是某种形式的物质成瘾）的发生率更高。这导致研究者设定，遗传因素对神经发育的影响方式是，具有遗传性神经疾病特征的某些人，比没有这种特征的人，更容易受到环境"应激源"的影响。这种进路能够区分的替代假设是，为基因-环境重叠的子群，而不是无重叠的子群，设置不同发生率的假设。识别易损性的神经基础将需要把神经科学引入这个纲领。研究者在研究 MAOA 基因在影响血清素代谢模式时的作用或研究像冲动之类的内在表型的遗传力时，已经采取了一些这样的步骤。在前一种情况下，这种进路的复杂性通过下列研究呈现出来：研究表明，与表型相关的相应变异关涉 MAOA 水平，而不是基因型变异。

该进路的成功需要满足多个假设：首先，分子行为遗传学的方法能够识别与特殊疾病相关或与其发生率增加相关的遗传结构；其次，以社会环境为导向的研究方法能够识别与特殊疾病的发生率增加相关的环境因素。此外，必须假定，实验神经科学能够并且将会通过对同时具有遗传易损性和环境易损性特征的人群进行研究，来确定所选择疾病的神经基质。完全满足这个假设，需要有足够的人类替代物，并构成（道德上和技术上）合适的实验对象。此外，GxExN 进路的提出是专门研究被识别为是病症的疾病的。许多病症是由在正常功能的绝大多数分量中的一个分量（或少数分量）的衰退造成的。为了将 GxExN 模型应用于更一般的行为，将需要根据病症的模型来理解人类行为。

多因素路径分析。这里涉及的目的是识别显示某种病症的多种因素。上文描述的这种进路的一个事例涉及确定（或拟真地规定）发育阶段和每个发育阶段的相关因素。这些因素通过相关联的单一因素进路的方法来识别。统计分析可以量化和比较这些因素在一个发育阶段之内和不同发育阶段彼此相关的程度，以及与所研究的病症相关的程度。这些方法能够在下列两个假设之间作出区分：通过因素的综合体设定不同路径的假设；通过因素之间不同的相关功能创建路径的假设。这些可能的路径中的每条路径都可以在每个发育阶段识别出一个因素或一组因素，其中每个因素都与前一个阶段的一组因素中的一个因素或几个因素相关。通过统计分析，能够为路径中的每个关联分配相关度，从而可以推断出样本中哪个路径更为普遍，并且，可以根据较早发育阶段的一个因素或一组因素的存在，来预测诸如抑郁症等疾病的发生率。在此基础上，肯德勒及其同事声称，不良生活事件是导致严重抑郁的更常见的路径，但没有排除其他路径。他们强调说，这不是一个因果模型，尽管它可以用作调查原因的研究起点。

113　　量化工作本身假定，这些因素之间的关系是线性的和加和的，并且，未确定的因素在所度量的相关性的分布中起作用。全套的相关因素以及最终的状态，必须是被明确定义的和可操作的。将假设扩展到所研究的人群之外，需要进一步假定，相关因素在一般人群中的分布与在所研究人群中的分布是相同的。

二、讨　　论

所谓的先天-后天之争关注哪些进路是最好的。在这种域境中，"最好"可能意味着不同的含义。它可能意味着是最准确的；它可能意味着是最富有成效的；或者，它可能要求提问：最好为了什么目的？其中，第一个问题是，这个争论如何被公众所理解以及如何在普通媒体上体现出来：我是由我的基因塑造，还是由教养塑造的？第二问题是在大多数研究者中间争论的有代表性的议题；哪种进路最能让人增加见识？就这两个视域而言，这些争论的两个特征似乎最能激发争论。①一个特征是广泛地共享这样的假设：所有的进路都质问相同的问题。另一个特征与下列假设相关联：存在一种正确的方式来描绘提出

----

① 当然，这些争论是由有分歧的专业利益所推动的。这些关系到争夺权威性和争夺经费资助，也关系到继续其工作需要签订的合同。

问题和探讨问题的领域，即揭示出因果关系。在某种很一般的层次上，各种进路都在质问相同的问题：是什么引发/解释了人类的行为？但是这个问题既太宽泛又太模糊，无法获得任何单一的答案。例如，所谓"行为"，我们是意指群体倾向？个人历史上的特殊事件？行为模式？以一种方式而不是另一种方式对情境做出反应的倾向？互动模式？一般行为还是特殊行为？更重要的是，为了把这个问题作为因果关系问题来把握，无论采用哪种研究进路，行为必须被区别开来，并赋予明确的识别标准和确定的策略。这个要求预设：行为，至少是容易进行因果性说明的那些行为，构成了至少稳定到足以允许重新识别的现象。①因果性问题可能关注种群或物种（X 们为什么表现 Y？）或个体（为什么 X 现在/过去表现 Y？），还可能是进化（X 如何变成表现 Y 的生物体？）、倾向/偶发（在 S 时 X 们为什么表现 Y？）或机制（X 们如何表现 Y？）。特殊的动作顺序被不同地整合到更大的动作序列中或不同物种的生理序列中。因此，只有与特殊物种或物种中的个体成员的特殊行为（或倾向）相关的问题，才是有意义的问题。此外，一些研究的问题不是直接与原因有关，而是与变异有关。

正如我在上文指出的那样，因果关系的问题已经远远超越了简单的先天-后天二分法，因为人们认识到，先天和后天既与特殊行为和行为倾向的演变有因果关系，也与它们在个体和人群中的表达有因果关系。尽管不同的进路对此的理解有所不同，但它们都认为，对于任何构成原因的因素来说，人们只能根据它对与其他因素相关的行为产生的作用来思考。尽管一定数量的大众媒体报道对这一事实很敏感，但它们仍然假定，第一个问题的域境，即关于准确性的问题，是最重要的。因此，研究报告倾向于将这个议题描述为一场竞赛：对于理解给定的行为而言，在竞赛中哪种进路会胜出？然而，科学争论是关于一种因素相对于其他因素的权重或说服力的争论，关于哪些特定类型的

---

① 在他的学术论文中，Spencer（2009）提出了"真类"（genuine kinds）概念，它是通过在一个研究纲领中定义的和提出的分类术语来确定的。真类的状态是行为类应该满足的最低要求。

因素可以被忽略的程度的争论，关于研究方法的相对优点的争论，关于各种知识的相对价值的争论。

还有一个可比较的要点值得在这里作出评论。遗传学研究中流行的有代表性的观点往往认为，这些进路比社会-环境进路更有科学前途。甚至有些研究者认为，遗传学进路将比环境进路提供更多的关于行为基础的信息，因为环境的原因种类繁多，而且环境影响非常广泛。这种态度可能是"基因原因"（gene for）或"一个基因，一种病症"思想的残留，这种思想意味着，定量遗传学研究与基因密切相关，在这方面，有可能通过分子技术，为给定的独特行为现象的发生，找到一个基因。这种态度出现在诸如将低水平的 MAOA 基因型描述为"战士基因"的报告中。①但是，分子遗传学教导我们的是，虽然单个基因在给定环境中可能会少量地增加某种行为表达的可能性，但遗传的影响来自多个基因，而不是单个基因。遗传的影响是在基因组中扩散开来，就像环境的影响是在环境中扩散开来一样。

115　　　前几章所证实的是，所有这些进路都以不同的方式受到限制。每种进路都有办法区分不同范围的假设，令人惊讶的是，这些方法几乎互不重叠。试图分离出某个因素的研究设计必须采用能够度量该因素和所研究行为的方法。这就需要使该因素的作用稳定下来，并排除其他因素的作用。除非根据一致、不一致和变异的经验主义的分类标准，该因素与该行为完全相关，否则，该方法只能确定该因素是产生该结果的必要条件，但不能确定是充分条件。大多数复杂生物体都包含多余的因素，甚至必要条件可能也不是可证实的。相反，人们能够证明，在保持其他因素/条件不变的情况下，一个给定因素是必要的。相关的各个进路之间存在着各种相互联系。例如，定量行为遗传学提供的有关遗传力的结果，表明分子行为遗传学方法有机会确定与给定行为相关联的遗传结构；或者，与某种行为模式相关联的生理疾病可

───────────────

① Gibbons（2004）。

能与遗传结构相关联。但这些都是零碎的，而且，就识别和度量而论，所受到的警告，像对这些进路本身做出阐述时受到的警告一样。

定量行为遗传学确实试图解析基因和环境对群体变异的作用，除此之外，这些进路可用的方法是，将该进路扩展到新现象的方法，或者，对该进路的解释进行提炼的方法。它们不是以其他进路为背景来检验该进路本身的方法。[①]甚至在 QBG 的情况下，它也不是以遗传学进路为背景来检验社会-环境进路，或者，反之亦然，而是分配群体方差。只有声称对有多少群体方差能被归因于环境的变异做出可比较的主张的社会-环境进路，才能以经验为根据与 QBG 展开竞争。然而，大多数社会-环境进路都对识别容易受干预影响的社会-环境因素感兴趣，而这种干预将会改变行为和互动，无论行为模式是不是可遗传的。

考虑到每种单一因素进路的偏向性，整合的进路似乎更有希望作为获得因果性理解的来源。但是，在所评论的这三种进路中，每一种进路都有局限性，都无法提供任何类型的全面解释。发育系统进路尚缺乏能够检验完全表达所假定的相互作用的替代假设的实验方法。同时测量多个因素和这些因素的相互作用所带来的固有挑战表明，这种进路可能永远无法获得经验科学的地位。[②]虽然有一些个别研究（例如，针对有高血压的小鼠），阐明了共同作用的论题，但它们主要是有效的修辞论证，被认为是反驳行为遗传学家或社会环境论者的过分主张。[③]这种进路的形而上学的拟真性有助于提醒我们，需要接受实验检验的那些进路具有偏向性，而且，它激发研究者设计至少可以体现

116

---

① 关于扩展理论或假设与对其进行检验的更多讨论，参见 Longino（1990：32-37）。

② 这里的挑战类似于对气候建模的挑战。关于气候的一部分争论不得不与对不同的证据类型赋予不同的价值有关，也与支持基于模型的假设所需要的不同策略有关，基于模型的假设被认为完全不同于基于测量的假设。然而，地球的气候是一个（尽管是巨大的）系统，而在发育系统理论中，我们谈到数百万个不同的系统，这些系统之间的相似性是被假定的，并没有得到证明。此外，气候研究者具有可观察的和可实验的资源，不适用于行为研究者。关于在气候研究域境中对这些议题的讨论参见 Lloyd（2010）。

③ West 等（2003）已经完成了最有说服力的某种研究，但即使如此，他们充其量也只是主张，必须考虑某个给定的环境因素，而不是对复杂的发育过程提供一个全面的描述。

发育过程的某些复杂性的研究。发育系统理论家与遗传学家（或社会环境论者）的不同之处在于，他们的抱负是，详细说明发育过程中涉及的所有因素，并描述这些因素之间的相互作用。描述机制或过程的一般运行方式，并不是具体说明其在任何个体的情况下如何运作。初始条件或系统输入的差异将改变后续的相互作用，而在某些情况下，这些差异会低于检测的阈值。可能有多种机制导致相似的结果，并且，在任何给定机制中不同因素的相互作用意味着，对所涉及参量的说明将只支持概率描述的结果。

GxExN 试图通过把具体的神经缺陷作为目标来减少不确定性，但是，这种进路付出的代价是，将待说明项限定为明确定义的行为或心理病症。适用于可识别的病症的结果，比如，临床抑郁症、精神分裂症或特定的成瘾，无法推广到无病症的行为。前者具有固定不变的表达方式和（理想地）识别与测量的明确标准。多因素路径进路重申的教训是，疾病（比如，临床抑郁症）的产生与多种因素有关，而且，所发现的相关性也可能表明，GxExN进路应该并不希望寻找适用于任何给定条件的一组结构。但是，当一种进路的抱负只限于寻找相关程度时，就不应该指望它能提出全面的因果性主张。它充其量能够通过表明某些因果性主张所假定的相关程度并不成立（无论是对一般人群而言，还是对某个特殊人群而言），来对此类主张进行质疑。即使它不包括发育系统进路原则上所包含的所有因素，但它的确表明了度量任务的重要性。

因此，这些进路中的每一种进路都通过特定的假设来描述，其中，一些假设可以得到经验的确证或否证，另一些假设将拒绝这样的验证。反复出现的假设有：①所讨论的进路具有既度量作为研究对象的行为结果又度量与研究主题相关的因素的方法；②最终的度量结果是可以通过超越所度量进路的限制来导出的。这些假设将成为接下来两章的主题。

三、不同规模的分析：人类生态学/行为学

到目前为止，另一种进路被以上分析排除在外，这种进路不是基于单个生物体的生物学，而是基于对种群的比较研究，不论是倾向于关注同种种群的行为学，还是侧重于生物群彼此之间进行互动和与其物理环境之间进行互动的生态学。人们可能会将这种进路称为人类生态学（或人类行为学），尽管这个术语已经被多次使用。人类生态学虽然在社会科学中仍然处于边缘地位，但却不仅为研究人类活动对环境的影响，而且为研究环境的变化和其他系统范围内的变化对人类社会生活的作用，提供了一个框架。

关于这种进路的历史存在某种分歧。根据马蒂亚斯·格罗斯（Mathias Gross）的说法，"人类生态学"（human ecology）一词最早是在 1908 年由地理学家保罗·古德（Paul Goode）和社会学家爱德华·海斯（Edward Hayes）共同提出的。①根据威廉·卡顿（William Catton）的说法，这个词是 1913 年由查尔斯·C.亚当斯（Charles C. Adams）在他的《动物生态学导论》中提出的。②古德和海斯的思想曾在 19 世纪 90 年代被艾比安·斯莫尔（Albion Small）和乔治·文森特（George Vincent）所预见，20 世纪 40 年代由阿莫斯·霍利（Amos Hawley）重新引入，此后在 20 世纪 80 年代得到复兴。20 世纪 80 年代的复兴发生在社会学家对新环境运动做出回应的域境中。最近，埃琳诺·奥斯特罗姆（Elinor Ostrom）捍卫了一种类似的进路，她在"制度分析"（institutional analysis）的旗帜下把该进路明确地称为"生态

118

---

① Gross（2004）。
② Catton（1994）。

学"。①像对许多其他人类现象的研究一样，对大规模的模式和关系的这类研究在学科之间和子学科之间不断交流，经历了忽视和复兴的周期。无论它的名称是否准确或来历如何，人们似乎再次对考察群体层次现象的研究框架产生兴趣，比如，研究不同的行为分布和这些分布与其他群体层次的变异的关系。这种进路已被扩展到作为前几章研究主题的两大类行为。②

举一个例子，即灵长目动物学家在理解狒狒的社会动态时发生的变化。对狒狒的早期研究聚焦于观察居住在大草原上的狒狒。这些种群表现出高度的雌雄二态、雄性优势、层级结构以及雄性之间的攻击性互动。众所周知，这些行为被某些灵长目动物学家和人类学家用作人类行为和社会结构的模型。③在 20 世纪 80 年代后期，研究者能够研究与居住在大草原中的狒狒有类似基因的居住在森林里的一群狒狒。他们观察到，居住在森林里的狒狒，比居住在大草原中的狒狒，具有更少的雌雄二态、更少的攻击性、更少的雄性优势和更少的层级结构。④与认为大草原狒狒的行为是由遗传决定的流行观点相反，他们的结论是，由不同资源、资源的不同利用、具有不同弱点的掠食者等所组成的不同环境，而不是基因，解释了在两个基因相似的群体中行为发生率的不同。尽管这个问题尚未得到明确的解决，但对于在这些群体行为方面的不同而言，生态学的说明为遗传学的说明提供了强有力的替代方案。

119　　对人类行为的研究也采用了这种进路。杰弗里·费根（Jeffrey Fagan）研究了从 1985 年至 1997 年之间纽约市附近地区的逮捕率和监禁率。⑤首先，他发现，这些比率在最贫穷的社区中最高。他进一步发

---

① Ostrom（2007）；Brondizio 等（2009）。

② 哲学家 Jonathan Kaplan（2000：98-103）似乎把这样一种进路接受为是行为遗传学的替代，但没有做出阐述。

③ Weisstein（1971）。

④ Anderson（1990），参见 Henzi 和 Barrett（2003）。

⑤ Fagan（2004）。

现，从 1990 到 1996 年之间犯罪率的下降与同一时期的监禁率并不一致。监禁率的下降速度远远小于犯罪率的下降速度，而且，过度监禁集中发生在居住在城市最贫穷社区中的非白人男性中。[①]犯罪率变化和监禁率变化之间的这种差异是由几个原因造成的，包括在量刑时缩小司法裁量权，将某些毒品犯的轻罪重新分类为重罪。[②]鉴于监禁的残酷后果、缺乏获释囚犯重新进入社会的程序，以及来自较贫穷社区的终身监狱的年轻男性占很高的比例，因此，费根提出，监禁只会导致更多的监禁，也就是说，这些社区里的居民被监禁和获释成为常态。在纽约市的社区里，机会和约束的结构不同，包括住房和就业率、治安模式、年龄结构等，解释了监禁率的差异，而不是生活在这些社区中的个人的内在特征。因此，费根的研究无论有什么优点，都不是关于为什么在一个特殊行为的表现中一些人不同于另一些人，而是关于给定群体（整个纽约市的居民）的子群体（社区）之间相互作用因素的分布，以及它们与其他群体层次的因素分布的关系。阿尔弗雷德·布鲁姆斯坦（Alfred Blumstein）更无偏见地透视了整个美国的监禁率，辛苦地思考了监禁率上升与犯罪率却不上升之间的脱节，而且，为进一步的研究提供了各种社会结构的说明。[③]

群体概念也在犯罪社会学的进路中得到采用，这些进路关注与一个地区或区域内的犯罪率相关的域境因素，而不是关注罪犯特有的因素。这里也提供了不同的具体理论。破窗理论，该理论提出，未加管教的小征兆、未经惩罚的破坏行为或违法行为的日积月累会演变成更高比例的犯罪活动。集体效能（collective efficacy）理论，该理论提出，社区的集体参与率不同，能够解释不同社区中犯罪活动率的不

120

---

① 在某些情况下家庭年均收入低于 8000 美元的社区或在另一些情况下家庭年均收入低于 15000 美元的社区。

② 费根没有讨论对轻罪严惩的政策，较低的犯罪率有时被归因于这些政策的实施，因此，这些政策被看成是解释了较低的犯罪和较高的监禁率的现象。

③ 也参见 Blumstein（1998）。

同。①无论是关注监禁，还是关注犯罪，这些进路不是强调罪犯从事犯罪行为的原因，而是强调所说明的现象的分布和发生率与群体层次属性的分布和发生率之间的关系。

在群体进路的另一个例子中，人类学家巴里·亚当（Barry Adam）评论了对同性恋的许多历史和人类学研究。②他也提议，不考察个体之间的差异，而是研究在不同历史阶段和不同地理位置的社会中性取向模式的分布。异性互动与同性互动的分布和频率，随年龄和亲属关系、劳动分工和其他群体层次的因素的变化而变化。例如，在某些社会中，在男性中有一段时期出现了强制性的同性恋关系，被认为是性别分化过程的一部分。另一些研究者则辨认出"第三性"（third sex）：由与同性者生活在一夫一妻制的亲密关系中的人组成。亚当提出，这些差异能够被理解为是由群体层次结构的变化造成的。这种进路不仅质疑在当代工业化社会中的同性恋成因研究的可输出性，而且还对他们假定的性取向概念进行质疑。③

尽管人们可能将这一系列进路视为社会-环境进路的延伸，但它们之间存在着至关重要的区别。在社会-环境进路中，关注的焦点是个人的行为和产生个人变异的因素。即使在考察影响 n 元组中互动的因素的研究中，待说明项也只是个体的行为模式。④在群体研究中，重点是群体行为或行为互动的频率和分布，以及它们在群体之间的发生率和分布的变化。因此，所研究的相关的/构成原因的因素也将是群体层面的现象，比如，年龄分布、资源分布、获取资源机会的分布、收入分布、气候和自然环境。这些进路的假设是，个人在影响其行为的（内

121

---

① 关于破窗理论参见 Kelling 和 Cole（1997）；关于集体效能理论参见 Sampson 等（1997）。

② Adam（1985）。

③ 而且，它提供的有趣假设是，在当代工业社会和后工业社会，同性恋个体的可见性增加了。关于把同性恋的活动的分布和发生率与都市化程度相联系的研究参见 Chiang（2009）。

④ 鉴于定量行为遗传学声称要解释分布和频率，其可被认为是提出了一个类似的问题。然而，比较研究[例如，Eley 等（1999）；Rhee 和 Waldman（2002）]的问题是，在不同的社会或人口统计学中，遗传力是相同的还是不同的，但并没有解决所研究的行为在不同社会中的发生率的差异问题。

部）因素方面彼此之间的相似性大于差异性，并且，行为的差异可以由在差异出现之前选择的结构来解释，即由外部决定的一种结构。①

　　与社会-环境进路的框架一致，还有多种具体的研究进路。进化论、社会学、人类学和地理学都提供了这类研究的实例。这种理解涵盖了看似不兼容的进路，例如，将文化视为决定因素的那些进路、将社会结构视为决定因素的那些进路与将自然现象视为决定因素的那些进路。当原则上认识到这种多样性时，我聚焦于下列几个方面的问题：这些进路与关注个体和个体变异的那些进路的区别，以及与大多数参与先天-后天之争的那些进路的区别。因此，就我的目的而言，这种区别在于下列两种进路之间的区别：一种进路是以综合的方式将群体属性看成是其构成成员的属性相加的结果；另一种进路是以非综合方式将群体属性看成是其他群体层次属性的结果。后者的生态学进路为思考因果性和分类、行为科学中的说明项和待说明项，提供了不同的思维方式，从而使我们能够更清楚地看到后者的结构。

　　这种进路或方法家族的一个目标是确定因素，对这些因素的干预可能会改变一种行为或行为模式在人群中的发生率或分布，不论是哪些因果因素影响个人行为的表达。相比之下，先前的进路适合于潜在地识别因素，对这些因素的干预可以通过改变个人的行为倾向来改变群体行为的发生率。牢记这种对比是很有用的，因为人们正在思考关于哪种进路最好的第三个问题，即"最好是为了什么目的？"这正是第 10 章将要解决的问题。

---

① 这些进路也必须假定，有一种方式可以识别和个性化群体行为，而不是回避问题的实质。

第二部分　认识论、本体论与社会的分析

第8章　我们能够知道什么

本章，我思考能够从前几章关于科学理解行为的范围内所得出的结论。我把对假设的分析扩展到强调这些进路的共同之处和它们彼此之间（真正）的区别所在。既然其他哲学家也探讨过这些议题，我将触及他们关于研究结构的讨论。他们中的许多人追随科学家本人的研究，并试图表明，这些进路中的某种进路是思考行为、发育、遗传和生理因素，环境因素，以及它们之间关系的正确（或不正确）方式。相反，我将论证，每种进路都只能提供对广泛理解的人类行为的部分理解，并且，每种进路都只能针对它的具体问题给出回答；研究空间的交错，让这些进路无法全面整合，或（在排除一种或多种进路之后）构成一种包容性的统一进路。

一、整合还是分化？

本书第一部分讨论的进路在下列意义上共享了共同的主题：虽然有人会说，对攻击行为有多种描述，有不同的度量标准，而且依然只是模糊的界定，但度量的多样性和差异性使这些进路相交叉而不是相区分。在人的性取向的案例中，通常仅使用一种描述方式和度量方法，即金赛量表。然而，关于该量表中的术语的描述的适当性是有争议的，并且，鉴于许多研究采用双峰分类，关于将个体置于量表的哪个位置的标准也肯定存有疑问。①无论如何，前几章所区分的问题、方法和假设构成了独特的方法论或认识论，在被应用于共同的主题时，使该主题的各个方面显著不同，产生不同的因果变化，生成不同的域境联系。

这种分歧通常产生了两种回应之一：尽力调和差异来提供统一的解释；或者，尽力表明某种解释是正确的进路。哲学家和科学家都追求这些论证和分析策略。我反而认为，在任何这些进路的支持下所追求的研究，都将他们推向不可调和的方向。提炼和改进给定进路的方法能使研究者在这种特殊的框架内生产更好的知识，但不会产生用于交叉进路的经验评估的工具。有两种假设阻止这种评估：一组与所使用的因果关系概念有关，另一组与研究领域的结构有关。我将首先比较关注个人之间差异的进路，然后，将这些进路与关注群体之间差异的进路进行比较。

关于该领域的结构的假设与各种进路所假定的可能的原因空间有关。尽管研究者和大多数观察者认为，构成原因的因素存在于某种层级关系中，但是，在不对它们的相对优点作出假定时，反而能更好地领会这些进路之间的逻辑关系。正如表 8-1 所示，将每一类因素指定为一个单元的水平列表，我们能看到，在不包含更基本的假设之前提下如何理解这些因素各自的作用。这个表可以随其他因素的引入而扩展。例如，表 8-2 中增加了一个单元，列出细胞内表观遗传因素，比如，DNA 参与基因调控或甲基化，而不是参与蛋白质生产。每种进路都以不同方式解析这个可能的原因空间：一些进路只关注一个单元内的因素，将另一些单元内的因素视为是不活跃的；另一些进路试图将变化的部分指定为不同的单元，将一个子集视为是起作用的，将互补的子集视为是不活跃的。因此，每种进路都能度量在被不同解析的原因空间中的变化。这些不同的解析导致了进路之间的不可通约性。

①　例如，参见 McWhirter 等（1990b）。关于共同行为主题的描述议题将在下一章中讨论。

表 8-1 潜在的原因空间

基因型 1（等位基因对）	基因型 2（全基因组）	子宫内环境	生理学（激素分泌模式；神经递质代谢）解剖学（大脑结构）	非共享的环境（出生顺序；父母的不同关注；同伴）	共享的（家庭内部）环境（父母对管教方式的态度；沟通风格；虐待的；非虐待的）	社会经济状况（父母的收入；教育层次；人种/种族）

表 8-2 具有额外划分的潜在原因空间

基因型 1（等位基因对）	基因型 2（全基因组）	细胞内表观遗传因素	子宫内环境	生理学（激素分泌模式；神经递质代谢）解剖学（大脑结构）	非共享的环境（出生顺序；父母的不同关注；同伴）	共享的（家庭内部）环境（父母对管教方式的态度；沟通风格；虐待的；非虐待的）	社会经济状况（父母的收入；教育层次；人种/种族）

定量行为遗传学对基因和"共享的家庭环境"之间的空间进行了划分，"共享的家庭环境"通常是指诸如社会经济状况之类的总的家庭特征，因为这些是在双生子和收养研究中打算比较的（和可识别的）特征（表 8-3）。假定宏观环境背景是稳定的，来研究基因的变异；而假定遗传的相似性，来度量环境的变化。"非共享的环境"（例如，对其余的变化所作出的解释，这可能包括像父母区别对待子女之类的现象）在早期被视为噪声或遗传的结果。[1] 正如我们所看到的那样，行为遗传学家已开始将非共享的环境描述为混合原因中的一个独特的构成部分，因为它似乎解释了表型方差的有效部分。

表 8-3 定量行为遗传学的原因空间

基因型 1（等位基因对）	基因型 2（全基因组）	子宫内环境	生理学（激素分泌模式；神经递质代谢）解剖学（大脑结构）	非共享的环境（出生顺序；父母的不同关注；同伴）	共享的（家庭内部）环境（父母对管教方式的态度；沟通风格；虐待的；非虐待的）	社会经济状况（父母的收入；教育层次；人种/种族）

注：无底色=可度量的空间，深底色=不度量的空间。

分子遗传学试图将特定的性状与特定的等位基因或等位基因组合相关联（表 8-4）。无论是追随间接表明基因组的特殊部分的连锁研 128

---

① 参见 Scarr（1992）；Plomin 等（1994）。

究，还是追随全基因组的关联研究，分子遗传学家也把不是由基因引起的那部分变化视为是由环境造成的。然而，与定量行为遗传学不同，分子遗传学能够通过关注 DNA 序列激活的蛋白质产物，开始研究受遗传影响的行为性状的生理的或解剖的亚结构。

表 8-4 分子行为遗传学的原因空间

基因型 1（等位基因对）	基因型 2（全基因组）	子宫内环境	生理学（激素分泌模式；神经递质代谢）解剖学（大脑结构）	非共享的环境（出生顺序；父母的不同关注；同伴）	共享的（家庭内部）环境（父母对管教方式的态度；沟通风格；虐待的；非虐待的）	社会经济状况（父母的收入；教育层次；人种/种族）

注：无底色=可度量的空间，深底色=不度量的空间。

以环境为导向的研究者对空间的处理方式有所不同（表8-5）。他们也将其划分为遗传空间和环境空间两部分，但对他们而言，遗传方面被视为是一般的或统一的，而环境方面则被视为是有效变异的场所，既在总的特征方面（比如，家庭的社会经济状况），也在更加细粒度的特征方面（比如，管教的做法、爱抚形式，以及其他方面的一对一的互动、母亲的性别成见和态度，等等）。

表 8-5 社会-环境进路的原因空间

基因型 1（等位基因对）	基因型 2（全基因组）	子宫内环境	生理学（激素分泌模式；神经递质代谢）解剖学（大脑结构）	非共享的环境（出生顺序；父母的不同关注；同伴）	共享的（家庭内部）环境（父母对管教方式的态度；沟通风格；虐待的；非虐待的）	社会经济状况（父母的收入；教育层次；人种/种族）

注：无底色=可度量的空间，深底色=不度量的空间。

对三个列表进行比较显示了不可通约性的一个来源。对于定量行为遗传学家而言，子宫内的发育因素无论来自何处[①]，都被算作环境因素或被认为是噪声而忽略，因为这些因素不能通过他们能够进行的双生子或收养研究来识别。对于环境学研究者而言，不属于可度量环境的任何因素，包括子宫内因素，都被视为是不活跃的因素，即使某些因素很可能被适当地归类为环境因素。遗传原因和环境原因之间的具

---

① 这些因素的范围从影响子女表型的母体的 mRNA 到胎儿发育时母体的应激或营养。

体分布，在这两种进路之间，有所不同，即使他们的主要兴趣是，通过他们研究的那些因素，在原因的不同影响之间作出区分。

神经生物学家因为专注于器质性的（解剖的和生理的）基质，可以被视作打开了基因和环境之间的中间区域（表8-6）。尽管许多神经生物学家可能认为，神经基质是由遗传决定的，以及行为遗传学家表现得好像认为，生物体的体内部分是基因组的直接表达，但关于神经结构的可塑性所做的合格的实验工作明确表明，这样一种推测只是一个假设。①因此，除非实验数据表明了反例（例如，MAOA 基因突变与血清素代谢的各个方面之间明显相关），否则，必须将器质性的神经基质视为与生物体的基因型相关的一个独立因素。也就是说，在研究器质性的神经基质的影响时，研究者必须将它从产生它的各种因素中分离出来进行处理。但这将必然忽视可能会重置系统或是否变更系统的反馈结果。对攻击行为或性取向的神经解剖学相关性的意义作出解读的尝试，经常会将神经结构视为导致此类性状的潜在原因（而不是此类性状产生的结果），或者，视为共因的联合效果。因此，神经生物学进路可度量的有效的原因空间，由于基因、环境和其他发育因素在背景中的相互作用，被神经结构、系统和过程所占据。这里关注的是已经发育好的结构的作用和功能，而不是导致其发育的过程。

表 8-6　生理学和解剖学研究的原因空间

基因型 1（等位基因对）	基因型 2（全基因组）	子宫内环境	生理学（激素分泌模式；神经递质代谢）解剖学（大脑结构）	非共享的环境（出生顺序；父母的不同关注；同伴）	共享的（家庭内部）环境（父母对管教方式的态度；沟通风格；虐待的；非虐待的）	社会经济状况（父母的收入；教育层次；人种/种族）

注：第 4 列=可度量的有效空间，第 1、2 列=有效空间可能的决定因素，深底色=不度量的空间（虽然某些研究对共享的家庭内部环境和家庭之间的环境进行了控制）。

对于发育系统理论家来说，所有这些因素都可能在相同的原因空间内，它们之间的相互作用也是如此（表8-7）。因此，细粒度的环境因素（例如，出生顺序）与一组内生因素（例如，一种给定的内分泌

① 研究表明，睾酮分泌的速度对相同刺激的反应，随社会的或环境的情境的变化而变化，这证实了所参与的不同系统之间的相互作用是很复杂的。对血清素系统而言，也得到了类似的结果，参见 Yeh 等（1996）；Alia-Klein 等（2008）。

模式）的相互作用，不同于与另一组内生因素的相互作用。而且，这些相互作用本身也取决于其他因素，比如，文化价值或不同的社会奖励系统。对于发育理论家来说，除了外在于个体的社会等因素之外，基因相互作用所在的环境和与基因相互作用的环境还包括细胞内和细胞外的生理环境。原因空间的这种异质性促使行为遗传学家抱怨说，发育进路从方法论意义上看是不现实的。如果必须包括所有这些因素，那么，如何有可能建立诸如智力差异或社会性差异的模型？确实，发育理论家可能对建立单一性状的模型并不感兴趣，而是对阐明原因空间中所有因素相互依赖的一般模型感兴趣。也就是说，他们对理解特殊行为的兴趣可能不如对理解任意行为发育的母体的兴趣大。如上所述，迄今，发育进路的经验纲领在于，证实单一因素的不适当性，而支持必须是多个因素的结论。但它并没有提供对这些因素的相互作用（或共同作用）展开经验研究的对策。而且，按照一些批评者的观点，甚至不可能这么做。在任何情况下，DST 进路最终都会将系统中变化的原因视为整个系统的先前状态，而变化的结果则被视为整个系统的后续状态。

表 8-7 发育系统理论的原因空间

基因型 1（等位基因对）	基因型 2（全基因组）	细胞内表观遗传因素	子宫内环境	生理学（激素分泌模式；神经递质代谢）解剖学（大脑结构）	非共享的环境（出生顺序；父母的不同关注；同伴）	共享的（家庭内部）环境（父母对管教方式的态度；沟通风格；虐待的；非虐待的）	社会经济状况（父母的收入；教育层次；人种/种族）
基因型 1（等位基因对）	基因型 2（全基因组）	细胞内表观遗传因素	子宫内环境	生理学（激素分泌模式；神经递质代谢）解剖学（大脑结构）	非共享的环境（出生顺序；父母的不同关注；同伴）	共享的（家庭内部）环境（父母对管教方式的态度；沟通风格；虐待的；非虐待的）	社会经济状况（父母的收入；教育层次；人种/种族）

注：部分地表示了这些原因之间的关系。每一类因素都会影响每个另一类因素，也会影响每个另一类因素对更高层次的生物体的状态产生影响的方式。

GxExN 进路利用了上面几个表格中所描述的正在进行的研究。受限制的多因素进路，利用现有的单因素进路研究，将特殊的病症（而不是整个系统的全面状态）视为效果，这些将 GxExN 进路与 DST 进路区别开来。GxExN 提出，特定的遗传结构和环境因素之间的具体相互作用（比如，MAOA 基因和受虐待的经历），是引发精神病或出现行为障碍的原因。尽管列表中的某些部分不能被认为是诱发原因，但它们却再现为造成继发疾病的原因和某种程度的中间原因（表 8-8）。

表 8-8　GxExN 进路的原因空间

注：大脑结构、环境诱发=设定的有效空间。上部表格中，无底色=有效空间的可测量的决定因素，深底色=不度量的空间。

因此，即使（从某种观点来看）研究者需要理解的一个普遍现象是行为，或更确切地说，是具体的行为或行为模式（比如，攻击行为或性取向），每种进路也都携带着该研究领域先前的独特表征。每种进路都采用独特的策略来分类有关成因的可选择的模型或假设。这种结果对可选择项的说明是有偏袒的，而不是完备的，每种说明只包含有部分重叠但被不同度量的现象集。偏袒性不是简单的部分-整体关

133 系，因为这些进路不能被简单地整合到一个图景中。既然在不同进路中提出的方法论旨在区分特殊的可能性空间中不同原因产生的不同影响（生物传递的因素与共享的家庭特征，一种基因型与另一种基因型，一种社会影响与另一种社会影响，一个大脑区域与另一个大脑区域），而且，既然所利用的空间及其内容，随进路的不同而不同，那么，一种进路并没有能力在适合其他进路的原因之间作出区分（基因型 G、社会经历 S 与神经递质 N）。

ANOVA 是旨在各种进路之间作出区分的一种方法，考虑一下，ANOVA 能告诉我们什么，不能告诉我们什么。ANOVA 的目标是将群体中的性状方差分摊给不同的因素，它被定量行为遗传学家用来确定群体性状的遗传力，但原则上也可供研究者用来努力确立环境的病源。定量行为遗传学家以一种预期的方式采用 ANOVA 来分离出由遗传变异造成的性状方差的比例（通过在有血缘关系的人中寻找性状表达的一致性程度来确定）。环境导向的研究者能够类似地采用 ANOVA 来分离出由一组具体可度量的环境因素的变化造成的性状方差的比例。正如我已经建议的那样，这两种进路的关注点是不同的，这意味着，它们将对观察到的变异的潜在相关性作出不同的分类。一个因素，通过遗传学导向的进路被分类为是非遗传的，因而是环境的因素；通过以度量行为差异的环境相关性为中心的进路，可能被分类为是生物的或遗传的因素。这个后果不仅与分类有关，而且也与度量有关。如果"环境"只包括所度量的环境变量，而排除其他一切变量，并且，这种假设是，群体方差来源于遗传变异和环境变异，那么，该进路对遗传变异的定量估计，与专注于遗传变异的进路对遗传变异的定量估计，是不同的，反之亦然。ANOVA 的结果取决于如何解析因果空间以及如何度量这种解析的结果。①

_____

① 对 ANOVA 的这种批评不同于 Lewontin（1974）提出的和在第 2 章中讨论的那些论证类型。我不是拒绝接受 ANOVA，而是指出所要求的假设类型，以及即使当证明这些假设有充分根据时，该方法的有用性也是有限的。

第 2 章讨论的有效环境和客观环境之间的差异为我们提供了一个事例。对于定量行为遗传学家来说，共享的环境和非共享的环境之间的区别，是在他们称为有效环境的一组现象中得出的。有效环境是指，能够通过度量表型的相似性和差异性，来量化其影响的那些部分的环境。"共享的环境"表示与非遗传表型的相似性相关的环境因素。对于社会研究者而言，感兴趣的问题是定量行为遗传学家所谓的客观环境，而这正是由他们直接度量的。在定量行为遗传学进路中，如果其父母离异的两个同胞共享一个性状，则父母的离异就是共享环境的一部分；如果他们的性状不同，父母离异则是非共享环境的一部分。在社会-环境进路中，父母离异是共享环境的一部分，无论这两个同胞是否相似；非共享的环境因素是在客观环境中实际上不同的因素。因此，相同的因素，比如，父母离异，可能会被划分到共享环境的单元中或非共享环境的单元中，这取决于采用哪种进路来考虑该因素，从而产生了不可通约性。[①]

再举一个例子，在子宫内的结果，如果不能与遗传的和环境的结果区分开来，对于定量行为遗传学家来说，将属于环境的结果范畴，而对于社会-环境论者而言，将属于遗传的（或生物的）结果范畴。在每种进路中能得出的一致性估计值，都将随着给定行为变异所度量的相关内容的变化而变化。当变异的一个可能的额外原因/相关性被识别出来时（例如，子宫内的因素），就可以对其进行单独度量（但当然，这种现象本身可能具有遗传/生物的成因，或者具有社会-环境的病源）。但是，可能还有至今尚未被识别的其他极限因素（liminal factors），它们会影响对已被识别的因素的度量，同样，子宫内未被识别的因素也会影响对已被识别的因素的度量。ANOVA 能够通过（例如）明确包括一个相互作用的因素来改进，但是，度量的不对称性将持续存在，以及如果这种相互作用被理解为是物理的而不是统计的，

---

① 参见第 2 章中的讨论和第 3 章中 Plaisance（2006）的讨论。这里的议题类似于 van Fraassen（2008）所讨论的那些表征的索引性。

那么，这也需要被揭示出来。除非可以确保，不同进路中所使用的度量策略，对相同的量得出相同的估计值，否则，无法对这些进路进行比较。

其他进路甚至并不试图度量性状变异与可能构成原因的因素范围内的变异的相关性。相反，它们专注于更深入地理解机制或因果路径。这一研究兴趣对实验设计施加了约束。特别是，研究者对可能构成原因的其他因素的关注，聚焦于使它们保持不变，以便分离出所讨论的机制或因果路径的作用。当通过机制研究所确定的路径越来越少时，通过特殊路径所说明的性状表达中的变异比例也越来越小。在将像 DST 之类的全面整合的进路窄化为更易于处理的 GxExN 进路时，这一点尤为明显，这也伴随着将被说明的现象从整个表达范围缩小到特殊的病症。最后，只要研究对象涉及相互作用，被检验（和被排除）的可能假设的数量就会指数增长，设计实验来对这些假设进行分类所面临的挑战也会指数增长。人们可以承认，实际的行为现象是这些进路所研究的所有因果路径或系统交叉作用的结果。但是，每种进路只提供由原因空间的独特问题和独特解析所表达的部分理解。[①]根本不能保证，其中每一种进路只适合性状表达中变异范围的一部分，即它们能够精确地分割出性状表达的比例，而这些比例是互不相关的，它们加起来的总和为一。

于是，留给我们的是，根据进路的多元性，提出对个体的行为倾向的成因解释，而这种解释不是把个人的行为倾向还原到某种基本层次的因果关系，不是整合为单一的全面解释，也不是根据经验，以允许排除竞争对手而支持一种进路的方式，来衡量。正如通过将这些个

---

① 因此，这种情境类似于 Cartwright（1983：50）举例说明的定律特点："其他条件均同"。来自一个研究领域的定律说明，海拔越高，水达到沸点的温度就越低；而来自另一个领域的定律说明，盐水溶液的含盐量增加，提高了溶液达到沸点的温度。这两个定律本身都不能说明，当我们同时爬山和增加盐水的浓度时所发生的情况，因为每一种情况只属于不同的说明体系。当然，实际上，水总是在某个海拔高度和具有某个含盐浓度。在物理学和化学中，为了提供说明，我们分离出所涉及的各种因果体系，并且，把它们从共同占有的物质域境中抽象出来。

体主义的进路与群体进路进行比较所能够看到的那样，这种多元性不同于在不同尺度上提出问题而产生的多元性。所研究的构成原因的因素肯定属于不同的原因空间，但是，真正的不同是由所要说明的现象造成的：在一种情况下，是说明个体当中的性状和变异，在另一种情况下，是说明群体当中的属性和变异。对启发式的表格（表 8-9）的改进说明了这种差异。

表 8-9　群体变异的原因空间

遗传生理学/解剖学 文化传播的社会互动模式	物理环境 （例如，资源基础减少/扩大）	社会结构的特征 （例如，财富分布、资源利用方面的变更；年龄结构；劳动分工）

注：聚合进路（aggregative approach）在第 1 列；群体层次的进路在第 2、3 列。

在这里，专注于个体变异的进路被精简到一个空间，反映了它们所共享的下列（潜在的）承诺：将群体性状的分布，以及群体当中在这种分布中发生的变化，视为是个体差异的分布带来的聚合效应。这把它们与下列在群体层次操作的进路区分开来：这些群体进路将分布中发生的变化视为是构成原因的因素产生的结果，比如，物理环境或社会结构。聚合进路的成功将要求，影响个体性状的构成原因的因素（基因、学校和家庭环境、神经结构和过程）分布必须与行为分布同时发生变化。然而，动物行为学家在研究过程中反复受到的推动力却是，放弃这种表现出方法论个体主义的还原论的进路，支持群体进路。[1]例如，考虑一下这样的研究：使用来自英国和瑞典的数据，设法理解在攻击行为的遗传力方面是否存在性别差异。研究者分析的最有趣的数据特征之一（他们没有试图根据这个特征来调整自己的模型）是，在两个国家的受试组之间，攻击性行为的发生率是不同的。为了根据聚合进路来说明这种不一致性，瑞典的人群和英国的人群必须在遗传、神经或关于育儿方式（或这些因素的某种组合）方面有所不同，才能追踪这些人群中攻击行为发生率的差异。[2]

———————————

① Anderson（1990）；Barrett（2009）；West 等（2003）。
② Eley 等（1999）。

尽管从中庸的观点来看将会认为，群体层次的因素与直接影响个体的那些因素相互作用，产生了具体的差异，但似乎同样可信的是，至少在某些情况下，群体因素掩盖了个体的变异，使基因、环境和神经结构对与群体差异无关的个体差异的贡献不同。①群体进路并不否认，个人行为是遗传、环境和生理因素的某种组合的结果，或者不否认，当物理资源和结构因素不变时，群体内部的变异最终用这些术语来解释。其确实拒绝接受这样的建议：群体间分布的差异与群体内部分布的差异是相同的。②因此，如果撇开聚合进路的方法论的个体主义，集中于个体性状和群体差异的进路所表明的多元性，就是非竞争性的或可相容的类型。这两种类型的进路能够被理解为是针对不同的尺度，而且，虽然适合于不同尺度的现象在理论上可能会发生相互作用，但在对指向个体性状的各种进路之间的关系作出描述的相同尺度内，并不存在度量的混乱情况。③

二、一元论还是多元论？

为了证明给定的研究领域目前以多元性为特征，就会提出如何从哲学的观点理解这一事实的问题。对在科学的各个分支领域内存在的多元性事实，有几种可能的哲学回应。一元论者会争辩说，如果给定的分支领域是通过多种不相容的进路来描述的，那么这就是一个暂时

① 关于这种场景参见 Taylor（2001）。

② 在进行 IQ 等标准化的测试时，这种观点被在关于群体差异的争论域境中反复提出，但并没有定位于本章所拥护的这种多元论的分析。参见 Lewontin 等（1984）。应该牢记的一种观点是，"群体"没有一个固定的参照：就一目的而言，算作是一个群体；就另一目的而言，可能算作是几个群体。

③ 很有可能的是，在关注群体层次因素的进路中间，更加深入地探讨群体层次的研究，可能揭示出同样类型的多元性，正如我所主张的那样，这些进路之间的多元性刻画了个体性状的各种进路，但必须在不同的研究中得到证实。

的阶段；最终，必须对任何给定的现象或现象类型有一个完备而全面
的解释。温和的多元论形式坚持认为，要么，问题的多元性支持不同
的和不可还原的但仍然是可相容的进路，要么，把理论层面的多元论
归结为是整合现象层面的解释。一元论和温和的多元论都把多元性看
成是最终可排除的。强有力的或实质性的多元论形式坚持认为，存在
着某种现象和调查域境，以不可排除的理论、模型或假设的多元性为
特征，而且，这种情境不应被判断为是一种失败，而应该得到理解和
纳入哲学家对科学成功的理解中。①实用主义者将坚持认为，应该保留　　138
在实践（或进一步的认知）活动中证明是有价值的那些进路。一元
论、多元论和实用主义，预示着各种哲学立场，也一定具有形而上学
的和认识论的表达，其最好被理解为是对（这里详述的）多重进路所
持的态度。一元论主要被认为是关于这些进路的潜在争论和哲学论证的
一种默认假设。多元论最好被理解为是对当代科学中进路的多样性所采
取的态度。实用主义是由一系列具体的哲学立场构成的，这些哲学立场
共同关注实践和用法，但尽管如此，它们彼此之间却大不相同。

　　在某些情况下，存在相互吸收和整合的类型，正如发育论者和面
向社会-环境的研究者之间的整合那样。但是，不相容的进路，例如，
发育系统理论和定量行为遗传学，如果无法合作的话，起码应和平共
存。这将需要承认，两种进路能够提供不同的信息类型，而且，对共
同的敏感问题有不同的解决方式。换言之，这将要求放弃一元论。一
些分析的概念，例如，反应的规范、反应的范围，也可能需要被重新
思考或被更仔细地定义，而这似乎是可能的。②

　　尽管原则上存在着这种共存的可能性，但许多研究者在贯彻落实
这里讨论的某种进路时，却采用一元论的视域，来反思这些进路的多
样性。要么，他们将自己的进路提升为最能够解释所有可用的数据，

----

① 关于扩展的讨论参见 Kellert 等（2006：vii-xxix）。
② 这是 Turkheimer 和 Gottesman（1991）的论题。毫无疑问，为实现共存，甚至这些调和者
希望提出的确切主张，也不得不修改。

要么，他们揭示其他进路的弱点。遗传进路的拥护者、环境进路的拥护者，以及发育系统理论的拥护者，都将这种情境视为是异见者之间的冲突，而对手一般是被更普遍接受的理论。

例如，麦格重新分析了离婚的数据。①社会-环境研究者把这些数据解释为是表明，离异父母的抚养经历增加了成年后离婚的可能性。相反，麦格认为，数据反而支持对行为的遗传解释。离婚发生在家族内，因为某个可信赖的遗传因素是通过跨代遗传来传递的。②斯卡尔认为，用社会-环境进路和 DST 进路替代行为遗传学的科学信息模型，是同样愚昧无知的——一种进路被政治正确性所裹胁，另一种进路则被误导的决定论所束缚。③而且，如果威多姆及其同事承认，儿童期遭受虐待的经历并不能百分百预测成年后会滥用职权，迪拉拉和格特斯曼则是将成因问题搁置起来，其任务是，不考虑将遗传结构（基因）作为造成家族性虐待重现的根本因素。④

一些研究者对他们的进路进行了扩展性的辩护。史蒂文·平克（Steven Pinker）是最著名的反对者之一。他既是语言学学者，又是行为遗传学和进化心理学的推广者和捍卫者，他将争论形容为肯定人类本性的那些人和否定人类本性的那些人之间的辩论。他的畅销书《白板》（The Blank Slate）是一本有趣的书面论战，痛斥了从约翰·洛克（John Locke）到弗朗兹·博阿斯（Franz Boas）再到詹姆斯·麦克莱兰德（James McClelland）等思想家的观点。⑤显然，将社会环境作为说明个体差异之源来考察的所有研究者，都出现在否认人类本性的那些人的阵营中。他断言，不以遗传为根据的行为科学，自从斯金纳（B. F. Skinner）时代以来，就再也没有取得进步：

① 参见 McGue（1994），正如第 3 章中所讨论的那样。
② 这种论证在共同外延的意义上假定了"环境"的可通约性。
③ 参见 Scarr（1993），第 2 章和第 6 章中已经讨论过。
④ 参见 Widom（1989b）；DiLalla 和 Gottesman（1991），第 3 章中已经讨论过。
⑤ Pinker（2002）。

> 严谨的行为主义在心理学中完全是有名无实，但是，它的许多态度仍然生机勃勃……许多神经科学家将学习等同于形成关联，并寻找神经元和突触在生理上相关联的纽带，而忽略了大脑中进行学习的其他类型的计算……直到最近，心理学依然忽视信念和情感的内容，以及思想发展到以不同方式对待生物学重要范畴的可能性。[①]

甚至并行分布式处理（PDP）被还原为声称，人类"只是有更大白板的老鼠，加上称为'文化手段'的内容"[②]。

平克为了揭示行为遗传学和进化心理学已经深陷困境的事实，整理了现有的研究成果，来支持存在着人类本性的论点，即人类行为的复杂性可能归因于人脑的复杂性，而人类大脑的复杂性又是人类基因组的复杂性的产物。随着个体和集体的变化而变化的环境因素作用于已经给定的行为清单。这个行为清单是由某些基本的需求和特定的各种倾向组成的，其中，需求可能是物质的，诸如社会经济状况之类，而倾向则是以特殊方式响应下列类型的环境特征时的趋势或习惯：预示或增加个人实现这些需求的机会。行为清单中的要素是自然选择的结果，并通过基因组进行代际传递。[③]平克的功劳是，解释了所提到的许多社会-环境的研究，但他是从进化心理学和行为遗传学的观点来解释这些研究的。这些解释受到的支持，来自适应论的推理，而不是经验证据，因此，举证责任落在反社会化的论证上。他的许多著作，尤其是在批评过度泛化时，是相当明智的探索，但人类基本心理和社会性状的自然选择和遗传决定的信息仍然是其核心。就该信息而言，一个显而易见的回应是，生物体（无论是不是人）都应该具有基于生物的驱动力，并以此来生存，这种主张是陈词滥调，而对于具体情况下

140

---

① Pinker（2002：21）。

② Pinker（2002：22）

③ 这种主张的提出贯穿于平克的著作中，例如，参见 p.51-55，101-102，在这里，明确地捍卫了基因的作用。

的具体行动而言，生物体应该具有遗传决定的计划，这种想法则是亟须提供证据的一个重要主张。

一个相似的论证模式描述了定量行为遗传学的反对者的观点。戈特利布证明，单独的遗传学说明不能描述实验动物的各种行为模式的建立，这是他论证 DST 进路的一部分。①在某些情况下，他确实否认"环境论"，但这只是参与讨论的标签而已，没有形成独特的进路。②社会-环境进路与行为遗传进路共享了一些相同的缺点（比如说，只能解释部分差异），而这些缺点并没有引起人们更多的关注。平克的修辞立场将社会-环境进路描述为是霸权主义的进路，而戈特利布则将遗传学进路看成是必须要打败的巨人。鲍姆林德和埃莉诺·麦可比（Eleanor Maccoby）都支持培育对发育产生强烈影响的假设，同样也将行为遗传学进路描述为是必须抑制其影响的占有主导地位的视域。③

奥亚马尽最大努力为发育系统进路作出肯定性的理论概述，但她也采用了类似的二元推理方法，尽管是在不同层面进行的。④例如，"变化……最好被认为不是由某种因果作用的形式和活力所带来的结果，而是由同时代的影响和系统的状态共同决定的系统变更，该系统的状态代表了较早相互作用的合成"⑤。这种表述的含义是，如果变化不是这一种（归因于遗传学进路的预成论的观点），那么它一定是另一种（系统的观点），但根本没有考虑到这样的可能性：将这些视为两个专有的但不全面的替代选择。⑥

于是，研究者本人（他们中相当多的人）采取了以一元论为特征的立场：一种进路将以正确的进路出现，并且，它将是全面的（comprehensive）和排他的（exclusive），或者，如果是合并起来的

---

① Gottlieb（1995）。

② Gottlieb（2001a）。

③ Baumrind（1993）；Maccoby（2000）。

④ Oyama（1985；2000）。

⑤ Oyama（1985：37）。

⑥ 对这些和其他的相互批评更充分的讨论参见 Longino（2006）。

话，则是基本的。①替代进路的结果必须被驳回，或被证明是通过作者
自己偏爱的框架得到了更好的说明。许多哲学家追随研究者的引领，
要么，赞成和反对特殊的进路，要么，试图表明，为了抵御竞争对
手，如何使首选的进路变得更加完整。

举例来说，哲学家内文·塞萨尔迪克（Neven Sesardic）站在行为
遗传学家的立场上，介入反对环境论者。他反复批评那些他认为的对
ANOVA 的全面谴责，这种谴责是由勒沃汀和古尔德（Gould）发起
的，随后被哲学家在评论行为科学时再次重复。②他也带领哲学家借助
亚瑟·詹森（Arthur Jensen）来完成建构假想对手的任务。他批评的哲
学家们促使詹森提出，人们能够从受试组内部确立的（IQ）遗传力的
数据中立即推断出受试组之间的（IQ）遗传力。塞萨尔迪克谨慎地指
出，詹森同意必须谨慎使用 ANOVA，但他更关心捍卫 ANOVA 作为考 　*142*
察工具的效用，也捍卫行为遗传学家的用法。他的观点之一是，如果
与某个性状 T 相关联，基因在不同环境中的表达方式不同，那么环境
论者在试图确定 T 的具体成因方面的劣势与遗传学家的劣势是一样
的。当然，如果应用于父母-后代相似性的 ANOVA 是唯一可用的工
具，情况就会是这样，但是，遗传学家（随着分子遗传学家的出现）
和环境论者都有更多可利用的考察技术和实验技术。尽管他正确地指
出，行为遗传学的批评者经常夸大自己的情况，但塞萨尔迪克本人最
终把自己的行为遗传学案例简化为取决于一个经验主张：基因与环境
之间的相互作用是罕见的。这种观点的困难在于，即使当 ANOVA 显
示出很高的遗传力时，分子遗传学研究也基本上显示出特定基因的影
响很小（如果有的话）。正如在第6章讨论的卡斯皮和莫菲特的研究中
所看到的那样，在许多特殊情况下，给定基因产生的影响在暴露于某
种环境变异的受试者子群中更大，从而提供了支持相互作用的数据，
以及削弱了塞萨尔迪克的罕见性主张的基础。

---

① 我说的"基本的"意思是指，能够和/或应该从中推导出其他进路的假设和数据的原理。
② Sesardic（1993；2000；2003）；Lewontin（1974）；Gould 和 Lewontin（1979）。

通过用先天与后天的术语来表达这种争论，而且，好像这些争论的一方必须是正确的，塞萨尔迪克致力于贬低以环境为导向的研究的可能贡献，而依赖高度可疑（至少是在非方法论的意义上）的经验主张。对于塞萨尔迪克来说，哲学家的作用是分析、批评和裁决。在裁决的作用中，他假定了一元论立场。

保罗·格里菲思（Paul Griffiths）和卡罗拉·斯托兹（Karola Stotz）的工作也表达了类似的立场，但却是支持其他主张。两位都是DST进路的发言人/辩护者，他们将DST进路表述为是，在生物学研究和行为研究中，过度以基因为中心的进路的替代者。格里菲思特别感兴趣的是，利用发育研究来揭示进化的概念，希望远离将基因视为遗传单位的新达尔文主义的共识，转向提出更广泛的概念。斯托兹更专注于基因研究，并关注消除由克里克首次提出的"DNA的中心法则"的残余。①她认为，表观遗传因素和过程在基因激活和调控过程中的作用表明，基因起不到唯一的因果作用，所有的因素在发育的因果过程中都具有同等的作用。甚至线性氨基酸序列的特异性也是细胞内多个作用物的结果。②在2008年的一篇文章中，她的目标是阐述"基因在基因表达中是确定的，因此，基因的所有结果均由DNA编码来完全指定"的观点。③她批评的主要对象是沃特斯（C. K. Waters）对遗传因果关系的解释，该解释利用了詹姆斯·伍德沃德（James Woodward）将因果关系视为形成差异的观点。沃特斯采用"形成实际差异"这一概念，将合成事件中涉及的DNA片段与其直接产物（RNA的线性片段）之间的关系置入哲学域境中。④正是DNA序列的特异性决定了组成

143

---

① 这个法则有不同的阐述。斯托兹提出的想法是，信息（和因果关系）处理只在一个方向上进行，从基因到RNA到蛋白质再到更高层次的性状。

② 斯托兹并没有在存在的某个具体序列和成为这个序列而不是某个其他序列之间作出划分，剪接确实"选择"了DNA分子的部分用于氨基酸组装，但是剪接分子中的碱基序列规定了氨基酸序列。

③ Stotz（2008）。

④ Waters（2007）。

RNA 的碱基的特定序列。其他分子一定对这种合成有影响，包括促进 DNA 片段的选择和组合的所谓剪接作用。但沃特斯强调说，DNA 片段中碱基的线性序列才是"实际差异的制造者"，从而确定了 RNA 片段是由序列 s_1 组成的，而不是由 s_2 组成的。这些工作说明了分子生物学家对 DNA 的强烈兴趣。这也说明，在分子生物学界内外都如此追求获得"编码"和"信息"隐喻的原因。

　　斯托兹担心，即使同意这一点，也差不多是支持还原论的生物体概念和发育概念。即使当她试图超越先天-后天二分之争时，她也重建了还原论/DST 的二分。除非人们准备接受多层次的、全部因素的 DST 进路，否则，人们不仅走向还原论，而且还走向"预成论"。在这种域境下，指责遗传学家和预成论的哲学家，就是建构一个想象的对手，并受一元论信念的控制：只能有一种进路是正确的。除了瓦解替代方案，来创建另一个有问题的二分之外，斯托兹还在瓦解形而上学的和经验的研究。DNA 的作用已被过分夸大，特别是在分子研究者的公开声明中和关于分子研究者的公开声明中。在不否认这一点的前提下，也应该有可能看到，DNA 的线性特异性使它在生物体中起到了特别重要的作用。而且，如果不在分子水平上深入研究这种作用，那么，就不会发现基因调控、RNA 和蛋白质合成的复杂性。DST 为生物体的复杂性提供了一幅图景，从形而上学的观点来看，这幅图像可能是正确的，并且，作为一项预防措施，防止同样形而上学的还原论的诱惑。但是，构成这种复杂性的生物过程是通过对比实验（每次一个分子/一个相互作用）来发现的。

　　因此，一元论既没有得到研究的经验结果的支持，也没有得到预设它的哲学家的论证的支持。事实上，一元论的态度导致他们误解了他们所描写的现象。从经验的观点来看，我们的所知是零碎的和多元的。每种进路只提供了通过应用它的调查方法收集的行为过程的部分知识。在应用这些工具时，对整个领域进行解析，以便以不可通约的方式表征这些影响及其潜在的原因。我们能够（并且确实）知道很

144

多，但是，我们所知道的不是在单一的理论框架内可表达的。

这种认识论的情境激发了一些实际的研究者考虑替代单一的全面模型。当学术研究者争辩说，他们的竞争性观点是相对适当的时候，作为临床医生的研究者也必须应对可以指导其实践的框架的多样性。第6章讨论过精神病学家和行为遗传学家肯德勒的工作，他在构成原因的因素的多样性以及表征多个因果系统的模型之间明显不可通约的域境中，思考诊断和治疗的问题。在一篇文章中，他证实，遗传的、生理的和心理-环境的因素之间的相互作用具有非聚合的特征，以此来反驳还原论的因果情节，支持他所谓的机制主义的进路。①在肯德勒的进路中，行为的产生涉及多种机制。为了理解每种类型的系统，需要针对单一机制进行研究。但是，由此获得的知识是部分的。对治疗的相关性和需求的更全面的理解只能通过整合来达到：理解这些机制如何在特定疾病或病症状态的产生中相互影响。这些相互影响的形式将会因疾病而异，也许将会因人而异，因此，人们无法期望，提出单一模型来包含所有行为的病状，更不用说一般行为。

145 哲学家们也正在将多元论作为提出模型的多元性的一种方式来研究。然而，哲学家的多元论存在着不同的形式，从弱的形式到温和的形式，再到强的形式。詹姆斯·塔伯里（James Tabery）和桑德拉·米切尔（Sandra Mitchell）拥护温和的多元论形式。塔伯里在对塞萨尔迪克的《理解遗传力》（*Making Sense of Heritability*）一书的评论中，将定量行为遗传学家与其反对者之间的冲突诊断为是，属于不同的研究传统，提出不同的疑问，从而导致对 GxE 相互作用的不同理解的问题。②定量行为遗传学家属于可追溯到费希尔（R. A. Fisher）的生物统计学传统，关注对群体变异的理解，而发育系统理论家则属于可追溯到沃丁顿（Waddington）的发育传统，关注个体的发育。塔伯里考虑的一项提议是，我们将不同的传统理解为是在不同的分析层次上进行

① Kendler（2008）。
② Tabery（2009）。

操作，这使得它们的 GxE 相互作用的概念必然会有所不同。对于生物统计学家来说，这是一个统计概念，指的是当将群体性状的变异分摊给单独发生的生物变异和环境变异时，还有待说明的问题。对于发育论者来说，这是一个因果关系的概念，表达了生物体在生命周期发育过程中可遗传的（遗传性的）因素和环境因素之间的相互作用。塔伯里指出，这种解决方案预设，从一个层次到另一个层次根本没有漏洞。他认为，发育论者所确定的引起 GxE 相互作用的是群体层次变异的一个因素，而 GxE 作为群体变异中的统计余数代表了差异制造者的相互依存关系。

　　塔伯里的解决方案表明，群体的进路和发育的进路是可协调的，每种进路都识别与另一种进路相关的因素，但却是从不同的有利点出发。然而，如果这种解决方案意味着，GxE 相互作用仅对 G 和 E 分别不能解释的群体方差的占比是有效的，那么，就不能让发育论者感到满意，因为他们认为，他们的交互作用形式描述了每个个体的特征。它也不能让定量行为遗传学家感到满意，因为他们认为，个体内部的因果过程无法阐明群体内部的变异的模式。甚至更应该重视的是，塔伯里的提议似乎假定，度量的结果不受所度量现象的有利点的影响。但这正是上一节所显示的情况。在塔伯里的提议是一种形式的多元论的程度上，这是一种温和的多元论，这种多元论太没有说服力，无法调解不同进路所探讨的原因空间的不一致性。对于刻画在探讨群体内变异和群体间变异之间差异的待说明项的多元性来说，它是适当的，但对于刻画关注个体差异的进路之间差异的待说明项的多元性来说，它是不合适的。

　　米切尔提出了她称为"整合的多元论"（integrative pluralism）的立场，该立场与两种形式的多元论形成了鲜明对比：竞争性的和相容性的。[①]竞争性的多元论是维持或坚持对同一现象的多个相互排斥的解

146

———————

① Mitchell（2002；2009）。

释。它被描述和辩护为，研究的共同体在面临经验的不确定性时，能够用来对冲其赌注的一种策略，以及促进揭露经验弱点的一种策略。两种辩护都将多元性视为是旨在确定一个正确的或最佳的理论时的一个探究阶段。因此，竞争性的多元论本质上是一元论的策略。相容性的多元论是米切尔的一种非竞争性的多元性形式的别名。其形式之一是，将单个现象的模型或理论的多元性理解为，在分析、组织或粒度的不同层次进行发问的一种结果。除了两者都没有令人不安地坚守相互排斥的替代选择之外，根本不存在竞争关系。

米切尔首先像塔伯里一样认为，这些层次不是彼此孤立的，在一个层次的过程能够约束在另一个层次的可能性。其次，她认为，在一个层次内的多元性不必具有竞争性，也就是说，不需要涉及相互排斥的替代选择。她的第一个论证是，说明社交昆虫（蚂蚁、蜜蜂）中劳动分工的因素之间是相互依赖的。适应论者的说明忽略了发育的约束，并将观察到的劳动分工模式视为是自然选择的排除劣质变体的结果。但是，发育的约束可能会限制有利于自然选择起作用的那种变异。她认为，在一个层次内的多元性是聚焦于几种不同的劳动分工的自组织模型，每个模型是在应用于只有建模的因素能起作用的系统时的一种理想化。在实际的系统中，可能有多个因素或过程在起作用，在这种情况下，必须将系统理解为是整合这些因素/过程的系统。

然而，在这一点上，整合的多元论面临的困难类似于困扰着发育系统理论的那些困难。尽管有可能为如何进行这种整合建立模型，但只要涉及多个过程，就无法根据经验来确定：在给定系统中，许多可能整合中的哪一种整合得到实现。我们可能依然在形而上学的意义上承诺这样的观点：多个因素或过程在我们的世界中相互作用，但无法证实，这些因素相互作用的任何一个模型占有相对优势。而且，整合可能需要省略一些因素，因此而丧失这些因素起作用的知识。从认识论的意义上来讲，与试图获得所有因果相互作用的完备表征相比，我们可以通过利用多个部分的表征来更多地了解一个系统，其中，每个部分表征都能使我们的研究更进一步。我们对该系统的理解可以不要求对不同模型进行整合，而是要求承认，每个模型代表了该系统的一个方面。米切尔的多元论是受一元论的直觉引导的："一个系统——一个完备的模型"整合了多个过程。但是，这预设了在所有情况下都不可能获得和在行为情况下也无法获得的一种可通约性。

我将以不同于塔伯里和米切尔的方式来区分多元论的形式。我将运用可排除的或不可排除的术语，而不是竞争性的和相容性的术语，进行思考。可排除的多元性是暂时的多元性，即设置一种全面解释的一种方式。可排除的多元论的观点是，所有的多元性都具有可排除的类型。不可排除的多元性，要么是由模型在分析或组织的不同层次的可用性，所导致的多元性，要么是在经验上同样适当的进路，在分析的相同层次具有的不可通约性，所导致的多元性。不可排除的多元论的观点是，某些多元性具有不可消除的类型，重要的是，第二种多元性具有不可通约的进路类型。不可排除的多元论是针对不可通约的多元性持有的一种态度，这种态度侧重于每种进路能够提供的不同种类的知识，而不是假定，最多有一种进路是正确的。它具有的优点是，让我们看到，通过哪种方法，能够生成哪类知识。然而，它也面临着几种挑战。一种挑战来自说明的任务：如何说明这些进路中的每种进路都是正确的？如果两种或多种进路赋予同一参数不同的和不相容的值，还说它们都是正确的，这是什么意思呢？第二个问题是关于如何设计的问题：在面对强调构成原因的不同因素或不同因素组合的表面上不相容的多种进路时，如何设计具有科学根据的干预措施和政策？

在《知识的命运》一书中，我为归因于科学表征的各种认识的或语义的成功提出了一个具有统摄性的概念。[①]在一种极端情况下，（对象的一种表征的）构型（conformation）包含真相（字面上），但也包括在表征中说成是成功的各种形式之间的同构、同态、相似性等关

---

① Longino（2001b：115-121，136-140）。

148 系。不同于绝对二分的对/错，成功的这些其他形式允许有不同程度的成功，并且，它们的应用要求对它们所支持的（各个）方面作出详细说明。说对同一现象的两种不同表征是同等正确的，就是说对于每种现象而言，与该现象相关的某种程度和某个方面能够被说成是与其主题相一致。

因为所评论的所有进路都产生这样的表征，即在某种层次上，这些表征与其共同的主题，在某种程度上相一致，以及在某个方面相一致，所以，构型似乎是很不精确的成功术语。但是，成功的标准是基于寻找构型的程度和方面，而不是构型本身。在比较从不同进路得出的主张时，必要条件是，至少使用一个共同的构型程度。但是，如果构型程度是在不同的度量设置中来确定的，也就是说，对原因空间进行不同的解析，则在一种设置中的构型程度n不等于在另一设置中的构型程度n。以前文中遗传说明和环境说明所考虑的问题为例：每个说明都不仅忽视了子宫内的妊娠因素，而且忽视了它们在遗传因素和环境因素之间分摊方差的程度，所以，每个说明都必须在支持它的替代范畴中叙述子宫产生的影响。赋予 G 或 E 的值，将随着这些范畴中所包含的内容的变化而变化。这意味着，对于原因空间的初始解析而言，使正确性相对化。如果所阐释的假设，与原因空间的共同解析相关，就可以根据经验作出比较，但如果所阐释的假设，与潜在原因空间的不同解析相关，就不可能根据经验在这些假设之间作出比较和裁定。理解现象，涉及理解我们在提出关于现象的知识时的不同方式之间的范围、限度和关系。

当然，可以进行元经验的评估：能够解释多少个待说明项？可说明的框架有多简洁？这些元经验的标准是围绕据称与表征相符合的各个方面提出的。设定范围或简单性的任何特殊的基准本身并不是一个经验问题，在这种程度上，它们是元经验的。它们能够被应用于在一个特殊的进路内生成的大量数据及其说明的模型，但它们本身并不是观察或实验的结果，也不是观察或实验能辩护的。在与所评估的构型相关的各个方面，必须包括对研究结果的用途作出详细的阐述——不论是融合到进一步的经验研究中，来支持一个更大图景，还是制定对行为或疾病的干预、预防或强化的指导策略。不同的实用目标将授予不同类型的构型。

将构型概念应用于这里所考虑的行为研究意味着多元论的第二个问题，即在面对多种进路时的政策设计或干预的问题（即应用的问题），是在一个有缺陷的科学知识模型的域境中提出的；该模型将纯粹的知识与知识的应用分离开来，并假设，"纯粹的"（也称为"基础的"）研究能够提供对一种现象的全面的知识，然后，该模型能够被应用于解决实践问题。反过来，实践问题及其相关的约束使关于评估研究结果的标准具体化。研究离不开我们想要得到的知识观。这不会退步为把真理等同于效用的彻底的实用主义。这个议题是，存在着很多真理，任务是弄清哪个真理对哪个目的有用。

如果针对这项任务，那么，多元论就必须被一种形式的实用主义所补充。肯德勒小组的另一篇文章举例说明了我正在提倡的这种作出实用主义调整的多元论。[①]在这里，作者利用了伍德沃德的因果关系作为造成差异的原因（他们称之为"干预论者"）来论证：达到对特殊的精神病症的理解，最好是通过围绕增加或减少一种特殊病症发生率的干预措施，来设计研究。这种干预论的模型考虑到在多种因果系统中识别造成差异的因素，而且，始终注重实际的"精神病治疗的目标，即通过广泛地干预来预防和治疗精神病"。肯德勒的干预论的实用主义和机制主义的模型，旨在绘制使任何特殊的因果机制都不享有特权的行动指南。他责备这样一种科学理解的愿景：重视发现引发在不同进路之间进行无效争论的规律。人们也能够将他对还原论的拒斥理解为抛弃一元论。在他的模型中，疾病本身推动了理解的发展，而且，从经验上证实，干预措施对疾病的发生率是有影响的。构成原因

_____

① Kendler 和 Campbell（2009）。

的因素的类型和因果机制的多元性，依然是科学的精神病学领域的不可避免的特征。

150 肯德勒所设想的成功类型，限于识别和干预引发精神病症的因素。这种研究进路并不打算最终提出一个关于人类行为的全面理论。潜在的图景是一个系统的图景，即这类人的图景：他们表现出的行为是由复杂相互作用的因素所造成的。这个系统的病症或机能失常，可能只有一个原因，或者，也可能是几个原因子系统交叉的结果。但是，关于导致机能失常的成因的知识，并不等同于关于机能正常运行涉及的因素的知识，甚至不等同于关于导致别的机能失常的因素如何有助于机能正常运行的知识。①肯德勒的研究来源于部分知识：孤立的因果子系统是如何运行的知识，以及不同子集在不同机能失常的情况下是如何相互作用的知识。部分知识并不因为是不完全的而减少知识含量。

各种进路的政治评论者的矛头指错了方向。问题不在于，任何一种特殊的进路都试图完善和扩展通过其研究方法有可能获得的理解；问题在于以下假设：人类行为的一般规律可能是可发现的，原因的子系统之一可能是主导因素，或者，一种研究进路可能提供基本的说明模型或理论。这么说并不是认为行为科学完全免除有问题的社会后果。这些问题不在于尽力识别构成原因的因素，（如果下一章的分析是正确的话）而在于概念化行为本身。

---

① 我把以下问题搁置起来：确定什么是功能障碍、确定什么是行为和预期不匹配。

第9章 定义行为

前几章主要关注行为成因和行为倾向的研究进路之间的差异以及研究方法。本章将提出第二个主要的方法论问题：以科学研究为目的来描述行为。最近，行为生物学家丹尼尔·列维提斯（Daniel Levitis）及其同事进行的一项研究，回顾了各种出版物（从教科书到研究文章）对行为概念的界定，确定了将行为概念化过程中的一系列关键点，然后，向行为生物学各个子领域的同事征求意见。[①]该研究的作者们发现，不同文本或各个研究者对"行为"的界定并没有达成共识。类似的不一致性也适用于个体行为的概念化，至少在我讨论的范围内适用。这里至少有三个不同的问题：①所研究的具体行为是如何来实施的；②我们通常是如何理解行为的；③分析的单元是什么。

一、现　　象

将具体类别的行为看作是待说明项的研究始于我们道德系统的概念——民间心理学的概念。怎么会不是呢？然而，我们的普通概念并不十分适合科学研究，因为它们很不明确，还充满了社会价值，而这 些社会价值首先使它们指定的行为突显出来。因此，研究者面临的挑

---

① Levitis 等（2009）。

战之一是提出清晰明确的行为类别和标准。提供这些分类标准的尝试，仍然留下了研究者希望消除的社会域境的痕迹。特别是最近关于攻击行为的研究已经与犯罪、反社会行为和暴力有关的问题联系起来。这标志着从20世纪60年代和70年代以来发生的一种变化，那时，关于攻击行为的许多研究都与对行为的性别差异的研究有关，并且，通常用来支持这样的主张：在人类和非人类社会中雄性占主导地位是先天的。尽管一些人类学家将攻击性视为是可能过时的早期原始人类生物学的残留，但对于其他思想家而言，它却与其他被正面看待的所推定的男性化特征相关联，比如，领导力。关于攻击行为研究的价值已发生了很大变化，以至于在某些情况下，攻击行为是通过暴力犯罪来实施的，因为定罪率证明了这一点。尽管为了使研究目的具有可操作性，行为概念力图更加精确，但这仍然是一个非常宽泛的概念，涵盖了许多不同的行为。

对身体造成直接伤害的行为，似乎值得被分类为一种攻击行为。然而，只有这种行为的某些形式才有必要进行科学研究。伤害的许多形式，不论是直接的，还是间接的，都没有得到研究。关于攻击行为的研究，更狭义地说，关于暴力犯罪行为的研究，似乎旨在解决一般公众关注的不可接受的暴力问题，包括个人故意实施的暴力行为和针对个人的暴力行为，即当地新闻报道中所描述的典型的暴力犯罪。如第1章所述，一些关于攻击行为研究特别是生物学研究的批评者所关注的是，在一个已经具有种族敌对情绪的社会中，这样的研究将被用来在种族认同和攻击行为之间编造一种联系，就像采用类似的研究在种族认同和智力之间编造一种联系一样。[①]

性取向研究的重点也有很大的不同。正如第1章所评论的那样，在这种研究域境中，"性取向"实际上代指同性恋。尽管如此，被广泛

---

① 当然，这些推定的联系备受争议（Gould，1981；Lewontin 等，1984；Lewontin，1991）。然而，正如 Eberhardt 及其同事的研究所证实的那样（Goff 等，2008），这些联系一旦在公众的想象中建立起来，就很难再被打破。

理解的这类研究起到了多种作用，旨在理解一系列的生育行为、性功能和发育、亲密关系的模式以及某些社会异常行为。在关于非人类动物的研究工作中，它是理解生殖行为范围的一部分，包括择偶、求爱、交配和养育后代。在对人类的研究中，它是间性遗传和激素分泌失调或异常研究纲领的一部分。直到 19 世纪人类科学兴起之前，包括同性恋在内的性取向是道德、宗教或法律的问题。在 19 世纪期间，同性恋被视为精神障碍。尽管不再被概念化为一种病症（除了也许被宗教边缘化之外），但关于同性恋行为的发生率及其成因还是得到了认真的研究。与其他行为研究者一样，性取向研究者也渴望摆脱过去的判断主义（judgmentalism），但他们的努力在研究域境之外取得了喜忧参半的成功。在可能被视为重返前现代的情况下，同性恋的行动被谴责为罪恶，而且，同性恋者仍然是受敌视和无端攻击的目标，同时也有使他们"改正"的努力。

153

攻击行为研究涉及的行为是，在原则上和在现实中，人们参与社会的所有子类（种族、性别、经济）的行为。以生物学为导向的攻击行为研究的政治关切是，将用此研究为（有意地或巧合地）针对社会某个阶层的社会政治目的服务，也就是说，从研究中鉴别出来的那类攻击行为或犯罪行为，将与另一种社会类别（例如，贫穷的黑人和拉丁裔男性），相一致。相比之下，同性恋行为已经与一种社会类别，即同性恋者，相关联，因此，毫无疑问地成为攻击目标。[①]欢迎这类研究的男同性恋者将其视为把性和情欲倾向置于选择的领域之外，因此不在意志或罪恶的范围之内。如果性取向是被决定的，那么，它就不是选择或裁定的对象，而且，由于一些人的恐惧，而对招募一些年轻人体验"同性恋的生活方式"表示担忧，也成为毫无道

---

① 历史和跨文化研究表明，同性恋行为并不总是处处与具体类别的人相关联，即这种识别是明确受文化影响的。米歇尔•福柯（Michel Foucault）和同性恋史学家讨论了 19 世纪后期"同性恋"类别的出现。有人可能会说，在某种程度上，抵制对攻击行为的生物学研究是试图防止涌现出具有类似"攻击性"的类别，尤其是防止涌现出这样一种带有种族歧视的类别。

理的事情。然而，另一些人则根据生物医学研究的总体治疗目的来评估这项工作。他们认为，生物学知识很容易被用来支持堕胎或其他（产前或产后的）生物干预，以此来减少或排除同性恋的冲动，而不是赞成容忍。

154　　前几章对行为研究的各种进路的分析，应该消除了对关注种族、民族或同性恋人群的生物社会工程研究成果将会产生的效力的任何担忧。但是，20 世纪的优生学和治疗学项目的研究表明，与研究相关联的概念具有的生命力，不依赖于对采用这些概念的假设进行的经验确证或否证。在过去的五十年中，攻击行为和性取向均经历了价值的变化。但社会对它们的指责并没有消失。无论这种指责是正面的还是负面的，它们仍然是很受关注的话题。这种关注在对它们进行科学研究的环境中很盛行。本章将更认真地审视作为说明对象的这些行为的界定方法，并且，把对这些界定方法的关切与关于一般行为概念的最新的哲学反思相结合。

二、攻击行为和性取向的科学定义

行为研究中的一个关键的方法论议题是行为的识别和定义，而不只是导致行为表达的因素。第二个问题是如何度量和建立所考察现象之间的相关性。攻击行为和性取向的不同之处在于，对攻击行为的研究实际上是对许多相关行为的研究，而对性取向的研究由于近乎普遍地采用金赛量表，则显得更为简单。然而，这两个领域的实际情况却更加复杂。

1. 攻击行为

攻击行为现象已经在各种动物模型中得到了很好的研究。行为内分泌学的研究纲领考察了机体化和激活性激素分泌，在增加或减少被分类为攻击行为的各种明确定义的行为时，所起的作用。这些行为包括定型的运动序列，比如，侧面防守，还有笼中动物对入侵者的反应和母亲对幼崽的保护。①而人类的攻击性行为更难研究。它们不包括容易识别的定型的序列，也不再允许设置可能引发暴力或攻击行为的实验情景。②因此，就对人类的研究而言，对攻击行为或攻击性（例如，某种攻击倾向）的追溯性的识别，要么采用对过去事例的各种统计方法来进行，要么根据被视为攻击行为的替代行为来进行。阿尔伯特（Albert）及其同事在对睾酮和攻击性研究的评论中认为，人的攻击行为属于防御性的攻击类别，是对所感知到的威胁的一种回应。③因此，它是受认知调节的，这就使得对它的研究更加复杂。我采用"实施方式"（operationalization）这个概念来讨论被界定为标志攻击行为或攻击性的具体种类的现象。尽管某些实施方式在某些进路中更加频繁地出现，但尚未形成关于划分的共识。研究者在其中每一种进路方面的工作，都采用了有关攻击行为的不同标志和不同的实施方式，以及不同的考察方法。对那些与攻击行为相关的任何处理方式都假定，它们之间有很大的重叠。④

155

2. 性取向

性取向同样也在动物模型中得到了很好的研究。唐纳德·普法夫（Donald Pfaff）详细地描述了支配大鼠脊柱前凸（背部下凹、臀部突出）表达的激素系统。⑤对不同物种的研究表明，该激素系统参与了骑

---

① 关于新近的一篇评论参见 Simon 和 Lu（2005）。

② Milgram（1974）。

③ Albert 等（1993）。

④ 一个重要的研究思路涉及确定不同度量方法的有效性。参见 Buss 和 Perry（1992）；Orpinas 和 Frankowski（2001）；Halperin 等（2002）；Weinshenker 和 Siegel（2002）。尽管如此，研究者对亚型的分类还是截然不同的。关于一些事例参见 Eley 等（1999）。

⑤ Pfaff（1980）。

乘行为的表达。脊柱前凸是雌性典型的特性，而骑乘则是雄性典型的特征。通过在关键发育期操纵激素，来增强或减弱这些行为表达的能力，导致生产出这样的动物：它们拥有一种性别的染色体，却可以表达另一种性别的典型行为。这种跨性别的行为被提议为是人类同性恋取向的研究模型。但除了从主要与生育有关的视角来看待人的性取向的事实外，这一建议还存在着几个困难。[①]第一个困难是，对人类的有意模拟不是（或主要不是）关于具体的行为或定型的运动序列的问题，而是这些行为对象（受试者的性伴侣）的被感觉特征的问题。第二个困难是，人类的性别/情欲取向，像行为或满足感一样，至少在很大程度上与亲密的伙伴关系和爱情有关。最近关于诱导果蝇雄性-雄性求偶链的工作部分地解决了第一个困难，但没有解决第二个困难。[②]此外，尽管许多关于性取向的研究者继续采用金赛量表，但另一些人发现，从现象上看，该量表是不适当的。正如本章后面将要明确解释的那样，人类的性取向有多维度的变异，这就提出了一个问题：调查研究为什么应该选择这种维度而不是那种维度。

三、什么是攻击行为？

研究报告和研究综述这两类文献对这个问题给出了不同的回答。研究报告是针对特殊人群使用单一研究方法进行单项研究。研究综述和元分析，要么评论在不同研究中使用某种进路所获得的结果，要么尝试比较评估从不同视域运用某种进路展开的研究。关于索引间一致性的报告类文章构成了第三个类别，要么支持使用给定的索引和度量

---

① 这种特殊的批评是由 Gooren（1990）提出的。

② 参见 Zhang 和 Odenwald（1995）。然而，应该指出的是，这项工作仅涉及同性的性别互动范围内很受限制的构成部分。

策略，要么在不一致时对它们进行质疑。

1. 研究报告

正如我们所看到的那样，对特殊人群或构成原因的特殊因素进行的研究，试图在遗传的、社会的/家族的、生理的某种状态与行为的某种形式之间确定一种关系：这种关系在理想情况下是因果关系，但起码是相关关系。选择阅读本书的读者面对两个问题：一个问题是算作攻击行为的各种行为；第二个问题是所采用的各种度量策略。

有价值的选项。对动物种群的实验室研究探讨了诸如侧面防守、防止入侵者进攻笼中动物的攻击行为、母亲的攻击行为和性别竞争等行为。许多此类研究是操控激素水平，尤其是性腺激素水平，以便将下列两方面的变化关联起来：一方面是其中一种行为发生率的变化，另一方面是围产期（作为一种机体化因素）或同时期特定激素给药（作为一种激活因素）的剂量/水平的变化。所观察到的动物行为是能够提供所寻求信息的那些行为，尽管人们必须记住，所饲养的实验室动物，比相对应的野生动物，在生理上更加一致。对于人类行为而言，情境则截然不同，这时，研究者必须设法替代他们试图理解的行为或倾向。这些包括：①对暴力犯罪的定罪[①]；②打斗[②]；③违法行为（在未成年人当中）[③]；④暴怒[④]；⑤愤怒、易怒和言语攻击行为[⑤]；⑥打洋娃娃（在心理学的观察环境中）[⑥]；⑦根据心理度量方法来打分，比如，B-D 敌意调查表，或者，儿童行为量表或气质性格量表中攻击行

157

[①]　Raine 等（1994）；Widom（1991）。

[②]　Haapasalo 和 Tremblay（1994）。这个引用和以下几个注释中的引用仅代表相关文献的一小部分。

[③]　Widom（1989b）。

[④]　Heiligenstein 等（1992）。

[⑤]　Heiligenstein 等（1992）；Coccaro 等（1990）；Bierman 和 Smoot（1991）；Lavigueur 等（1995）。

[⑥]　Plomin 等（1981）。

为的评分等级①；⑧根据《精神疾病诊断和统计手册》（第4版）诊断出的反社会人格障碍或对立违抗性障碍。②

接受这些度量和诊断手段，进一步拆分了行为概念。在《精神疾病诊断和统计手册》第3版（修订版）中，对反社会型人格障碍（APD）的介绍如下："这种病症的本质特征是从儿童期或青春期初期开始一直持续到成年的一种不负责任和反社会的行为模式。就给定的诊断结论而言，这类人必定是年满18岁以上，并且，在15岁之前有过'品行障碍'（conduct disorder）经历。"③此外，这个人必须至少显示出4种以下表现：

158   （1）无法维持一致的工作行为，表现为：①在有工作机会的情况下，完全失业六个月或更长时间；②非疾病理由的屡次缺勤；③放弃工作而没有为他人制定切实可行的计划。

（2）未能遵守关于合法行为的社会规范（屡次实施作为被捕依据的反社会行为）。

（3）易怒或攻击性，表现为屡次发生打斗事件（包括对配偶和子女的殴打）。

（4）屡次未能履行财务义务。

（5）无法提前计划，易冲动，表现为：①在旅行期间，毫无目标地到处乱窜；②一个月或更长时间没有固定住所。

（6）无视真相（撒谎、使用假名、"欺骗"别人）。

（7）枉顾自身或他人的人身安全（超速驾驶或醉驾）。

（8）未能尽到父母的责任。

（9）未能保持一夫一妻关系一年以上。

（10）缺乏同情心。

在《精神疾病诊断和统计手册》第4版中，诊断标准将诊断APD

---

① Bierman 等（1993）；Luntz 和 Widom（1994）。

② Coccaro Silverman, Klar 等（1994）；Speltz 等（1995）。

③ American Psychiatric Association（1987：342）。

所需的行为数量减少到 3 种，并取消将性滥交行为作为诊断标准。[①]但显然，一个人可能在从来没有进行过身体暴力的前提下被正确地诊断为 APD。进入行为现象列表中的事项才是研究对象，但却并没有证据表明，这些事项是对单一潜在倾向的表达。它们可能非常轻易地成为下列异质行为的集合：我们不喜欢接受的那些行为，或者，与工业社会和后工业社会对工人的期望不相容的那些行为。有必要进行的某种论证是，它们构成了一种前后一致的现象。[②]此外，《精神疾病诊断和统计手册》上列出的行为类别，在以保险为目的来确立治疗的合法性时，所起的作用，应该引起对它们在研究域境中运用的恰当性的某种关注。

度量策略。评估这项工作的第二个挑战来自度量和观察策略的多样性。对于动物模型而言，人们不仅直接观察感兴趣的行为，而且还有标准化的观察流程或方案。同样，除了少数情况之外，所研究的行为是定型的、容易识别的、可计数的，例如，在其他雄性的侧面咬或捏。包括儿童和成人在内的人群样本，则要么是来自诊所或监狱环境里现成的人群，要么是由响应心理学研究招募受试者号召的志愿者所组成。以上文的一种或多种方式实施攻击行为的倾向取决于以下几个方面：①因袭击或其他暴力行为而逮捕和定罪[③]；②自我报告；③其他

159

---

① American Psychiatric Association（1994）。DSMIIIr 和 DSMIV 都制定了把反社会人格障碍与成人反社会行为区分开来的要点，反社会人格障碍是环境研究和生理（血清素摄取）研究中研讨的目标之一，而成人反社会行为是犯罪或攻击性行为，并不满足 APD 的全套标准。于是，有人想知道，这种研究与犯罪学的相关性是什么。DSMV 在标准方面有了很大的改变，但是，只有 DSMIII、IIIr 和 IV 的诊断标准在这里提到的研究中一直在使用。关于修订后的标准参见 DSM，http://www.dsm5.org/ProposedRevision/Pages/proposedrevision.aspx?rid=16（2015 年 6 月 15 日访问）。

② 当然，努力确立度量间的一致性/可靠性（参见原书[p.155]注释）算作是这种论证中的一步，但只有一步。这些往往侧重于不同调查手段间共同的可靠性，而不是攻击行为的不同实施方式间共同的可靠性。

③ 人们广泛承认，像种族和社会经济等级之类的社会因素在逮捕和定罪时是起作用的，而令人惊讶的是，后者仍然被视为攻击性的标准。如果在建构样本人群时，没有办法把这些有偏向的因素的作用分离出来，那么，依赖逮捕和定罪的研究就不能被视为是关于一般的攻击性的信息，而只是关于逮捕或定罪的可能性的信息。

人的报告（父母、兄弟姐妹、同伴、老师）；④在结构性访谈中的回答；⑤对心理学调查表（比如 MMPI）、标准化的叙述或视觉刺激的回应；⑥精神病或其他临床诊断。最后，在这些研究中，环境的概念是可变的，无论这些研究是社会学取向的（并试图揭示环境的影响），还是生物学取向的（并试图针对环境因素来表明生物因素的作用）。环境可能是由下列几个方面组成的：①养育环境的一般特征（包括家庭、学校、媒体影响、同伴）；②亲子互动中的特殊特征；③与非遗传的行为的差异性或相同性相关的一切环境——子宫环境、机体内的生理环境、社会-家庭环境，以及行为遗传学家提出的共享的或非共享的"有效环境"；④社会经济状况与周围的事物。

显然，研究本身建构了一幅万花筒式的拼图。每一种研究都试图确立所谓构成原因的因素与下列现象之间的相关性：这种现象是，有点像攻击行为或通常被视为攻击性行为标志的某种行为或倾向。不仅可度量的目标现象有所不同，而且，由于"环境"概念的多样性，各个研究领域的本体论结构也是不同的。然而，除非具有竞争关系的遗传解释和环境解释是对相同现象的解释，否则，就难以认为它们构成竞争性解释。正如前一章对所确定的因果本体论的评论那样，除非研究是以相同的行为为目标，以相同的方式进行评估，使用相同的度量手段和相同的基因、个体和环境概念，否则，就不能明确认为任意一种研究是对另一种研究的反驳、补充或重复。①第二类文献，即研究综述和元分析，旨在解决这个问题。它们试图对所研究的行为作出区分和分类，以便根据一种观点来阐明它们可能共同支持哪些一般性的结论。

① 当然，这是 Levitis 等（2009）批评行为研究中存在行为概念的多样性的要点之一。Turkheimer 和同事记录了自我评估和报告者提供的行为评估之间的不匹配（Klonsky 等，2002；Clifton等，2007）。最后，关于攻击行为研究的元分析报告指出，在使用自我报告和父母的报告来鉴别具有攻击性的个人时，发现遗传力很强，但是，在使用实验室观察来识别攻击行为时，却会发现受环境的影响很大（Miles and Carey，1997）。这两种不匹配质疑了这一构想的一致性和鲁棒性。

2. 研究综述

阿尔伯特（Albert）、沃尔什（Walsh）和约尼克（Jonik）关于人类攻击行为的生物学基础的评论，主要致力于分析有关睾酮水平与攻击性行为之间的关系，并阐明动物研究对人类行为的意义。[1]这篇文章根据所涉及的神经控制系统，对行为的类型进行了区分，这形成了三重分类：①受激素调节的攻击行为（雄性对同种雄性的攻击，或者，在雌性的情况下，母亲为防止子女受到威胁而进行的攻击行为）；②掠夺性的攻击行为（主要是食肉动物捕食其他物种的动物）；③防御性攻击行为（对所感知到的威胁作出反应）。

因为受激素调节的攻击行为和掠夺性的攻击行为都是给定物种特有的高度定型的运动行为或行为序列，所以，阿尔伯特小组认为，它们并不是人类攻击行为的恰当模型，人类的攻击行为并不遵循标准的定型模式，而是在个人体内和个人中间的表达是多样化的。他们的结论是，防御性的攻击行为为人类的攻击行为提供了最佳模型。这种形式的攻击行为在任何年龄都能表达出来，需要具体的激活经验，既针对熟悉的和不熟悉的个人，也针对男性和女性，并且没有先天的性别差异（例如，在防御性攻击行为的表达中，任何性别差异都是由所在情境中的差异造成的）。防御性的攻击行为是受认知调节的，也就是说，它涉及某种判断。因此，根据阿尔伯特及其同事的观点，要确定防御性攻击行为的生物基础，最好是研究大脑区域的参与。

通过动物研究的棱镜来为人类攻击行为的研究提供规则的尝试，并未直接解决用来识别攻击行为的标准的多样化问题。根据动物研究有可能作出的分类，人类的所有攻击行为可归为一种类型。尽管相关综述发现动物模型的许多工作与人类的情况无关，并指出了可能相关的生物学研究，但它并未评估现有的人类研究范围。

———————

[1]　Albert 等（1993）。

梅森和弗里克对攻击行为的遗传力工作的综述，聚焦于一部分的人类研究，并且，尤其关注以进行科学研究为目的而被分类为攻击行为的大量不同行为。实际上，他们的目标之一是"检验所估计的遗传效应是否受到所采用的反社会行为定义的影响"[①]。

162　　他们继续对双生子研究和收养研究进行的元分析，旨在确定攻击性的遗传力的份额。如第 2 章所述，梅森和弗里克的文献调研了 1975年至 1991 年之间发表的 70 项此类研究。为了保证元分析数据的质量，他们制定了一套选择标准，排除了没有对被收养人和亲生父母的一致性比率与被收养人和收养父母的一致性比率作出比较的收养研究、将反社会行为与"其他形式的心理困扰"相混淆的研究、没有对不同的受试者就同类行为作出比较的研究，以及根据已经包括的研究中的子样本进行的研究。他们应用这些标准，对最初选定的 70 项研究进行筛选，留下可用的 15 项研究。[②]对于这 15 项研究，他们在反社会行为的不同类别（犯罪、攻击行为和反社会人格）之间作出区分，以及在那些严重的表现和不严重的表现之间作出区分。在严重类别中，他们包括了通过刑事定罪或对他人的身体袭击来衡量的攻击行为，以及通过破坏财产、诊断为 APD 或儿童品行障碍（CCD）来衡量的反社会行为。在不严重类别中，他们包括了不遵守官方规定、勒索他人或进攻无生命物体（例如，心理学家办公室摆放的玩偶）的行为。[③]他们发现，严重的反社会行为（略低于 0.50）比不严重的（0.00）的反社会行为受遗传的影响更大。[④]即使在经过所有的简化和区分之后，这些研究中仍然存在方法论的问题。例如，双生子研究显示的受遗传的影响大

① Mason 和 Frick（1994：302）。

② 这种相当灾难性的简化无疑是一个问题，但是，尽管其重要性被认识到，却并不会阻止梅森和弗里克试图从遗传力中寻求希望。

③ APD 的多个标准表明，梅森和弗里克在直觉上似乎合理的区分在实践中是多么有问题。

④ 与这个领域的许多研究者一样，他们倾向于交替使用"继承的"和"遗传的"术语。关于对这种假定的等效性的批评参见 Billings 等（1992）。

于收养研究显示的受遗传的影响，但只有两项研究控制了双胞胎对的成员之间的接触。此外，梅森和弗里克分解行为的尝试遭到了一些研究者的抵制，这些研究者将"受到罚款处罚的轻罪、重罪和15岁以上的少年犯罪"视为一个类别。尽管据报道，其中的有些研究对其所包括的不同行为单独进行遗传力估计，而不是全部这么做，但梅森和弗里克也没有指出，他们从严重的反社会行为形式和不严重的反社会行为形式的估计中提取信息的方式。

因此，这两篇综述都没有成功地简化攻击行为的概念化和实施方式，不足以在竞争的研究进路中进行有意义的比较。阿尔伯特小组专注于各种动物模型的相关性，但他们所认为的最相关的类别，即防御性的攻击行为，却能够通过多种方式来实施。梅森和弗里克的研究试图对他们所考察的研究中的攻击性行为的类型进行整理和分类，但这种分类方法并不十分精致。面对这样的多样性，还可能有对攻击行为的科学理解吗？如果可能的话，那么会是怎样的理解呢？重申上文提出的要点：如果没有建立跨标准、测试和度量方法的稳定性，就不能保证，任意两项研究都是对同一现象的研究；而这必须既是进路内部相互确证或取得共识的前提，也是不同进路之间批评争论的前提。李和沃尔德曼在对反社会行为的行为遗传学研究进行元分析时，正好直接面对这些议题。[1]他们考虑了反社会行为的一般类别和评估方式的差异，也考虑了双生子研究和收养研究所导致的差异。他们对反社会行为的评估方法、分类的调节效果和可能的相互作用很敏感，并试图控制这些因素。尽管如此，他们仍然没有根据菜单式的诊断标准，对APD和CCD的类别作出分析。[2]

163

---

[1]　Rhee 和 Waldman（2002）。

[2]　他们也指出，他们感到自信的结果意味着，需要更好地设计研究，尤其是对纵向研究和能够在不同类型的环境影响之间作出区分的研究，即上面所阐述的以及诸如卡斯皮与莫菲特的工作或肯德勒的工作，他们的工作在第6章都有所讨论。

四、什么是（同性或异性）性取向？

前一部分，我关注了将作为研究对象的攻击行为概念化的两个方面。首先，我只研究某些形式的攻击行为，即个人在日常生活中蒙受的身体伤害，包括言语伤害、工具伤害在内。其次，根据截然不同的标志对攻击行为进行分类，从而提出作为研究主题的现象是否具有统一性的问题。在性取向的定义中，这个议题略有不同。这里的主张是，反对一种度量方式占据主导地位，即所谓的金赛量表。这个量表分为7个得分数值对人进行打分，从只有异性恋行为和幻想的那些人得0分到只有同性恋行为和幻想的那些人得6分。金赛量表的优势在于，作为一个维度的连续体，它允许把群体成员至少分为三个子群：同性恋者、异性恋者和中间的双性恋者，如果愿意的话，还可以分为更多的子群。从某些性别研究者的观点来看，这是对较早二分法模型的一种改进，因为它至少在原则上为真正的双性恋和更多不同的情欲感觉和体验创造了空间，就像它在幻想和行动之间作出区分一样。

许多人口统计学研究试图确定同性恋的相对发生率，这种研究要么运用二分的标准，要么运用金赛量表。[①]病源论研究往往专注于提供两个极端。但是，在性科学、人类学和心理生物学领域内的研究者根据几种理由批评对金赛量表的依赖。一些研究者指出，使用这个量表，好像它可以区分出稳定和统一的人类的不同类型。当所研究的这些类型是量表的两种极端情况时，双性恋者就从这个视野中消失了。此外，他们认为，关于人类的不同类型是稳定不变的这种预设，未能考虑到不同社会的性别系统发生的变化，尤其是，性别发育机体化过

---

① 评论性文章参见 Bailey 和 Zucker（1995）；Diamond（1993）。

程中受文化影响的那些方面的差异，以及同性恋和异性恋机体化为不同发育轨道的那些方式的差异。①例如，一些社会要求成年男性在成熟期经历一段强制性同性恋的阶段。另一些社会已经使"第三性"制度化。这些社会中的成员对金赛得分的理解，必定不同于其他社会中的成员对金赛得分的理解，其他社会没有这种强制性阶段，性别角色和身份认同具有不同的模式，或者，表现为在性取向和行为方面的非强制易变性。②

另一些研究者认为，这个量表将性取向从与其相关的其他现象中分离出来。约翰·玛内（John Money）对使用同性恋者这个术语感到遗憾，因为它指向太多不同于情感倾向的行为。他建议将术语同性之爱（homophilia）作为一个更准确的名称。③他进一步提出，一般类别的"性别转换"有三种程度：彻底的转换（他所指的跨性）、部分不受限制的转换（他所指的所谓雄激素血症和雌激素血症）和部分受限制的转换（他所指的所谓同性之爱）。其中每种程度都有情节和连续的模式。尽管玛内担心，批评者可能说，这将把同性恋者或同性爱恋者设定为是异常的，但同样有可能的是，批评者将会反对把性取向或友爱-情欲取向（philio-erotic orientation）纳入性别（gender）中，作为性别转换。相比之下，惠伦（Whalen）、吉瑞（Geary）和约翰逊希望将异性恋和同性恋纳入性别变异的一组更广泛的互不相关的维度中，即包括唤醒程度、性别互动的频率和伴侣的数量，还有伴侣的更加细粒度的各个方面和活动偏好。④显然，捕捉所有这些区别的分类法对这

165

----

① Herdt 和 Stoller（1990）。

② 当然，人们也可以捍卫这个量表，他们指出，在纵向研究中，能够运用这个量表来确定，在具有年龄结构的同性恋的社会中，个人如何经历这个发育阶段。但是，在实践中，这个量表并不以这种方式来使用。

③ 参见 Money（1990）。这个建议的一种结果将会是在下列两个方面作出区分：一方面是在当代社会中的男性同性恋和女性同性恋可选择的或自我认可的同性恋身份；另一方面是在将同性恋当作是人的一个成熟阶段的文化中的那些人的做法和身份认同。

④ Whalen 等（1990）。

种研究设计提出的挑战远远大于对金赛量表提出的挑战。①

最后，对性别偏好的度量受到的挑战，来自对同性恋的持续的文化禁令，以及其他不受规范认可的性取向。保证严守秘密的前提是信任和自我透明，但在这些情况下，这两者都是不可能的。②

于是，对攻击行为和性取向作出足够明确而严密的界定以支持无歧义的研究，被证明比人们最初预期的更加困难。在这两种情况下，造成这些困难的原因和这些困难的本质是不同的。对于攻击行为，通过考察跨标准的稳定性，能够减轻多重标志和度量系统的碎片化结果。但这还是留下了未被论及的抱怨：所考察对象只是攻击行为的一个子集。如果某些攻击性的倾向在社会认可的域境中找到发泄机会，因而未被计入的话，那么，就不清楚这种研究提供了哪种现象的信息。也许，实际上所度量的行为代表某种潜在的失能或病状，而不是这种研究承诺有助于说明的更具体（或更一般）的现象。此外，在自我报告和他人报告之间一贯存在的差距，进一步引发了对通过这些报告来度量构想的有效性的质疑。对于性取向，人们需要进一步的思考和研究，来确定金赛量表的二值或三值（或七值）图表是否太粗粒或太有文化特色，以至于无法进行有用的调查。在某种程度上，这涉及判断人们希望知道什么和为什么想知道的问题。这个问题将在下一章的不同域境中来探讨。

五、哲学分析和行为的界定

对于科学研究而言，除了难以定义和分类行为之外，口语化的行

---

① 另外，人们相信，更加细粒度的分类可能会发现给定类型的行为与造成这种行为的某些经历之间的密切联系。然而，对于应该用怎样的分类系统来替代金赛量表，还没有达成共识。参见McWhirter等（1990a）。

② 关于数据表明自我报告随时间推移的可变性也参见 Diamond（2004）。

为概念本身在不同语境中的用法也不统一。将哪些种类的现象分类为行为，行为的定义是什么，这两个问题都没有得到解决。行为存在着一系列的含义，从特有的活动模式（就像电子在激发态的行为一样）到功能，再到更像是有意的行动，比如：命令要"守规矩"，或者，晚餐时主人的行为举止是粗鲁的还是礼貌的。而且，人们可能将其说成是一种既定的模式或单一事例。这种口语化的不稳定性意味着，我们不能直接明白，对行为的一种科学探究实际上是在调查什么。对这种研究的审查揭示出，研究对象是特殊方式的行为倾向，而不是行为的标志性事例。然而，对这些倾向的限定并没有消除"行为"的模糊性和含混性。

　　哲学家们进一步确定了"行为"的不同的可能含义。他们的动机很大程度上来源于传统哲学对心灵与身体之间的关系和人类自由与因果决定论之间的关系的担忧。大多数哲学家都关注对行为的不同说明所带来的本体论承诺，以及行为的不同定义或特征所带来的可能的说明性承诺。如果行为只是身体的动作，那么，心灵与身体以及自由与决定论的结果将向着同一个方向发展。如果行为不止如此，那么，这些困惑依然存在。①许多哲学家寻找对行为的各种描述或各种界定，而这些本身并不蕴含和具有意向性或无形的因果关系。这种关于行为概念的哲学思考能够被借用过来帮助澄清在解释行为研究时存在的问题。

　　在《说明行为》（*Explaining Behavior*）一书中，弗雷德·德雷茨克（Fred Dretske）试图描述行为及其原因，以便使我们能够理解唯物主义形而上学中的理由概念。②作为他自己分析的引论，他仔细筛查了各种各样的备选行为来研究"行为"的外延。在一种行为事件中，比如说，拉下控制杠，行为既不是事件的原因（无论这种原因是外部的刺激如灯闪，还是内部事件如对灯闪的感知或其他某种神经兴奋），

167

────────────────

　　①　这些将是读者熟悉的哲学家对神经科学家的工作和神经科学家的答复作出的评论。关于最近的事例参见 McGinn（2011）；Ramachandra 和 McGinn（2011）；Searle（2011）。

　　②　Dretske（1988）。

也不是事件的结果（控制杠被拉下或食物颗粒被释放出）。德雷茨克说，行为是一个人、动物、机械设备乃至机器等所做的事情。行为既不是单独的原因，也不是单独的结果，而是导致结果的原因。它是"一个复杂的因果过程或结构，其中，某些条件或事件（C）引起了某些外部的动作或改变（M）"[①]。因果序列中的不同的成因也算作是行为。如果 M，被描述为拉下控制杠的动作，导致了 N，释放出食物颗粒，而 C 是鸽子啄开控制杠，那么，M 导致的 N 和 C 导致的 N 都被正确地说成是行为。"拉下控制杠，释放出食物颗粒"和"鸽子啄开控制杠，释放出食物颗粒"都是对相同行为的正确描述。于是，给定的行为或事件可以得到广义的解释（释放出食物颗粒）或狭义的解释（拉下控制杠），以及抽象的描述（拉下）或具体的描述（啄开）。然而，每一种解释或提到的方式都是领会由内部状态或事件构成的一个复杂过程，而内部状态或事件则是这个过程（例如，某种表征态或意动状态）和过程结果的一种实现（或想要的实现）的一部分和某种意义上的发动者。

德雷茨克还区分了人们可能会询问的两种原因。诱发原因（triggering cause）是直接导致结果的内部或外部事件。[②]这样的一种原因是结构化的整个过程中的一个元素。一种典型的结构可能是，E（灯闪）导致 I（对应于{控制杠→食物}的神经事件），然后，造成 M（鸽子啄开控制杠）。这里 E 是作为其结果 I 的诱发原因，这是行为过程{I→M}的最初事件。另外，结构化原因（structuring cause）要么是能使一件事情导致另一件事情的背景条件的集合，要么是形成背景条件的较早的事件或条件。如此理解的结构化原因，就不是允许任何一个系列的过程都能发生的一般条件（诸如有氧或好身体之类）。它们反而是所讨论的这种行为过程特有的。刚才所描述的 E→I→M 过程的结

168

---

① Dretske（1988：21）。

② 这并不意味着建议说，根本没有相关的其他因素（例如，健康状态），而是表明，导致一个事件而不是一种模式的原因。

构化原因大概是，鸽子接受了一种条件训练机制，学会了将灯闪和啄关键位置能带来食物联系起来，并且，（至少）通过这个行为事件来保持这种联系。本书所审查的进路与某些方面的行为倾向有关，在这种程度上，就最好将它们之间的差异理解为结构化原因，而不是诱发原因。用德雷茨克的话来说，关于人群中的一个人或多个人所表达的行为的原因问题，关系到造成这些条件的因素，即给定的这类事件起到了诱发原因的作用，即开启一个过程，生物体或机理的活动以产生 M 的方式对某个内部状态作出回应。换言之，这个问题是关于各种倾向的差异化养成：为什么人群中一些人具有某些类型的特征，而另一些人则没有？

德雷茨克对他主要关注的问题即理由的概念做了进一步的改进。他说，理由说明了为什么会产生一个特殊的结果 N，而不是如何产生一个特殊的结果 N。"如何"的问题涉及用来产生结果的特殊的动作，例如，是跑步而不是游泳，是用啄（鼻状物或鸟嘴）而不是肢体（蹄或爪子）接触控制杠。后面这些动作的任何排列都可能被认为是相同行为（的一部分），比如，拉下控制杠，但它们涉及神经肌肉系统的不同部分。理由说明行为，而不是运动模式。行为是通过这种或那种运动模式引起外部变化的原因，但这不等同于或可还原为运动模式。鸽子能够学会用嘴或爪触及关键位置；这两种动作涉及不同肌肉和神经，但都能达到相同目标（释放出食物颗粒）。释放出食物颗粒与任何单一的动作类型都不一样。因此，定型的运动行为不是更有可塑性的动物行为的一个好模型，更不是人类行为的一个好模型。当然，在某些情况下，就机理而言，成为这种行为的运动元素的动作模式可能只有一种。恒温器通常只以一种方式运转，但尽管如此，它调节温度的行为也不止是弹簧和双金属片的运动。 *169*

贝伦特·恩克（Berent Enç）进一步采纳了这种观点。[1]恩克是直接将行为作为科学心理学的主题来关注的少数哲学家之一，这有别于

---

① Enç（1995）。

将行为视为传统哲学难题中的一个元素进行研究。他指出，在哲学文献中关于如何理解行为是存有争议的：行为应该"根据身体的动作对环境产生的影响"来理解，还是应该作为"近身的……肢体动作"来理解？这种差异是"开灯"与"举起手臂和移动手指"之间的差异。其中第二种描述深受致力于唯物主义或心理内在主义的哲学家的偏爱。①恩克引用金在权（Jaegwon Kim）所称的"基本的行动"作为这种偏爱的一个事例。金在权寻找能够被贴上行动标签的最小单元：能保证贴上行动标签的复杂行动的最基本的构成部分，比如，支付账单或轻压开关，而不是，比如说，肌肉的收缩。恩克澄清了金在权通过定义行为的"基本"单元或"摩尔"单位所提出的概念。金在权将行为的"基本"单元或"摩尔"单位定义为"以不受认知控制的行为为手段来完成"的那些行为；也就是说，行为的"基本"单元或"摩尔"单位是受认知控制的，但并不是构成行为或手段的所有部分都会受到这样的控制。金在权认为，这些基本的行为是"行为的最小单元"，以及"对于生物体来说是局部的"，也就是说，对它们的描述，不需要提及生物体的其他任何部分，比如，肢体。尽管经验行为主义的杰出拥护者斯金纳没有在这个问题上明确表态，但从他的论述中可以可靠地推出，他也是这么认为的。

与最低纲领论者相反，恩克认为，行为的单元是或应该是心理学说明的对象，但不是或不一定是或并不总是与生物体的动作范围完全相同和只限于生物体的动作。完成动作的环境与确定它们是什么行为有关，因而对它们的适当描述将包括外部因素，比如，斜坡的陡度或表面的黏性。行为的各个摩尔单位之所以是行为，是因为它们对生物体起到了功能性的作用，以及因为生物体对环境作出反应，详细阐述这种作用涉及引用生物体的环境中的各个元素。②

① 这并不是说，这两种主义是等价的，而是恰好说，这两者都要求对行为作出最低限度的描述。
② 恩克的论证诉诸①心理学的各种动物实验，这些实验显示出以下二者的不同：训练动物在某种强化刺激下产生生物种典型行为，训练动物在某种强化刺激下产生非生物种典型行为；②对实验工作的分析，这些分析揭示出，对行为的分类依赖于行为的进化史，从而依赖于行为的功能。

第9章 定义行为

尽管德雷茨克和恩克具有不同的哲学目标，但就经验行为的研究议题而言，他们提供了类似的经验教训。德雷茨克对行为的方式和原因的区分意味着，将行为概念局限于具有目的的各个过程，也就是说，具有作为其目的或典型效果的一种特殊结果的那些过程。如果研究者以这个概念为基础，那么，他们度量行为发生的标志将需要通过个人的目的或典型效果来识别。这可能会导致所研究的结构成分更加碎片化。另一种选择是，从这种定义中删除目的或典型效果，这将会增加自然环境中的人类行为与很容易进行系统调查的行为形式之间的差距。

德雷茨克在鉴别行为时强调结果的作用，而恩克则强调环境域境的作用。如果我们接受恩克的观点，分类为攻击行为的行动就需要有目标和背景，而且不能只是身体或肢体的动作，不能独立于行动的环境目标或背景来描述。有人提出确立或研究受遗传影响的"行为"清单，包括饮酒、攻击行为和反社会行为，以及性取向，而且还包括亨廷顿舞蹈病、杜氏肌营养不良症和阿尔茨海默病（还有双相情感障碍和其他精神疾病）。尽管后面这些疾病，也像攻击行为或性取向表现出的动作那样，肯定涉及我们所说的全身性的动作，但是，这种动作来自生理或解剖的病症，即神经或肌肉结构的破坏或萎缩，并不需要提到环境、目的或典型效果。如果一位研究者只对基因或神经结构感兴趣，那么，在一个框架下将这些现象——或许是身体移动的现象——合并起来，就不太重要。如果感兴趣的问题是，生物体所做的事情，那么，这就很重要了。如果疾病和精神障碍是根据生理学研究来鉴别而不是根据"正常"人的功能来鉴别，那么，对以下主张需要作出相当不同的评估：给定的人类行为受基因、父母的抚养方式或某种其他因素影响很大。将病理性行为视为类似于感兴趣的其他行为，为将后者也视为病理性行为奠定了基础。尽管许多研究者对这种区分很敏感，但他们往往仍被迷惑，因为这种研究是通过不同的渠道进行交流的：首先是原始研究报告，然后是评论性文章、科学杂志、面向大众传播的杂志或报纸。

研究看法或评论中泛化表述的增长，类似于将某种行为的动作标志与（困扰解释攻击行为研究的）行为本身相混合。两者都可以称为"过度提升"。①抵制这种提升将使亨廷顿舞蹈病不再属于攻击行为，即使它们类似于攻击行为或偶尔具有与攻击行为一样的效果。我觉得，某些亨廷顿舞蹈病患者进行的被贴上敌意或攻击标签的动作，可能更像是该病的无意动作，而不是恶意或愤怒的表达。我不确定，对阿尔茨海默病或亨廷顿舞蹈病的现象的了解，是否足以在这里做出可靠的断言，但如果所讨论的动作结果是神经障碍的问题，而不是认知的/情感的再定位，它们就恰好与校园里的恐吓行为、穷乡僻壤的暴徒的行为，或者，配偶虐待者的行为，不属于相同的类别。

人们在阐述人类性取向的本质和原因时，也能运用恩克的分析对某些动物实验的价值进行质疑。强调果蝇的一个基因会在这种物种中引起成为交配行为一部分的动作，并不一定表明，在实验域境中的这些动作等同于交配行为或性取向。它确实表明，与身体运动相关的基因会受到环境因素的影响，但还需要进行更多的工作，才能支持在这种物种中关于导致性取向的说法，乃至需要进行更多的研究，才能将果蝇的这种身体动作序列视为人类性取向的模型。恩克引用这种动物研究来表明，不同的"预先联合的"运动序列，能够在相同的生物体中，提升相同的功能，因而算作相同的行为，而且，相似的预先联合的运动序列，能够在相同或不同的生物体中，提升不同的功能，因而算作不同的行为（的一部分）。这里的域境要求将一种行为与另一行为区分开来。不需要太多的想象我们就可以看出，相同的动作序列在一种域境中可能是性取向，而在另一种域境中则并非如此，或者，某种其他序列在一种域境中可能构成了攻击行为，而在另一种域境中则并非如此。当然，域境将真正的攻击行为与玩耍和表演区分开来，将

172

---

① 关于得到大量引用的著名例子参见 Koshland Jr. (1989)。

进攻性的攻击行为和防御性的攻击行为区分开来，等等。确定研究中所讨论的行为是什么，要求确定这种域境中与功能相关的各个特征。这要求对情境作出解释，使得识别行为的观察形式，远比上文允许的形式复杂。

德雷茨克关于区分行为的方式和原因的强调，将鸽子啄击关键位置的理由确认为是它相信：啄的行为将会带来它渴望的食物——这是对人类行为体系的简化。然而，更有趣的是，这意味着在非人类的行为之间作出一种可能的区分。定型的运动行为，比如，骑乘、脊柱前凸，或者，啮齿类动物的侧翼标记，能够通过干预基因或激素来诱导。它们也能够通过操作性条件反射来诱导吗？如果答案是否定的，人们就有可能试图提供在能够用作人类行为模型的那些动物行为（容易受操作性条件反射影响的那些动物行为）和不能用作人类行为模型的那些动物行为（通过操作性条件反射无法更改的那些动物行为）之间作出区分的根据，或者，至少将动物模型与人类行为的不同类型进行配对。对动物的许多遗传和激素研究可能证明与理解人类行为无关（有别于对人类某个方面的遗传学和生理学的理解），除了由遗传、激素或神经生理异常引起的那些行为。

德雷茨克和恩克的建议都意味着，在解释运用诸如本章前面讨论的那些实施方式对人类行为进行的不同研究时，应该谨慎小心。一种实施方式，不包括谈到的典型效果，或者完成动作的环境，就不太可能在自然背景中近似于人类行为。[①]这可能是太广义，无法捕捉到真正的人类行为，或者，这可能是太狭义，无法充当这种研究希望阐明的行为的代理者。

在涉及有关人类暴力和攻击行为的遗传学研究前景的一篇文章中，艾伦·吉伯德（Allan Gibbard）作出了某种进一步的区分。[②]他从进化心理学的视域探讨这个话题，但他的重点是可能会有暴力事件

---

① 关于行为构成的实施与阐明之间的差距，参见 Longino（2002）。
② Gibbard（2001）。

173 （或延伸到其他类型的行为）作为其结果的一系列广义的因果路径。这些路径类似于前几章分析的那些进路，而且，范围从这样的遗传突变，即它导致了一个人表达行为 B 的发生率大于她或他的社会中其他人表达行为 B 的发生率，到这样的环境条件，即相对于没有行为 B 倾向的那些人的存活率而言，它提高了具有行为 B 倾向的那些人的存活率，到抑制或增加一种给定行为的激素结构，再到调节这些激素结构的环境条件，中间还有许多其他可能性。在这块画布上绘制图景时，吉伯德在两类待说明项之间作出主要的区分：在暴力情况下，区分个人的（暴力）行动和"暴力的条件规划"。一种条件规划可能是，"如果相同性别的同种生物接近自己，而且比自己小，就会进攻"，或者"如果相同性别的同种生物接近自己，而且比自己大，就会逃离"。如果触发的环境条件根本无法实现的话，持有这种条件规划/行为纲领的个体就从来不会打斗或逃离。吉伯德强调说，进化心理学是关于这些规划或纲领（或实现这些过程的倾向）的演变，不是关于行为本身的演变。相比之下，行为遗传学是关于一种环境中的群体行为性状的遗传力的演变，并且，将可度量的行为事例（以及与所度量行为相关的亲属事实）作为证据。证据是关于人群中个人之间可度量的一种性状表达的差异，而不是关于内在的心理状态。既然进化心理学研究的行为规划是（如果它们确实是适应性调节的话）物种的特征，那么，在拥有行为遗传学研究的这些规划的人群中，个体成员之间根本没有任何差异①，而且，在通过这些规划指定的行为表达方面的任何差异都将是环境的结果，不是遗传差异。

吉伯德的妙语是，行为遗传学（他的意思是指，定量的行为遗传学——遗传力研究）在理解困扰当代社会（比如美国）的暴力问题时几乎是无用的。相关的问题不是为什么一些美国人是暴力的，另一些

---

① 在这里，不论是吉伯德，还是他的资料来源，都忽视了这样的可能性：自然选择可能有利于群体内部一种特殊的非普遍的条件规划的分布。确实，进化心理学关到推定的具体性别的行为（或行为规划）。

美国人则不是（虽然这是实情，也可以被研究），而是为什么美国的人际暴力程度高于（比如说）瑞典或意大利的人际暴力程度，以及，是否和为什么暴力行动的不同类型可能在这些不同的背景中占有支配地位。既然这些背景和差异是新近的，不可能是自然选择的结果，那么，进化心理学在这里也将是不太相关的。　　　174

　　吉伯德的讨论至少揭示了涉及描述特殊行为的科学研究纲领可能质问的三类问题。第一类问题是质问，如何和在多大程度上能够说明群体变异。第二类问题是质问，如何和在多大程度上能够说明群体共有的一种性状。正如他指出的那样，行为遗传学与其中的第一类问题相关，进化心理学与其中的第二类问题相关。一个是研究遗传力，而另一个是研究行为的性状在多大程度上是可遗传的。吉伯德指出的区分并不总是得到遵守。这可能是因为可遗传的和被遗传的通常与学习到的形成对比，这可能解释了它们并不罕见的共存。

　　吉伯德也提出对涉及行为现象的第三类问题的关注。当表征各种行为的发生率时，当代人群是互不相同的。什么能解释这些差异？在这里，为解释个人之间的差异所设计的方法（行为遗传学，或者，家族或发育心理学）和为解释物种之间差异所设计的那些方法（进化心理学）都没有任何帮助。前者是因为它们的发现只能被应用于群体内部，后者是因为我们关注的这些群体是相同的物种。物种的差异或适应在当代人类群体（他们本身很大程度上是物种内部混合的产物）形成很久以前就发生了（由于一种性状固定下来是需要时间的）。第三类行为现象是关于群体的特性，而且，不可能运用为研究单个生物体的特性或群体成员之间的异同所设计的方法来研究。

　　这些哲学反思提出的问题是，在可度量的行为事例或单元中应该包括什么，也就是说，行为的适当的本体是什么。本章前面概述的大多数研究进路共享了关于行为的一种主要的推测，即行为是个人的特性。根据这个假定，为了理解行为现象，必然要考察个人倾向的成因。上文所提到的少数研究已经暗示了思考行为本体论的不同方式。　　175

拉维格和斯佩尔兹（Speltz）的研究着眼于父母-孩子和父-母二元体中的互动。①人们有可能将这些互动看成是二元体的特性或一个二元体（或三元体或 n 元体）综合体的成员之间的关系，而不是个人的特性。

从互动和关系的角度来思考，就是要提升系统性的层次。关于动物行为的许多思想家猜想，替代个人思考的是集体思维。②于是，这种二分是个人的本体论和群体的本体论之间的二分。但关于行为关系的思考提出了一个中间的本体论层次，即小组的本体论，成员从两个人到四个人或五个人，这是更大的社会群体的一部分。尽管小组的成员会发生变化，但关键是，行为是在小组成员间的回应与互动的域境中的行为。相同的动作可能在一个域境中是攻击互动的一部分，但在另一个域境中却是和平互动的一部分。这里出现了两种本体论的可能性。在那些认为行为只有附属于一个人才有意义的事例中，行为之所以是行为，是因为完成了构成动作的域境。在另一些事例中，行为可能需要被理解为由两个人或更多的人来完成，也就是说，行为可能需要概念化为互动，而不是行动。

灵长目动物学家弗兰斯·德瓦尔（Frans De Waal）明确地呼吁这样一种研究攻击行为和更一般的社会行为的关系进路。③他不太关注行为的本体论，而是强调，包括人类在内的灵长目动物是社会性的动物，总是处于关系网络中。它们的行为发生在这些网络和关系中，并且，由于行为发生的特殊网络和关系，才具有行为表现出的特征和功能。对于他而言，攻击行为恰好是物种行为的全部构成的一部分，而且，与其他行为相结合，构成物种社会生活的结构。

不论在哪一种情况下，人们必须度量的是在一种指定域境中的动

---

① Lavigueur 等（1995）；Speltz 等（1995），在第 3 章中有所讨论。这些只是关注相互作用的许多研究事例中的两个事例。

② 参见，例如，De Waal（1989：24）："研究行为的全局的视域有三种……整个群体……个人……遗传物质。"

③ 这与刚才指出的三元体划分有某种冲突。德瓦尔很可能通过说，个人的行为必须作为互动来进行关系研究，来调和这两种立场。

作，或者，是在两个人或更多人之间的互动。这些替代的行为本体论
更好地回答了吉伯德的第三类问题：为什么两个不同的社群在一种给
定行为的发生率及其分布方面会有所不同？[1]已经证明，其他灵长目动
物的不同群体在攻击行为的发生率方面也呈现出不同。当基因频率相
同时，什么将能解释不同的行为模式呢？关于性取向的人类学研究也
提出了类似的问题。为什么同性互动的时间和频率在不同人类社会中
是不同的？同性互动的分布，在指定的时期内，在给定的社会中，是
如何变化的和为什么会变化？这里关注的焦点是，在不同群体中，性
表达的发生率是不同的。[2]因此，作为考察对象的行为被视为是一种群
体层次的特性，而不是个体层次的特性。所考察的问题关系到行为在
不同群体中的发生率和/或分布是不同的。这些是由第 7 章描述的行为
学和生态学进路所解决的那类问题。

将相互作用的域境概念与群体的行为概念相结合导致了与个体主
义的本体论完全不同的本体论，个体主义的本体论描述的进路卷入了
所谓的先天-后天之争。在相互作用或群体的概念中，当人们专注于个
体的变异时，度量的对象，即互动和互动的频率与分布，是各不相同
的。先天-后天之争的问题只代表我们研究人类行为问题的一个子集。

六、结　　论

我们对人类行为是如此熟悉，以至于难以获得足够距离来为调查

---

① De Waal（1992）也将这接受为是关于一般暴力行为的核心问题。对于他来说，攻击行为
只不过是所有的群体成员都可使用的一种策略，而且，可能既是适应的，也是不适应的。问题是：
为什么不同的社会体现出不同的层次？德瓦尔认为，倭黑猩猩社会和其他灵长目社会，在它们呈现
出的攻击行为（和互动）的层次方面，有着显著的差异。更加新近的工作意味着，它们在圈养和野
外的攻击性和性取向是相当不同的，因而使德瓦尔的具体观察受到质疑。

② 如果这些问题将会揭示出性偏好的整个变异范围的话，想象一下，这种调查将是多么丰富。

的目标设计稳定的和富有意义的构想。形成本书主题的这两个行为家族，是特别难以捉摸的。攻击行为，即使在窄化为蒙受来自日常生活中的人际伤害时，也会分解为不同的度量标志。试图将其中的一种标志与一种推断的构成原因的因素做相关联的研究，如果是成功的话，就会意味着，行为的标志是由这种因素导致的。然而，如果没有稳健的跨标志的一致性，这样一种研究就只限于与所研究的特殊标志相关，而不是更大的类别。此外，即使具有跨标志的一致性，也不能保证，如此实施的构想可以提供关于在日常的域境中的行为的信息。可度量的各个标志是通过民间对攻击行为的理解而联系在一起的，而且，当一种成功的研究能够提供某个子类或子群的部分知识时，它就会受到研究范围的限制。另外，对性取向的关注可能掩盖了与情欲关注/唤醒的对象互动相关的性别变异的其他维度。这里的部分性是由于过分粗粒度的度量手段，而不是标志的多样性。

（进一步研究）这些标志的难点不是关系到它们的多样性，而是关系到它们是否能包罗现象并允许对其充分理解。根据不同识别标准和个性化标准，不仅对构成原因的因素作出不同的解析，而且对所说明的这些现象也容易作出不同的解析。在任何一种给定的进路中，什么是行为，什么是可被度量的，都不是在这些现象中给定的，而是随着研究者寻找答案的问题类型的变化而变化的。正如上文建议的那样，在关于基因表达或生理的问题驱动了这种探究的情况下，行为的差异和共性的遗传和生理相关性，为进一步研究生物体的运行机制提供了线索，并不一定是作为对这些行为的说明。当行为成为关注焦点时，对行为概念的哲学分析指出，有必要更加小心谨慎地选择对行为的度量标志和度量方法。关于适当的本体论或行为的单元没有独一无二的普遍答案。适当的本体论随着所提出的问题的变化而变化。问题很多，并反映了认知兴趣和实践兴趣的多样性。

第10章 行为科学的社会生命力

前几章已经剖析了行为研究的证据和概念的各个方面。在这里，我们将考虑这些研究在公共领域内的事业发展。有些评论者假定，在文章内容所描绘的研究进路和政治结果之间存在着直接关联。当评论者只关注其中的一种进路时，情况尤其如此。我将论证，这种关系比评论者通常所以为的更加微妙和更加间接，但却是同样值得关注的问题。

正如对第1章提到的对"遗传因素与犯罪"会议的反应所显示的那样，否定性的评论往往关注行为的遗传学和生物学进路。但是，本书的部分任务是表明行为研究中的不同进路。确实，有人可能会说，应该充分地审查任意单一进路可能会带来的有害的社会影响。此外，很多研究并不引人注目，因为它们对政策、实践或公众的态度几乎没有或根本没有产生影响。然而，行为研究激发了比往常更多的兴趣，因而通过流行的科学期刊版面、报纸的科学版块、其他大众媒体的发布以及研究者本人为业余读者撰写的科普读物，找到了向公众推广的途径。通过这种界面，决策者和一般公众获悉了科学理解现状的图景。为了认识到所讨论的研究产生的影响，人们就有必要明白，知识传播的这些渠道是如何筛选知识的。

一、知识的传播

在许多研究助理的协助下，我首先精选出不同进路的有代表性的文章，然后，对这些文章的吸收传播进行了分析。我们研究引用模式、在大众媒体和科普出版物上对行为研究的报道，以及研究者对普遍感兴趣的书籍的评论，①目标是获得在研究域境中和研究域境与非专家的读者之间观念传播的一个更完整的图景。只有在做到这一点之后，才有理由谈论这项工作的社会影响，本章第二部分对此进行了反思。

1. 同行之间的吸收

在桑德比的协助下，我分析了对前几章提到或讨论过的几篇文章或论文集的引用情况。②这种分析的要点是了解这些文章中的内容如何被其他研究者所接受。我们既运用了《科学引文索引》（SCI），也运用了通过谷歌学术获得的引文记录。虽然在引用信息中包括了著作和期刊，但接下来的分析只限于期刊。令人感兴趣的两种比较是：①引用的相对数量；②引用在不同类型的出版物中的分布。在查看了一些引用和引用所涉及的期刊标题之后，我们例举了八类期刊：研究类、临床类、临床/研究类、政策类、政策/研究类、政策/临床类、政策/临床/研究类、普遍兴趣类和混合类。③内容摘要和文章本身提供了

181

---

① 对于哲学家来说，这个项目的经验部分是最有挑战性的，而我得益于一众研究助理的帮助。郑延博、霍尔顿、巴萨拉巴、席尔瓦和桑德比都对这项工作做出了贡献，追踪和系统化了大量的信息。信息技术极大地缩短了项目的这部分研究周期。在图书馆里耗时费力地搜索，由连接到图书馆数据库、电子（和数字）期刊或谷歌学术的电脑上的指尖命令取而代之。尽管这种分析无疑能够更加广泛而深入，但我认为，这个初步的概述足以对吸收模式提供一个总的看法。关于研究大众媒体对科学的表述的一个事例参见 Nelkin and Lindee（1995），尽管仅限于这项工作所评论的进路之一。

② 初步工作是由霍尔顿、巴萨拉巴和席尔瓦完成的。

③ 我们对这些类别的界定如下：研究类：主要关注研究的任何期刊，"研究"包括基础研究、实验研究和提供理论信息的研究。临床类：主要致力于讨论、评估、诊断或治疗病患的任何期刊。这包括医学期刊和专门针对医疗领域的从业人员的期刊；研究通常是这些期刊的一部分，因为大多数临床导向的期刊至少部分地以研究为基础。临床/研究类：发表临床文章和与某个具体主题[比如，《人格障碍期刊》（Journal of Personality Disorders）、《癫痫期刊》（Journal of Epilepsy）]相关的研究文章的期刊；对基础研究和临床研究给予同等重视的期刊；以及主要内容是研究，但研究的主要明确目标是提供临床实践信息的期刊。政策类：聚焦于政策、法律或正义的期刊。政策/临床/研究类：致力于代表研究、临床实践和政策相交叉的广泛话题的期刊——在这些类型的期刊中，每一类期刊似乎都同等相关。致力于社会工作和服务、攻击性/虐待/辱骂/精神创伤、药物滥用和成瘾、公共卫生和预防医学等，通常都属于这个类别。政策/临床类：类似于上面的类别，但较少强调研究。政策/研究类：类似于上面的类别，但较少强调临床实践。普遍兴趣类：非专业的或大众传播媒体。混合类：聚焦于理论、哲学、总体上不相关领域内的研究等。

内容信息，期刊分类将内容信息导向预期的读者。在许多情况下，在临床类期刊上或政策类期刊上发表的文章，似乎与在研究类期刊上发表的那些文章，在内容上几乎没有不同。仅有的不同之处在于预期读者，即前者适合对研究的潜在临床或政策应用感兴趣的读者。最后，引用次数告诉我们，有关一篇文章或一组文章产生的相对影响之类的事情。

卡斯皮和莫菲特概述的研究进路引起了很大的兴趣。尽管其他人可能在追求类似的思路，但卡斯皮和莫菲特的研究，成功地引起了当地的同行研究者和非专家级的研究者或爱好者，还有像《科学美国人》之类的大众化的传媒，以及哲学家的注意。对引用他们工作的一组文章的研究揭示了其在研究、临床和政策域境中的吸收情况。[①]将具体的基因突变和感兴趣的行为相联系的文章得到更多的引用，拥护相互作用论进路的那些文章与卡斯皮和莫菲特的文章最有关联。尽管有几篇文章引用了 2006 年《自然-遗传学》（*Nature Genetics*）对他们的GxExN 进路的介绍，且揭示了否定基因-行为相关联的结果，但大多数人要么在显示基因-环境互动的相互作用的框架内介绍特殊的研究，提出了方法的改进或者促进了 GxE 或 GxExN 进路，要么告诉新的支持者，GxExN 进路与他们的关注相关。表 1（参见附录）显示了对卡斯皮、莫菲特和不同的合作者截止到 2009 年年中发表的一组文章的引用分布。[②]

在引用卡斯皮和莫菲特工作的文章中得到的相互作用进路来研究的行为和疾病，包括抑郁、焦虑、创伤后应激障碍（PTSD）、恐惧症、自我伤害和自杀、违法行为、注意缺陷多动障碍（ADHD）、药物滥用（包括非法用药、酒精和尼古丁）、饮食紊乱病症、双相情感

182

---

① 这些文章包括，Caspi 等（2002）被引 2513 次；Caspi 等（2003）被引 4205 次；Caspi 等（2005）被引 446 次；Caspi 和 Moffitt（2006）被引 535 次；还有用来建构附录表 1 的那些。（2012年 5 月查到的引用数字）

② 根据 Kim-Cohen 等（2004）；Moffitt（2005a；2005b）；Moffitt 等（2005）。

障碍、精神分裂症、反社会行为和攻击行为。这个模型被认为在治疗与应激相关的各种身体疾病时也是有用的，比如，慢性疲劳、纤维肌痛综合征和肠易激综合征。在动物模型中，它被用来研究早衰、应对压力、躁狂症和免疫系统功能。一定数量的研究正在识别从基因到行为的路径中的中间疾病（内在表型），比如，冲动和行为抑制。另外，该研究与蛋白质相关，这些蛋白质的产生受到有关基因和特殊的大脑与神经系统状态的影响。如多种环境因素一样，多种基因也在被研究。研究方法的改进包括克服小样本数量问题的计算模型、界定和分类的改进、增加作为因素的性别和种族、特定分子/遗传结构作用的神经模型，以及利用所谓的"自然实验"的方法。对该研究的评论发表在公共卫生和卫生政策类期刊上，以及专门研究行为科学与法律之间关系的期刊上。[①]而且，美国国立卫生研究院行为和社会科学研究办公室在 2008年宣布了一项计划，来支持对行为问题的跨学科和整合研究。[②]

相比之下，引用戈特利布工作的文章集中发表在研究类期刊上，其理论内容与经验内容之比为四比一。我们选取了戈特利布的两篇文章和两本著作进行分析。引用这些工作的理论性文章中的内容包括，提议理解遗传、生理和环境因素的相互作用，以及呼吁将发育研究纳入进化研究和进化心理学中。经验性文章涉及内分泌和行为发育、妊娠期母体代谢和后代的智力、黑猩猩的模仿学习、人类行走的时机，以及经历对新生儿的强化作用。在五篇目标文章及其评论中发现，在《行为和脑科学》（*Behavioral and Brain Sciences*）期刊的研究类别中出现了引用的多元性。与其他任何一位合作者报道的工作不同，戈特利布的工作也在哲学期刊（混合类）上得到极其大量的引用。表 2（参见附录）显示了戈特利布工作的引用分布。[③]

183

---

① Criminal Science and the Law，Forensic Psychology，Psychology，Public Policy and the Law，Psychological Science in the Public Interest，Social Policy and Society，American Journal of Public Health，以及其他认识论和公共卫生期刊。

② Mabry 等（2008）。

③ Gottlieb（1991；1997；2001a）；Gottlieb 等（2006）。

科卡罗关于血清素的工作显示出类似于对卡斯皮和莫菲特的工作评价的模式。尽管他的某些出版物得到五百多次引用，但我们选择一组更容易处理的数字来研究。[1]如表 3 所示（参见附录），在期刊引用的 139 次中，研究类期刊引用 48 次，临床类期刊引用 17 次，临床/研究类期刊引用 60 次。

查看单篇文章，而不是主编的文集，进一步揭示出行为研究中的引用模式。戈德史密斯（Goldsmith）和格特斯曼在 1994 年发表的一篇文章，提供了从行为遗传学视域研究反社会行为的一个案例，它在研究类期刊中的被引率略低于 60%。[2]其中绝大多数引用它的文章是与戈德史密斯和格特斯曼的一个或另一个建议相关的经验研究（关于遗传对反社会行为的重要影响，但不是决定性的影响）：一个建议是认为共同抚养与遗传/遗传力对行为有影响，另一个是关于特殊的行为性状的建议。其中，被我们分类为理论性的文章，大多数聚焦于度量或分类的方法问题，而不是提出新的模型或改进。它在临床导向的期刊上有许多引用。有趣的是，这些引用它的文章往往是在遗传作用和环境作用不加区分的情况下讨论家族的（血缘的）相关性。

更近的一篇文章提出了类似的但是更新的观点，这是由李和沃尔德曼在 2003 年发表的关于攻击性的行为遗传学研究的元分析文章。[3]这篇文章得到的引用远远高于对戈德史密斯和格特斯曼工作的引用，得出的分布也略有不同。在研究类期刊上的引用占了略低于 40%的比例，而在分类为研究和临床联合的期刊上几乎有同样多的引用。尽管政策和临床类研究对戈德史密斯和格特斯曼工作的吸收是可以忽略的，但对李和沃尔德曼工作的引用中，与政策相关的期刊上的引用至少有 12%，来自临床和研究类期刊上的引用有 36%（与对戈德史密斯和格特斯曼工作的引用略低于 15%形成对照）。此外，在明确关注犯

---

① Coccaro 等（1992）；Lee 和 Coccaro（2001）；Best 等（2002）。
② Gottesman 和 Goldsmith（1994）。
③ Rhee 和 Waldman（2002）。

184 罪学的期刊上的引用至少有 7%。部分原因是：李和沃尔德曼在犯罪学会议上报告过文章的一个版本。引用情况和会议报告证明，犯罪学文献对遗传分析感兴趣。

威多姆在 1989 年发表了关于童年遭受虐待对其后来的犯罪产生影响的文章，该文章显示了一种更加不同的引用模式。在只刊发研究类文章的期刊上的引用低于 20%，还有 20%的引用出现在刊发与临床实践或政策相关研究的期刊上。在包括关于政策、临床应用和相关基础研究工作的期刊上的引用率最高（39.7%）。在这些与政策类相结合的期刊中的引用分布在法学和犯罪学期刊、公共卫生期刊，以及社会工作期刊当中。

精读这组引用文章的内容，可以看出几个特征。我们能够在进路内部的吸收和跨进路的吸收之间作出区分，有些文章追随或支持所引用文章的进路（例如，行为遗传学的文章引用其他行为遗传学的文章），这些引用反映了进路内部的吸收；有些文章的进路反映出不同于所引用文章的进路（例如，行为遗传学的文章引用社会环境的文章），这些引用反映了跨进路的吸收。在同类研究中，跨进路的互动非常少——格特斯曼和迪拉拉对威多姆的答复是例外。大多数进路内部的研究吸收，都关注进路的扩展方式，该进路与所引文章或遵循相似解释进路的研究报告相关联。遗传学和神经生理学进路，在面向临床读者的期刊上，得到了大量的引用，而发育系统进路依然只在研究类期刊的域境中才有所吸收，在政策类或临床类期刊上几乎没有吸收。尽管在面向政策的期刊中的引用数量截止到 2005 年仍然可忽略不计，但也应该注意到，在此后的这些年里，出现了促进生物学各方面观点（遗传学、神经生理学、"生物社会"）的许多文集或教科书。①

当我们考虑对第 7 章讨论的群体层次研究者的工作的引用情况时，我们发现，其与上面的模式既有类似之处也有不同之处。虽然布鲁姆

---

① 包括但不限于 Anderson（2006）；Glicksohn（2002）；Walsh 和 Beaver（2009）。

斯坦关于他所说的"犯罪生涯"的早期工作得到了广泛的引用[1]，但他关于监禁率上升和犯罪率稳定之间令人困惑的关系的更近的文章，在期刊上只得到 18 次引用。[2]大多数引用出现在政策类或政策/研究类期刊上，在研究类期刊上的引用只占 11%。引用文章的主题包括监禁政策、犯罪率（包括杀人和贩卖毒品罪等）和家庭暴力。有一两种期刊是一般的社会学或公共卫生类的期刊，但大多数期刊是专门刊发犯罪学、法学或暴力方面研究的期刊。尽管对李和沃尔德曼的工作的引用分布正好颠倒过来，但在总共 186 次引用中，有 7%的引用是在犯罪学期刊上，12%的引用是在政策类期刊上，这些次数就多于对布鲁姆斯坦工作的总引用次数。到 2009 年，费根和合作者在 2004 年和 2003 年发表的关于犯罪率、逮捕率和社区特征之间关系的文章，得到的引用分别是 2 次和 5 次。[3]这种基于群体的生态学进路，比关注个体的成因研究，得到的吸收要少得多，无论这些研究关注的是遗传的、环境的、生理的，还是关注整合的成因。[4]截止到 2011 年 8 月，山姆普逊（Sampson）、劳登布什（Raudenbush）和厄尔斯（Earls）的研究得到的引用超过 2000 次，但这些引用的文章关系到将集体效力模型应用于公共卫生的议题，比如，糖尿病和肥胖、种族犯罪问题、社会组织和社区结构。[5]关于犯罪或犯罪率的引用，则微乎其微。

巴里·亚当关于性取向和群体层次因素的工作得到的引用次数（在期刊中被引用 23 次）类似于布鲁姆斯坦工作得到的引用次数。[6]然而，因为他的文章是十多年前发表的，这表明，吸收情况并没有可比性。引用文章有 70%以上发表在研究类期刊上，略低于 20%的文章发

185

---

[1]　Blumstein（1986）。

[2]　Blumstein（1998）。

[3]　Fagan 和 Davies（2004）；Fagan 等（2003）。

[4]　到 2005 年。

[5]　ISI 科学网：http://apps.Webofknowledge.com/（2011 年 8 月 16 日访问，检索"Sampson, Raudenbush and Earls 1997"）

[6]　Adam（1985）。

表在政策/研究类期刊上，略低于9%的文章发表在混合类期刊上。除了两篇文章之外，其他所有文章都发表在与性别和/或性取向有关的期刊上。米尔德丽德·迪克曼（Mildred Dickemann）的类似主题的文章得到9次引用，其中大多数是关于北美印第安人的各种文化中性取向的文章。①相比之下，谷歌学术的数据显示，贝利和皮拉德对男性同性恋的遗传学研究得到406次引用。②哈默及其同事发表的研究XQ28的第一篇文章得到550次引用。③对贝利和皮拉德工作的引用主要出现在关于性取向的文章中，也有少数引用出现在关于一般行为或人格的决定因素的文章中。对哈默等人工作的大多数引用同样集中在关于性取向或性行为的文章中，少数引用出现在关于分子遗传学的文章中，还有少数引用出现在关于遗传对更普遍行为的影响的文章中。

这里能够鉴别出几种普遍的趋势。在通过引用量来度量关注度的情况下，聚焦于把行为的成因概念化为个人现象的研究，既在行为方面的文献中占有支配地位，也受到了更多的关注。关于攻击行为的研究被认为与关于其他行为或行为家族的研究有关，而且，与行为研究的一般进路有关，而关于性取向的研究则主要被探讨性取向的其他研究者所接受。这就有理由认为，关于人类性取向的研究将依然与人类行为的其他方面的研究隔离开来，在别的地方被引用，多半是为了达到为一种特殊的理论进路增加证据的目的。④在非学术媒体中，主要是与性取向或性行为相关的书籍和期刊，或者，与同性恋文化和政治相关的书籍和期刊，对关于性取向研究的关注度，高于对关于攻击行为研究的关注度。聚焦于个人行为的研究在这些非学术场合受到的关注度，高于与巴里·亚当有关的群体进路受到的关注度。由此产生的印

---

① Dickemann（1993）。

② http://scholar.google.com/scholar（2009年8月19日访问，检索"Bailey and Pillard 1991"）。

③ http://scholar.google.com/scholar（2009年8月19日访问，检索"Hamer, Hu, Magnuson, and Pattatucci 1993"）。

④ 这代表了一种不同于在关于动物研究的文献中，尤其是动物行为学的田野调查研究的文献中发现的模式，这种模式趋向于将性取向与所研究的群体的其他行为整合起来。

象是，与攻击行为、暴力行为的发生率和性取向相关联的真正议题，
是关注个人如何变成倾向于某个方面，相关研究讨论哪些因素对个
人倾向的发育最有影响。例如，关于不同处境的群体变异的群体层次的
问题，在行为研究的专业讨论中，更不突出。①山姆普逊、劳登布什和
厄尔斯的文章已经得到大量的引用，这些引用集中出现在社会学研究
或社区研究的期刊上，而不是聚焦于行为或犯罪行为的期刊上。关于
干预或预防措施的讨论遵循类似于研究文献中的趋势模式，强调关注
个人而不是群体的干预策略。群体层次的变异问题虽然很少出现在对
影响个人倾向的遗传、神经生理、心理/社会-环境等因素的讨论中，但
普遍地出现在哲学家的讨论中，而不是出现在研究者本人的讨论中。

2. 一般媒体的吸收

像上面那样的引证分析显示出，研究是如何被同行所接受的。但
是，它如何呈现给普通公众呢？普通公众所思考的问题是关于人类行为
的重要的科学问题吗？公众认为哪些行为是已知的？提出这些问题的一
种方式是，考察研究在大众媒体或科普类文献中的描绘方式。这里有三
种主要来源：新闻周刊或日报的科学版面的文章和像《科学美国人》之
类的科学期刊的文章，研究者有意为普通读者而不是专业读者所撰写的
书籍，以及对这些书籍的评论。②我的助理和我搜索了关于攻击性和暴
力行为以及性取向的研究论述，还有关于行为研究的理论基础的论述。

（1）期刊上关于攻击和暴力行为的研究

从 1990 年到 2005 年之间，《时代》《新闻周刊》和《美国新闻与

---

① 上面的分析（除了关于山姆普逊、劳登布什和厄尔斯的报道）是基于截止到 2009 年中期
的引用，为了进行比较，以下是截止到 2011 年中期，关于描绘较早讨论的不同进路的几篇文章的
引用量。Kendler 等（2002）介绍关于抑郁症成因的整合模型的文章（强调有害事件的作用，不包
括基因因素）被引用 374 次。Caspi 等（2003）关于转运体基因对抑郁的作用的文章被引用 3302
次。Risch 等（2009）关于卡斯皮小组报告的元分析争论的文章被引用 370 次。

② 在这项工作中，我得到研究助理霍尔顿、郑延博和巴萨拉巴的有力协助。我挑选期刊、设
置关键词和评论结果；研究助理在期刊目录、数据库、期刊索引等中进行搜索。我们没有研究科学
记者写的书籍，也不考虑广播节目（无线电广播和电视节目）中关于科学的报道。

世界报道》每个都发表了 26 篇关于攻击、犯罪和暴力行为研究的报道。其中报道最多的是关于攻击行为的研究和争论，涉及媒体暴力，尤其是电子游戏和电视中的暴力行为对年轻人的影响。《纽约时报》的科学版在这个时期刊发了 28 篇文章，但没有一篇文章关注媒体暴力的研究。

　　《新闻周刊》在这个时期刊发了关于媒体暴力的 9 篇文章，除了一篇文章之外，其他所有的文章都聚焦于媒体暴力对儿童的影响。4 篇文章讨论毒品或毒瘾对暴力行为的影响。1 篇文章介绍了与攻击行为相关的大脑区域的神经科学研究。3 篇文章报道了儿童暴力涉及的成因因素的其他研究（分别是关于托儿所、过分自负，以及丧失和哀痛的研究）。其余的是关于犯罪统计或最近"新闻中"所报道的事件。

　　《时代》也刊发了 9 篇关于媒体暴力和青年人暴力行为之间关系的文章。在其余的 17 篇文章中，2 篇文章聚焦于在枪支供应和青年人暴力的发生率之间可能存在的某种关系，而 1 篇文章报道了《新闻周刊》报道过的关于托儿所的研究，1 篇文章聚焦于将反社会人格障碍作为一种神经疾病来探讨的问题。没有一篇文章关注毒品问题。马特·里德利（Matt Ridley）的《先天后天》（*Nature via Nurture*）是其中一期的封面报道，报道卡斯皮和莫菲特关于 MAOA 研究的标题是"寻找谋杀的基因"。

　　《美国新闻与世界报道》刊出了关于年轻人攻击、犯罪和暴力行为研究的 11 篇文章，其中，只有 5 篇文章关注这种行为与媒体暴力的关系。其他报道介绍了关于指导青年人远离暴力行为的工作或关于统计数据的工作（有趣的是，统计数据表明，整个 20 世纪 90 年代，年轻人的某些形式的暴力减少了）。2 篇文章对人类攻击行为的某种研究进路的现状进行了评论。1990 年关于进化研究的评论，强调了攻击性行为在群体暴力和社会控制中的作用，以及遗传和神经递质对个人攻击行为的成因的作用。1997 年关于"生物政治学"封面故事的文章，涵盖了代表分子行为遗传学所提出的主张，但应该注意到，大多数这样的研究并缺乏可重复性，而且，很难对诸如醉酒之类的行为表型作出界定。某些文章涵盖了与同性恋权利相关研究的主张，并且，在文章的结论中，描述了一种模糊的相互作用论。该杂志也发表了莫菲特在新西兰进行的 MAOA 研究的一个报道，但与《时代》杂志不同的是，标题体现了该研究的交互信息："基因+受虐待=麻烦"。《美国新闻与世界报道》也像《时代》杂志一样，在营销《白板》一书期间，在醒目位置刊出了平克的简介。

　　《纽约时报》的科学版面尤其关注关于攻击行为的文章，心理、社会、神经生理和遗传进路之间的分布相当均匀，其中，遗传进路略占优势。《时报》在采集关于社区变异的"集体效能"进路的数据时，甚至在显著位置刊出了一位研究者费尔顿·厄尔斯的简介。但是，该报纸也醒目地刊出了平克的简介，平克被认为是理解人类行为的科学进路的代言人，还发表了关于克雷格·文特尔（Craig Venter）的几篇文章，文特尔是对人类基因组进行测序的两个团队之一的领导人。其中一篇文章的特色是描述了文特尔合成的染色体，该染色体上有一个区域推定与包括行为性状在内的表型性状相关。[1]

　　在这些大众传播媒体上刊发的关于暴力和攻击行为的研究中，总的来说，关于遗传的研究位于显著位置。对平克和里德利的简介强调了作为研究前沿的遗传学的观点。对其提出的批评只是建议调整某些主张，而不是描述一种替代的研究框架。卡斯皮和莫菲特的工作所提供的相互作用的模型被视为是洞察一个特定的基因是如何运行的，而不是作为思考行为的一个完全不同的进路。尽管关于媒体暴力对儿童和其他人影响的研究的报道更加频繁，但关键问题通常与某种控制的有效性或可取性有关，如父母的管教、国家对出版发行的规定、童锁（V-chip）等。然而，第 3 章所陈述的关于社会-环境对攻击行为的影响的许多研究仍然很不显眼。

---

　　① 　Wade（2007）。

当这些非专业媒体讨论存在着哪些相关研究时，它们区别对待成因的不同进路。关于行为遗传学研究的报道的总体情况表明，未来的研究将会提供关于环境相互作用、基因调控、单一基因病症的更多的知识，与此同时，关于媒体暴力影响的报道则给人留下极不确定的印象。这种区别是微妙的，但意味着，遗传学的研究将会产生结果，而环境的研究，至少在媒体影响方面，将并非如此。此外，大多数研究报告使用的措词，是所研究的因素对个人的直接影响的术语，而不是所研究的因素在群体内部和群体之间分布的术语。而且，即使在报道群体层次的因素时，也是将这些因素视为是对个人产生影响的一个线索。总体的影响是，支持将行为理解为是个人现象，将群体行为理解为是个人行为的集合。①

190 （2）我们特别感兴趣的期刊中关于攻击和暴力的研究情况：1990至2005年

《经济学家》只刊出了与攻击行为相关的17篇文章，其中1篇是社会学家罗伯特·默顿（Robert Merton）的讣告，5篇涉及犯罪统计，2篇（发表在1993年8月同一期刊上）涉及儿童接触媒体暴力的问题，2篇涉及遗传研究，但相隔十年。1992年，该杂志发表了一篇广受欢迎的关于加强分子行为遗传学研究的报告，对环境的相互作用进行了附加说明。2003年，该杂志在显著位置刊发了一篇关于莫菲特和卡斯皮的新西兰抑郁症研究的文章，像他们关于MAOA的工作一样，这项工作也指出了特定基因-环境的相互作用。还有1篇文章是关于脑研究的报道，1篇文章是关于醉酒和攻击行为的报道。其余的是暴力事件的新闻。

《新科学家》刊登了27篇以某种方式研究攻击和暴力行为的文章，

---

① 关于攻击和犯罪行为的遗传学进路的报道可信度缺失，最近有一个令人震惊的事例：《纽约时报》刊发了一篇文章，介绍2011年美国国家司法研究所主办的年度会议，会议主题为"犯罪的遗传基础：一种新的面貌"。这篇文章的特征是，就犯罪行为的遗传和生理基础的研究兴趣的复兴问题，对诸如莫菲特和雷恩之类的研究者进行了访谈。看一下会议日程（2011年美国司法部）就会发现，这些研究者中根本没有人发言，而且，专门讨论遗传学的会议涉及DNA技术在法医学中的运用，而不是在理解犯罪行为时的运用。

7 篇关于媒体暴力的文章最醒目。3 篇文章报道了关于非人类动物的研究：田野调查研究或实验室工作。还有雷恩的简介和他的生理学研究，一篇报道是关于卡斯皮和莫菲特的研究，几篇引用了关于恐吓、自负的工作和关于托儿所、儿童攻击行为的工作的文章。几篇文章涉及毒品和暴力，包括增强和抵制作用。

像大众传播类杂志一样，这些媒体的重点是关注个人的语言暴力。攻击行为是负面的，被描述为暴力的同义词，即须减少或控制的一种现象。

（3）书籍和书评

在所包括的进路中，隶属于每一种进路的研究者，除了自己的科学工作之外，还为非专业的读者撰写了科普书。这些在一般的报刊上被接受为是了解先天-后天之争的入门读物，并以支持这一方或另一方的有效性来进行评估。学术报刊上的评论更有可能是批评性的，评论论证的不足、证据陈述的不完备性或片面性，以及无法解决的相关问题。而这些在一般报刊的评论中却很少见，作者本人对争论的表征，往往不加修改地变成评论者的背景描述，据此评估一本书的意义。①

运用 EBSCO 搜索工具，我们搜索了截止到 2005 年出版的 7 本书的书评。平克《白板》一书关注度最高，在媒体上有 42 篇评论，范围从人类学和遗传学期刊到雅俗共赏的出版物，比如，《纽约客》《泰晤士报文学增刊》《纽约书评》，以及其他大众传播媒体。里德利的《先天后天》有 23 篇评论，而勒沃汀的《三螺旋》（*The Triple Helix*）有 20 篇评论，出版物的范围相类似。对其他四本书中的每本书的评论都不到 10 篇，这四本书是，哈默和科普兰（Copeland）的《基因使我们存在差异》（*Living with Our Genes*）、弗斯脱-斯特林（Fausto-Sterling）的《对身体的性别鉴定》（*Sexing the Body*）、乔纳森·平库

① 这种模式的一个例外是哲学家西蒙·布莱克本（Simon Blackburn）在《新共和国》上发表的对平克《白板》的评论，这个评论强调了概念和论证的不足。布莱克本也在《新科学家》上发表了一篇评论。

斯（Jonathan Pincus）的《本能》（*Instincts*）和奥亚马的《信息的个体发生学》（*The Ontogeny of Information*）第二版。每一本书还有在商业性出版物上的评论，比如《出版人周报》，这些评论提供了关于出版者的市场策略的总结和信息，如果有的话，也发出了这本书预期会产生影响的信号。

这里还是用数字来说话。平克的遗传和进化心理学的宣言受到的关注度是里德利的著作受到的关注度的两倍，在里德利的著作中，基因的影响受环境因素调节（"经过培育"）。勒沃汀反对基因决定论的辩论和对他自己的相互作用论进路版本的阐述受到的关注度比里德利的著作受到的关注度略低一点。其他著作代表的替代选择——脑科学（平库斯）、发育系统理论（奥亚马，在某种程度上，还有弗斯脱-斯特林）、行为遗传学（哈默和科普兰）——受到的关注度更低。由于只考虑书籍出版的事实，所以，人们可能认为，这些不同的进路是同时被普遍接受的。但考虑到它们的吸收程度不同，再一次展示了遗传学进路的影响力，尤其是以引人注目的方式呈现出来，唤起人们的注意。此外，完全从这些著作的反响来看，理解行为的问题仍然被表征为：理解个人行为的成因，或理解个人变异的基础（基因或生理使我们这么做吗？我们受到的教育和生活的社会环境使我们这么做吗？或者，两者使我们这么做吗？）。对于这个问题的可替代的提问方式而言，确实很少有人提出关于行为的其他问题，尤其是关于行为在不同群体中不同的发生率和分布的问题。当讨论攻击性的原因时，往往基于其对个人产生了"妨碍"，攻击性被表征为一种需要缓解、减少的现象。因为先天-后天的议题是如此重要，甚至是处于支配地位的争论，所以，群体层次的因素很少被作为原因来讨论，且只在关注作用于个人的因素域境中才被考虑。

3. 启示

哪种研究被接受，在哪里被接受，以及被谁接受，有何意义呢？

前面几章分析的经验工作关系到行为，其中的某些形式是引起公众很大关注的事情。攻击行为和同性恋行为是有价值的社会问题。对攻击行为的研究被认为是理解有负面价值行为的关键，如课堂上的破坏行为，校园里的欺凌行为，以及暴力犯罪行为。关于性取向的研究几乎完全是关于同性恋的研究，正如美国的政治活动有时所展示的那样，同性恋仍然会激发很大一群人的恐惧和憎恨。科学研究能够纠正错误信息和偏见，但也属于解释和选择性解读，因为它是从实验室和研究领域转向政策审议、大众媒体，然后才深入人心的。上一节表明，不同的行为研究是如何被公众的吸收度所塑造的。一些领域几乎没有代表性，相比之下，另一些领域被视为最终的科学理解的来源。

前面几章分析的两种理论议题在政策和公众理解领域内都发挥了作用。因果关系的问题显然与预防、干预和责任归属相关。概念形成的问题关系到所谓预防或控制的问题。当然，这些议题是相互影响的。因此，当攻击行为或性取向被理解为个人的特征或倾向时，预防措施，由于是针对个人来实施的，所以，将会把控制造成这些倾向的原因的方法置于核心。许多（如果不是大多数）遗传学家公开表明，由于人类基因组的复杂性，研究者很难发现，能够用作诊断或操作目标的单一或少数突变。尽管如此，遗传学进路的反对者，也许是受到在遗传学的拥护者中间不那么谨慎的人的煽动，运用《美丽新世界》（*Brave New World*）的情节，基因工程师甚至在一个人出生之前就能确定其命运。这一情节，并不太戏剧化，揭示了不少问题，其中包括，可以通过药物改变蛋白质的合成或活性，来产生出所希望的人格类型。①从更现实的意义上来看，根据现有的技术，有人担忧，人们会在胎儿基因型分析的基础上进行选择性流产。

生理学研究要么是对遗传学研究的补充，要么是主要识别大脑或

193

---

① 广泛地用来控制 ADHD 的 "利他林"（哌醋甲酯），提供了药物干预的一个模型。其他精神药物也得到了广泛使用，尽管关于它们的长期效果是不确定的。批评者的担心是关于对药物干预的管理。一些思想家也担心，把属于正常人的范围内的状态和行为病理化。参见 Angell（2011）。

神经系统疾病对个人的行为模式所承担的责任或所产生的促进作用。关于攻击性行为的生理决定因素的大部分研究被解读为，这些行为问题可以通过药物来解决。一些生理学研究本身促使人们将有问题的行为视为是疾病的表现，因而是医疗的问题，而不是法律（或道德）的问题。①因为与攻击行为相关联的生理疾病是各种各样的，而且，致病的原因也各不相同（遗传的、先天性的、脑损伤、传染病），所以，这项工作并不会很轻易地带来系统地预防或减少暴力行为的希望。然而，这项工作可能被用来支持这种主张：一部分人是由于能力下降而被指控为犯罪。尽管研究者已经考察了激素和结构是造成性取向相关的因素，但是，没有任何一种研究是决定性的，足以实现系统控制的希望。确实，尽管使用激素疗法，有助于变性人或跨性别者的身体第二性征的发育，但它们似乎对性取向不会产生影响，因此，强化了在性别同一性和性取向之间的区分。关于性取向的生理学研究当然能够充实遗传影响的机制，但由于这个原因，也遭到了遗传学研究的批评者和反对者的质疑。

　　社会环境导向的心理学研究有时作为对社会干预可能形式的临床研究来进行。例如，研究在家族内部和同伴之间采用替代性交流与互动方式的效果的工作，不研究造成问题行为的原因（无论原因是什么），而考察干预的效果。这项工作特别成功的地方是，坚守了这样的诺言：它能在临床上普遍采用和实施，也能让学校对个人行为的改变产生影响。另一些研究运用数据库考察了诸如遭受身体虐待之类的童年经历对后来行为的影响。正如上文指出的那样，这种研究的一些（友好的）评论者建议说，了解构成原因的生物因素可以帮助对最有可能受到影响的那些人进行心理社会形式的干预。②有些不那么友好的评

_194_

----

①　对性犯罪者实施化学阉割的做法也会被解读为是用医学方法处理性犯罪的一种形式，但是，把儿童分类为 ADHD 来对待可能是用医学方法治疗行为问题的最普遍的事例。参见 Hawthorne (2010)。一旦鉴别出导致疾病/行为的原因，在一般传媒上的许多文章，就会坚持对药物"治疗方案"抱有希望。也参见 Robinson (2009)。

②　卡斯皮和莫菲特的研究对 MAOA 基因变异与儿童时代遭受虐待相互作用的证实，为这种态度提供了可信性。

论者，则对聚焦于社会环境的生理学研究提出了批评，唤起了人们对斯金纳的行为主义提议，奥威尔（Orwell）的《一九八四》（*1984*），以及苏联社会（重新）规划的记忆。还有建议说，环境导向干预策略的倡导者要求变革整个社会体制，但有可能产生无法预料的严重影响。正如《美丽新世界》的场景似乎是基于过分简单化的遗传过程的概念一样，这些对社会/心理研究的批评也是基于可能支持哪类干预措施的过分简单化的观点。能够用来实现这种社会噩梦的知识是很难提供的。事实上，教授交流与互动的替代方式是基于非常不同于老派的行为主义的心理学理论。

最后，发育系统理论对遗传、生理和环境因素的强调呈现出的图景是：生物体对多重影响都很敏感，通过抵抗系统的干预来达到预期结果。尽管如此，与 DST 的基本信条相反，理解关键因素及其因果路径（如果它们是可识别的话）的关系和相互作用，大概会提供关于减少不需要的行为和强化所渴望的行为的前景和可能机制的洞见。鉴于上面的分析，寻找这种路径的前景，对疾病的重要性大于对"在正常变异范围内"的行为的重要性。①

不管是遗传学、生理学进路，还是社会-环境进路，它们全部激发了在个人层次上进行干预的预期。而且，全部涉及更加复杂的、微妙的或精致的已经付诸实践的操作版本。生育、选择性胚胎发育和妊娠、基因操控、外科手术、药物疗法以及教育和通过奖惩制度来影响是相对熟悉的做法（比如，至少可应用于植物和动物，如果还没有全部应用于人类的话），而且，它们适合于产生拥有或缺乏特殊性状或倾向的单个生物体。

就不同社会和它们之间的差异而言，群体进路本身反而有助于思考：内部暴力与和平、外部攻击与友善、进取与静默（或勉强维生）、关于性取向互动的单态性与多态性、坚定的与灵活的单态性，

---

① 正如 Angell（2011）指出的那样，这种区分并不是固定的。

等等。此外，互动或行为的发生率、强烈程度、多样性或种类的变异与群体疾病的变异有关：不论是结构的（例如，年龄结构的差异、劳动分工的差异、地理分布的差异），还是与资源相关的（稀缺与充足、增进与下降、稳定与可变、同质与异质）。而且，这将必定影响干预的方向。不是全力以赴干预社会中的个人（或家庭），而是从隶属于一个社会的子群体转向整个社会/群体的性状，其中，诸如年龄结构之类的许多方面，本身就有很复杂的起源，而且，对许多性状都很敏感，以至于它们对干预的反应较为迟钝——通常看起来像是天生的一样。但尽管年龄结构，乃至贫困和收入的不平等，似乎可能抵制做出改变，可是，结构的更细粒度的各个方面，比如，治安的分布或盛行的"照顾"实践，很可能更易于干预。①

菲利普·基切尔（Philip Kitcher）在他 2002 年出版的《科学、真理和民主》（*Science，Truth，and Democracy*）一书中，提出这样的一个问题：禁止对某些问题进行研究，何时在道德上（如果不是在实用主义的意义上）是合法的？②最后，他认为，禁止研究很可能会产生事与愿违的结果。他在考虑哪种论证能够支持禁令的过程中，有重要的发现。科学的证据地位不仅与其结论的本质相关，而且与传播研究成果的社会态度相关，而社会态度将影响对研究成果的解释。那么，接受关于攻击行为和性取向研究的域境是什么呢？

（1）犯罪和攻击行为

正如上文指出的那样，在个体主义的框架内，攻击行为的研究取向定位于犯罪和暴力，这意味着，攻击行为，当具有负面价值时，被理解为是个人的失败，不论是从道德上、法律上来理解，还是从精神医学上来理解。而这种研究取向与将攻击性理解为领导力（作为个人成功的一个组成部分）或理解为由特定刺激所造成的功能性行为系统的一部分的研究取向形成了鲜明的对比。将个人和他或她所在的群体

196

----

① 例如，Fagan 等（2003）。

② Kitcher（2001）。

作为考察单元，同样具有这样的结果：对犯罪和暴力行为的理解基于
对其构成原因的因素的理解，这些因素使一些人易有暴力和犯罪倾
向，而对另一些人则并非如此。也就是说，这个议题被感知为是考察
导致犯人犯罪的原因或导致违法者违法的原因。因此，犯罪的社会问
题被理解为是关于个人的问题。甚至当考察诸如收入分布之类的系统
或结构性因素时，这些问题涉及这些因素对个人行为倾向产生的影
响，而不是群体层次的行为特性。[①]预防和纠正的重点是针对个人，个
人与环境的关系被理解为是她或他的行为，而行为本身会养成习惯，
即成为个人的一个内在特征。于是，预防和纠正犯罪行为就变成，要
么囚禁罪犯，要么（在最好的情况下）重新引导潜在的罪犯。

　　当在犯罪类型（白领犯罪除外）之间没有或几乎没有做出区分
时，所有的罪犯似乎都被看成是暴力的和有攻击性的。他们成为令人
恐惧和有嫌疑的对象，并被视为狱警和其他罪犯虐待的合法目标。[②]在
美国，自 20 世纪 70 年代以来，逮捕后最终监禁的比率从 13% 上升到
28%。囚犯人数增加，是因为监禁增加和假释机会减少而刑期较长。
而且，美国的监狱以人满为患和囚犯暴力而出名。大卫·加兰德
（David Garland）记录了在 20 世纪 70 年代到 21 世纪初之间监禁的重点
从教育改造转向惩罚。[③]尽管这种转变无疑具有复杂的政治和经济原
因，但与惩罚论者（而不是改造论者）关于个人犯罪行为的意识形态
相抗衡的人类行为概念，在争论中是缺席的或前所未闻的。对早日释

197

---

　　①　这方面的一个特别戏剧性的事例是由 Arehart-Treichel（2009）的研究报告提供的，在这个
报告中，MAOA 基因（其中，简略形式的等位基因与卡斯皮和莫菲特的工作有关）与帮派成员和
帮派分子使用枪支有关联。即便该报告被引述为：这种关联效应会因为环境影响而减轻，但其仍显
示了遗传结构的影响。也参见 Robinson（2009），其中，将干预措施描述为是瞄准影响个人的"犯
罪"因素。

　　②　谷歌学术的快速搜索[搜索：狱警暴力（prison guard violence）]揭示出，与对囚犯之间的
暴力行为研究相比，对狱警的残忍行为的研究很少，而且，根据引文数量的度量，吸收率也相对较
低。正如 Jacobs（2004）所证实的那样，这不是因为这样的残忍行为没有发生。更确切地说，提出
投诉的困难和扣押的本质阻止了这种信息的传播。而且，我会建议说，我们对那些被判明有罪的犯
人的设想，制止了我们对他们的同情心。

　　③　Garland（2001）。

放非暴力囚犯来缓解加州监狱人满为患状况的抵制，声称这将对社会构成威胁，这显示出对罪犯与暴力罪犯的混淆。但在美国，最大的单一类别的受监禁的个人是由毒品罪犯构成的，而不是攻击者。

在行为研究中，将虐待囚犯归咎于细微的倾向是很困难的。而我希望建议，关于犯罪的两对叙述能够纳入相关研究及公众吸收的考量。一对叙述运用恶意和疾病之间的对比。按照其中的一种叙述，犯人的极其恶劣的行为是由某种类型的机能失常造成的，是对某种病理状态的一种表达："X 一定是疯了才做这样的事情。"按照另一种叙述，罪犯是邪恶的。这两种截然相反的叙述共享了共同的预设：根据个人的内在原因来理解行为。邪恶的行动被认为是来源于个人的邪恶和恶意，而且，这个人必须受到如同其受害者那样的惩罚。病态的行动被认为是来源于个人的病变，而且，这个人应该在可能的情况下接受治疗，在不可能接受治疗的情况下远离社会。关于犯罪行为的疾病/邪恶的争论，将疾病/邪恶或先天/后天二分视为主要的两极，从观点中排除了挑战个体主义预设的其他进路。第二对叙述由两组狭义的叙述组成。在研究攻击行为时，使用量化指标，比如，由于暴力犯罪而逮捕的指数，将攻击行为等同于暴力犯罪；通过关于攻击行为的研究来理解犯罪的做法，将犯罪等同于攻击行为。但是，有许多类型的犯人造成的伤害（从故意排放工业污染到金融渎职），并不能算作是攻击行为，而许多的监禁没有涉及暴力行为（例如，拥有少量的非法毒品）。这两组狭义的叙述支持将犯罪认为是暴力和将受监禁的个人认为是暴力罪犯。这些混淆与恶意/疾病二分结合起来，预示着不利于对犯人进行人道的治疗。

198

（2）性和性取向

对个人行为的关注（即关注哪些因素促进了个人对性伙伴的性别偏好），以及双模分类的便利，与关于性的社会偏见和假设相互影响，形成了一种人群类型：同性恋。这种对人的关注，既导向肯定的态度，也导向否定的态度。像罪犯和潜在的罪犯一样，同性恋或潜在的同性恋，无论个人倾向的成因是什么，都能够被治愈或改变行为。成因决定了哪些类型的干预策略将是有效的，或者，被建议为是有效的。

在过去的 20 到 30 年里，性取向的社会文化情境变化的方向，与攻击行为的社会文化情境变化的方向，是相反的。在工业和后工业世界，同性恋者的维权运动使同性恋关系不再默默无闻。自从同性恋被从精神病症的名单上删除以来，平等和公民权利的逻辑导致了法律的改进，范围从性取向的合法化，到服兵役禁令的解除，以及允许同性恋伴侣结婚的法律变革。这些变革并不统一，继续在招致强烈的反对，在美国和发展中国家，尤其如此。[①]这种域境近乎矛盾地强化了在个体主义的框架内看待性取向，因为焦点从性行为转向公民权需要被保护的同性恋者。

一些维护同性恋权利的积极分子已经接受了生物学进路来证实，同性关系并不是一种选择，因而也不是谴责或歧视的有效理由。领导团队考察 XQ28 的哈默，继续从事（这方面）男性同性恋取向的遗传基础的研究，并参与社区的宣传和教育。他的努力旨在促进根据遗传的观点来证明，同性性取向是一个人天生的体质问题，而不是选择问题。这样一种论证预设了这种现象和全部原因的高度二分的图景，而且涉及多种可疑的关系假设：在生物倾向、社会和经验式学习、意向性之间。既然根据遗传学进路，男性同性恋的绝大部分原因仍然无法说明，那么，人们就想知道，这部分原因能否被合法地视为是一个选择的问题，从而合法地受到批判。而且，正如一些研究者所建议的那样，如果女性同性恋在很大程度上是一个有意识的表达[②]，那么，人们就想知道，这是否也可能合法地受到批判。除了这些问题之外，几乎没有理由认为，表明同性恋关系有生物原因，将导致许多人放弃他们重新使同性恋者边缘化的战役。确实，同性恋来源于遗传，比通过以

199

----

① 参见，例如，关于在英国圣公会和其他教会对同性恋神职人员的争论，关于同性恋婚姻的争论，关于由同性恋情侣收养或代养的争论，以及关于"性取向转换疗法"的争论。在二三十个国家里，同性恋者依然可被起诉和判无期徒刑或死刑。

② Peplau（2001）；Diamond（2008）。

下方式诱导产生更易被掌控：社会互动、文化学习，或某些复杂的社会、生物和经历的相互作用。①

在研究攻击行为的情况下，当美国的监禁率高于任何其他工业化国家的监禁率时，当人群中一部分人受监禁的比率比其他部分的人受监禁的比率高出很多时，当加利福尼亚州的量刑做法，导致监禁的成本超过其他社会职能的成本时，当监狱是将小偷转化为敌对的、疏远的和严重反社会的人时，从犯罪率和监禁方面来考察美国区别于其他工业社会的条件，或者，美国国内的地方差异，是有意义的。在性取向的情况下，用性/情欲互动的更加细粒度的变化取代二元的异性恋/同性恋，并理解它们在不同社会和文化形态中的变化模式，可能会减少性别差异带来的苦恼。也许这样的取向表征了能够改变的现象，也许这些现象无法靠人的力量来改变。或许，它们是一种混合状态。比如，"X 是先天的结果，还是后天的结果？"或"先天和后天如何结合导致 X？"关注此类问题掩盖了关于 X 的其他问题。聚焦于个体性状或差异的原因，分散了对下列问题的注意力：我们力图理解其原因的那些现象的概念化问题。

二、结 论

以上对研究之吸收的考察发现了应该令我们担忧的几点。第一，除了期刊编辑或会议组织者发起的孤立的对抗之外，在不同的研究进路的拥护者之间几乎没有互动。因此，所谓的科学探究的自我纠正过程只在进路内部起作用，而不在进路之间起作用。在一定程度上，这与第8章讨论的不可通约性相一致。在这些进路考察不同原因空间中的关系的范围内，它们缺乏共同的经验基础来推进其讨论。另外，存在

---

① 参见 Greenberg 和 Bailey（2001）；West（2001）。

着它们试图阐明的共同现象——行为，或者，特殊的共同现象——特定的人类行为，比如，攻击行为或性取向。在不同进路中成功的事实，无论多么片面，都应该是相互关联的。

第二，研究本身在大众媒体上的报道参差不齐。在数量和解释力两方面，遗传学研究都被描述为是主要的、最高产的研究路线。在一定程度上，这归因于一个国家对遗传学研究的普遍关注。例如，人类基因组计划承诺将开创一个新时代，不仅是基因组医学的，而且是人类自我理解的。①但尽管自从 1953 年宣布 DNA 结构以来，在对基因组的复杂性的理解方面取得了巨大的进步，可是，人类行为遗传学实际上最有希望阐明的是行为或心理障碍。而且，即使在这个领域，结果也不仅是部分的，还是边缘的。②当研究细节——所用的行为指数和报告的统计数据的含义——在媒体报道时没有得到澄清时，读者的总体印象是，遗传学研究既是理解人类行为的最成功的科学进路，也是未来进步最有可能的来源。即使赋予神经生物学进路的可信度，与遗传学进路的可信度，在很大程度上是一样的，但遗传学进路继续在主导公众的注意力。

第三，在先天-后天之争中，行为研究的框架，不论是隐含的，还是明显的，都意味着，关于行为的主要问题关系到个人行为和个人行为的差异。关注个人特性或其差异的进路确实与这个议题有关，而且行为也确实是由个人做出的，但是，认为关于行为的所有科学问题都是关于个人行为的问题，或者关于个人行为和个人差异的研究足以解决所有我们最关心的议题，是误入歧途。当逐人干预，不论是干预攻击性或亲社会倾向的发育，还是干预情欲偏好的发育，都可能改变某些个人的未来时，改变分析的范围，在一种情况下，也许可以提供更加成功的干预策略，在另一种情况下，促进将不同的性别模式理解为是社会和经济大规模转型的结果。

①　例如，参见 Kevles 和 Hood（1993）文集中的文章。
②　关于最近的评论参见 McClellan 和 King（2010）。

第11章 简要结论

　　本研究揭示了三大要点。第一个要点关系到研究行为的不同进路之间的相互关系。第二个要点关系到所说明现象的概念化。第三个要点关系到在研究的共同体内部和更广泛的公众领域内研究成果的交流。

　　我认为，在这些进路中，每种进路都是片面的，其所具备的研究方法，只能探索原因空间的特定部分，而不是全部。既然每种进路表征的原因空间不同，那么，这些进路在何种意义上提供知识，必须予以阐明。[①]有人可能会希望，每种进路都能完全说明成因或给定的群体行为分布的某一部分；把每一部分的说明加在一起最终成为一个说明，将会揭示成因的整个来龙去脉。这种希望仅当这些进路以相同的方式解析原因空间时才会成真，也就是说，每种进路都能认识到这个空间中所有构成原因的因素，分类的标准相同，且能够把一种类型的结果与另一种类型的结果分离开来，也能表征它们的相互作用的情况。然而，我认为，即使有可能建构包括所有推定的因素及其可能的相互作用的模型，且该模型同样能表征其原因空间，也不可能对在每

个实际情境中的每个值都进行同时度量。而且，如果不进行这样的度量，因素之间直接相互作用结果的加和模型，就不可能得到经验确证。在实践中，度量任何一个参数的值都要求保持其他参数不变。当这些其他参数本身是不同的种类时，就无法识别它们对现象或所度量因素的效果产生的影响。这些进路提供的知识种类，并不像拼图游戏中的拼图块

---

① 我感谢 Greg Priest 促使我澄清这一点。

一样，每个块拼在一起就形成了一幅清晰的完整图景。相反，知识主张必须以对原因空间的特殊解析为条件。一种进路能够在假定构成原因的其他因素的值保持不变时表明某些因果的依赖关系。但这在现实中是无法成立的。这种失败，即我们能够更肯定地称为的世界的复杂性和动态性，是发育系统研究者在关于行为的实验中显示出来的。然而，他们没有成功地提出把他们声称的所有的复杂性都充分地合并起来以描述有机过程的假设，也没有提出从经验上证实这样一个假设的策略。

任意给定进路进行的实验或研究都趋向于表明，现象的某一小部分与该进路所研究的构成原因的因素相关联，或者，是由该进路所研究的构成原因的因素导致的。任意特殊的因素或因素类型与人群中行为性状表达的方差最多有 50% 的相关性，少有例外；而且，提高表达的概率通常只略高于基准比率。找到任何这种关联的好处是，它构成了另外考察的切入点。保持其他因素不变（或者假定它们不变），有可能在人们所选择的考察领域内探索因素的影响、相互关系和相互依赖性。因此，即使我们对所推测的目标现象的理解可能不是知识，但也增加了我们关于生物体的知识。在这种意义上，我们知道的越多，我们懂得的越少。事实上，人们可能甚至会将知识产品描述为在本质上是反事实的：要是其他所有因素是不活跃的或不变的话，在方向 T，X 乘以 n 的值的改变，将伴随着或紧跟着在方向 S，Y 乘以 m 的值的改变。[①]

当探究原因空间中不同区域的因素之间的相互作用时，最成功的进路是研究具有特定神经基础的特定精神障碍的进路。即便在这里，我们获得的也只是概率关系。个人显示出某种疾病或表现出所研究的行为，有相当大的比例并不或将不符合因果图景，无论所研究的因果图景是什么样的。而群体进路（根据其定义）涵盖所有情况，将不会揭示人与人之间的任何差异所在。[②]

先天-后天之争的流行的版本和专业的版本，都不能准确表征这种

---

① 这种反事实类似于设定"其他情况均不变"的定律，但是其知识的内容却不像定律。

② 关于这一点的讨论参见 Ostrom（2007）。

认识论情境。此外，以任何一种形式引发争论的问题都建立在错误预设的基础上。"我们是由基因造就的，还是由环境造就的？"对这个流行问题的回答，不只是"由两者造就的"，而且"推测必须是由这个和/或那个造就的，是不正确的"。可是，对"哪种进路将能提供有关行为成因的最多信息"这个专业问题的回答，不仅是"所有这些进路都取决于一个人希望运用知识来干什么"，而且"推测这种进路会比那种进路能够提供一个更全面的图景，是不正确的"。一旦承认，属于不同理论/本体论领域的构成原因的多重因素参与了任意给定行为倾向的培育过程，下列理念就变成了枉费心机的一种写照：某种单一进路将能提出涵盖所有或大多数因素的完整而精确的说明。但正如我在前几章所论述的那样，发育系统理论家关于所有因素都是相互作用的观点，可能是在形而上学的意义上，而不是在经验的意义上，是正确的。从经验意义上来看，用来支持这种观点的研究本身是在更具限制性的框架下进行的。[①]实验工作包括对比和组合不超过两个因素（通常假定是基因和环境的某个特定特征）的结果，而不包括理论所推断的整个范围。此外，经验上成功的整合论进路，比如，卡斯皮和莫菲特的进路，是通过将待说明项限于已知的病症或精神疾病来实现的，因此，留下了未经说明的更大范围的行为。而且，正如上文所强调的那样，他们最多只能解释他们所谈到的病症发病率的一小部分。就此而论，这些进路的拥护者之间的争执，开始看起来更不像是围绕（可能有解决方案的）实质性问题，而是围绕谋取吸收和争夺资助，而被吸收与获得资助是当代科学的一部分。

从这些多种类型的考察所得到的人类行为的科学知识，将依然是零碎的、万花筒似的。我们透过万花筒看到的完备性，是通过镜像的反映和难以理解的替代结构，获得的一种幻觉。这些要素之间的实际关系是存在的，但是，万花筒的结构阻止我们对这些关系作出全面的

206

---

① 我不想建议说，DST 或像它那样的某个进路将绝不会获得经验根据[关于这个概念的讨论参见 van Fraassen（2009）]，但当前的经验步骤不足以做到这一点。

感知，这意味着，当我们转动仪器时，对它们的感知方式有多种。理解所产生的映像，要求鉴赏其偏向性。对人类行为的真正理解，不需要一个新的全面范式，而是需要理解在考察过程中所用到的不同进路的范围和限度。

第二个要点更有问题。根本没有标准的方式来识别和区分行为。不论是在行为研究者当中，还是在哲学家中间，行为概念本身并没有一个固定的含义，经验研究的特定行为要么有多种多样的实施方式（比如，在攻击行为的情况下），要么是竞争性的实施方式（比如，在性取向的情况下）。习惯于列举社会上感兴趣的行为或倾向，比如，攻击行为或性取向，以及能够确定遗传标记物的疾病，比如，囊性纤维化或亨廷顿舞蹈病，给人们提供了双重幻想：这些行为倾向有一个明确的表型描述，以及有因果性的解释，这种解释在结构上类似于对那些无可置疑的遗传疾病的解释。这两种看法都还有待审查。就第一个幻想而言，攻击行为的实施方式多种多样，对这些实施方式可以做出不同的评估，而且，到现在为止还没有确凿地证实，存在着能够考察的实际上前后一致的现象，而不是在不同程度上和在不同情况下以不同方式引起的一系列行为反应。相反，关于性取向的研究遭到的批评是，对象的选择和现象的操作化范围太受限制，以至于无法得到解释。选择变异的一个维度来考察，造成的印象是，这是唯一的维度，而且，该维度被视为是二元的，即模糊的层次和价值，而不是两极的。当为了实现研究的目标来实施一种类型的行为时，人们希望能鉴别出分立的现象，但不同的实施方式和各种度量方法的不稳定性表明，这一希望只不过是谎言而已。就第二个幻想而言，最成功的鉴别是针对具有器质性的病症。对于这些病症来说，一个因果性的解释在结构上类似于对器质性疾病（比如，亨廷顿舞蹈病或血友病）的那些解释，这样的推测并不是异想天开。但是，并不清楚的是，根据现象鉴别出的所有行为实例是否都具有器质性基础。例如，卡斯皮和莫菲特的相互作用进路中，仍然有很大比例的行为事例在设定的与基因–环

207

境交叉相关的行为范围之外。在与更广泛的公众的交流中，关于无病症行为研究的解释，寄生于关于明确界定的器质性病症研究的成功。因此，通过转喻，行为变成了症状。

第三个要点，涉及科学内部和外部的社会维度，与刚才总结的概念化议题相互影响。对引用模式的分析表明，不同的研究进路之间几乎没有互动，绝大多数引用来自于被引文章进路中的其他工作。因此，能够促使重新评估一种进路的批评互动是罕见的，而且被确认或具体实施该进路的研究所冲淡。同行评审的有效性只限于在进路内部的反思和修饰。当知识确实是由这种研究产生的时，人们就较少关注产生知识的现象本身，反而更多关注所研究因素类型的推定原因。有时，行为可能最好被视为是复杂因果路径的切入点，这有助于揭示基因、激素或社会经历对诸如蛋白质、生理反应或某种态度之类的近因结果的影响。尽管如此，因为行为是该研究的最终读者所感兴趣的，所以，它最后成为在直接研究域境之外进行交流时所谓的说明目标。

对行为研究的政治评论者，比如，第1章中所描述的那些评论者，往往聚焦于遗传学研究，并谴责生物决定论。但是，任何因果性的探究，社会的、心理的或生物的，都具有决定论的暗示。人们在先天-后天之争中，不论是接受先天的方面，还是接受后天的方面，都同样致力于（或不致力于）决定论的图景。我们更关心的是，科学研究中行为的概念化和社会关注之间的互动。然而，在人类行为的研究中，攻击行为（不论如何被研究）总被描述为毫无根据地造成对另一个人（不论是通过身体接触，还是言语虐待）的伤害。这种攻击行为正是晚间新闻报道的犯罪故事中有代表性的行为。这也是我们在陌生的（或有时是熟悉的）社区散步时所害怕发生的事情。实际上，所度量的标志通常是所谓正在研究的行为的替代者。关于这些替代者的代表性，还有对它们进行度量的不同形式之间的一致性程度，是存有疑问的，自我报告与第三人称的报告并不一致，而且，自我报告会随时间的流逝而变化；即便是刑事定罪，其更准确地表征的也是逮捕的可能性（相比于暴力倾向）。此外，所感兴趣的攻击性行为的各种形式只代表了一系列攻击行为的一小部分，而且，公然的攻击本身只代表了能够被称为反社会行为的一部分。但是，个人造成的伤害是我们希望并相信能够被隔离和控制的事情。因此，这正是我们指望研究能告知我们的信息。关于攻击行为的科学研究，尽管可能增进关于人类机能方面的知识，但所关注的方面可能既过于分散，也过于狭隘，无法满足这种需要。

对性取向的有限理解同样反映了社会的关切。情欲偏好的范围并不只限于性和伴侣的性别，而后者才是研究的目标。在某种程度上，这是 19 世纪关注人口统计学继而关注社会再生产的遗产。在工业世界里，这些关注在很大程度上被对作为整体社会变革化身的性别关系的文化关注所取代。①对同性恋关系的拒绝接受或是容忍，往往与对传统性别角色的偏好和对女性角色改变的不安相关联，特别是与女性在两性关系中有更大的自我决定权相关联。这两种社会态度通常诉诸宗教教义来证明其合理性，但并没有否定它们共生的事实。对同性恋和异性恋的关注，掩盖了建构人类性取向的情欲现象的范围，这种结论是很难回避的。

群体层次进路的可利用性所提出的规模问题意味着，先天–后天之争本身就是问题所在。以攻击行为和推定它与犯罪相关的研究为例。先天–后天的棱镜促进了把犯罪行为概念化为病理基因或病理抚养的结果。与监禁的种族差异和种族偏见的民族史结合起来，这种概念化促进了进一步将非洲祖先与病理基因或病理抚养相关联。人们只需要牢记这样的建议：种族群体中平均智商分数的差异是遗传差异的（通常被理解为是遗传的）结果，或者，对城市非裔美国人中单亲家庭比率过高感到绝望，从而牢记对不同社会结果的这些说明是多么有用。②由 *209*

---

①　例如，许多反对同性恋婚姻的人来自宗教和政治组织，他们也促进了传统形式的劳动的性别分工。

②　关于在娱乐媒体中和在社会科学中对这些说明的可利用性的详细叙述参见 Covington（2010）。

于没有将群体的视域纳入他们的思想中或报告中（与关注个体差异的成因的那些观点相比，群体的视域可能提出了相当不同的问题），关于先天与后天的争论者无意中与寻求科学合法性的种族镇压制度串通一气。同样，在基因或激素中寻找同性恋的"原因"或研究对象与父母的可疑关系（不同于异性恋的类似研究问题），使下列观点永久化：同性恋是一个问题，而不是在不同结构化的社会世界中有不同程度表达的一个变异维度。

不论所实施的行为是家庭内部的攻击性行为，还是性取向行为，都能被作为个人的特征或群体的特征来研究。当从个人意义上理解行为时，不仅将行为视为是个人的行动，而且，推测其原因包括内在于个人的因素，无论这些因素是基因、神经回路，还是由内外影响导致的生理取向。基于对个人行为的道德兴趣，我们对攻击性或性特质的表现，就变成了赞扬的态度、指责的态度或辩解的态度。当把它们作为群体特征来理解时，关注焦点则从个人倾向转向行为的发生率和分布。在这里，道德态度是无用的。当关注发生率与分布时，个人倾向的原因是什么，不再是一个重要问题。群体层次的原因与个人无关，它们并不揭示个人的动机，即使不同境遇的个人会对它们的结构或过程作出反应。作为与个人无关的现象，它们不会以个人特征的方式激发我们的道德热情，无论怎样灌输，都不会。

然而，这些道德热情会妨碍明智地制定以经验为根据的社会政策，也妨碍更完整地显示与这些政策相关的研究问题和进路的范围。当然，个人会犯罪，个人也会有性行为。而且，在许多情况下，个人会遭遇单独应对的病理性疾病。然而，如果我们继续只在个人范围内寻找行为的原因，我们就无法感知，更不用说理解，发生率和分布变化的更多方式。如果没有这样的理解，我们将继续陷入适合于个人的赞扬、指责、辩解或者惩罚与治疗的困境。如果一个人的疾病或行为是讨论的议题，那么，基于这些态度来回答的事实问题，就是适当的问题，即惩罚与治疗，赞扬与指责，是追求事实。尽管有惩罚的威慑

210

理论，但它们对整体的发生率确实没产生多大影响。如果公共政策接受科学的引导，我们首先应该关心的是，确保整个范围的科学知识都是可利用的。即使在研究没有明确地指向某个政策时，它也可能有助于避免具有不确定性乃至有害结果的行动过程。此外，在所谓的以科学为根据的政策失败时，明确科学知识的限度和多元性，将减少知识遭受怀疑的可能性。

我提出一些我还不知道答案的问题来结束本书的讨论。尽管美国人的个体主义和方法论的还原论无疑发挥了某种程度的作用，但还有什么能说明对以个体为中心的研究和研究报道的重视？[①]上一章对公众吸收的初步评论表明，来自遗传学研究的报告和将行为问题表征为关于个体性状和变异的报告占优势。什么能解释这些偏向？它们是被从研究中移植而来的吗？它们在塑造研究时发挥了多大的作用？人们很容易注意到如何提出研究；而说明为什么如此描述研究，则完全是另一回事。而且，如果在专业文献方面的吸收模式表明跨进路的互动很少，那么，这会违背科学的客观性的理想吗？应该考虑为促进这种互动而采取措施吗？一种多元论的视域并不是分析的结束，而是新问题的开始。

---

① 关于抵制超越个体层面思考的进一步讨论参见 Haslanger（2011）。

参 考 文 献

Adam，Barry. 1985. "Age，Structure，and Sexuality: Reflections on the Anthropological Evidence on Homosexual Relations." Journal of Homosexuality 11 (3-4): 19-33.

Albert，D. J.，Walsh，M. L.，and Jonik，R. H. 1993. "Aggression in Humans: What Is Its Biological Foundation?" Neuroscience and Biobehavioral Reviews 17 (4): 405-425.

Alexander，Michelle. 2010. The New Jim Crow. New York: New Press.

Alia-Klein，N.，Goldstein R. Z.，Kriplani A.，et al. 2008. "Brain Monoamine Oxidase A Activity Predicts Trait Aggression." Journal of Neuroscience 28 (19): 5099-5104.

American Psychiatric Association. 1987. Diagnostic and Statistical Manual of Mental Disorders. 3rd ed.，rev. Washington，DC: American Psychiatric Association.

American Psychiatric Association. 1994. Diagnostic and Statistical Manual of Mental Disorders. 4th ed. Washington，DC: American Psychiatric Association.

Anderson，C. M. 1990. "Desert，Mountain and Savanna Baboons: A Comparison with Special Reference to the Suikerbosrand Population." In Baboons，Behaviour and Ecology，Use and Care: Selected Proceedings of the 12th Congress of the International Primatological Society，edited by M. Thiego de Mello，A. Whiten，and R. W. Byrne，89-103. Brasilia，Brazil: Universaded de Brasilia.

Anderson，Craig A.，and Brad J. Bushman. 2002. "Human Aggression." Annual Review of Psychology 53 (1): 27-51.

Anderson，Gail S. 2006. Biological Influences on Criminal Behavior. Boca Raton，FL：CRC Press.

Anderson，John E.，and Ron Stall，2002．"Increased Reporting of Male-to-Male Sexual Activity in a National Survey." Sexually Transmitted Diseases 29（11）：643-646.

Angell，Marcia. 2005. The Truth about the Drug Companies. Rev. ed. New York：Random House.

Angell，Marcia．2011．"The Epidemic of Mental Illness. Why?" The New York Review of Books 58（11）：20-22.

Archer，John. 1991．"The Influence of Testosterone on Human Aggression." British Journal of Psychology 82（1）：1-28.

Arehart-Treichel，Joan．2009．"MAO Gene Reveals Clues about Propensity for Violence." Psychiatric News 45（15）：24.

Austin，Peter C.，Muhammad M. Mamdani，David N. Juurlink，and Janet E. Hux. 2006．"Testing Multiple Statistical Hypotheses Resulted in Spurious Associations：A Study of Astrological Signs and Health." Journal of Clinical Epidemiology 59（9）：964-969.

Bailey，J. Michael，and Richard C. Pillard. 1991．"A Genetic Study of Male Sexual Orientation." Archives of General Psychiatry 48（12）：1089-1096.

Bailey，J. Michael，Richard C. Pillard，Michael E. Neale，and Yvonne Agyei. 1993．"Heritable Factors Influence Sexual Orientation in Women." Archives of General Psychiatry 50（3）：217-223.

Bailey，J. Michael，and Kenneth Zucker. 1995．"Childhood Sex-Typed Behavior and Sexual Orientation：A Conceptual Analysis and Quantitative Review." Developmental Psychology 31（1）：43-55.

Barrett，Louise，2009．"A Guide to Practical Babooning：Historical，Social，and Cognitive Contingency." Evolutionary Anthropology：Issues，News，and Reviews 18（3）：91-102.

Baumrind，Diana. 1991. "Parenting Styles and Adolescent Development." In Encyclo-pedia on Adolescence，edited by Jeanne Brooks-Gunn，Richard Lerner，and Anne Peterson. New York：Garland Publishing，pp. 758-772.

Baumrind，Diana. 1993. "The Average Expectable Environment Is Not Good Enough：A Response to Scarr." Child Development 64（5）：1299-1317.

Beardslee，W. R.，E. M. Versage，E. J. Wright，et al. 1997. "Examination of Preventive Interventions for Families with Depression：Evidence of Change." Development and Psychopathology 9（1）：109-130.

Beauchaine，Theodore P.，Zvi Strassberg，Michelle Kees，et al. 2002. "Cognitive Response Repertoires to Child Noncompliance by Mothers of Aggressive Boys." Journal of Abnormal Child Psychology 30（1）：89-101.

Bechtel，William，and Robert C. Richardson. 1993. Discovering Complexity：Decomposition and Localization as Strategies in Scientific Research. Princeton，NJ：Princeton University Press.

Bernet，William，Cindy L. Vencak-Jones，Nita Farahany，and Stephen A. Montgomery. 2007. "Bad Nature，Bad Nurture，and Testimony Regarding MAOA and SLC6A4 Genotyping at Murder Trials." Journal of Forensic Sciences 52（6）：1362-1371.

Best，Mary，J. Michael Williams，and Emil F. Coccaro. 2002. "Evidence for a Dysfunctional Prefrontal Circuit in Patients with an Impulsive Aggressive Disorder." Proceedings of the National Academy of Sciences 99（12）：8448-8453.

Bierman，Karen LL，and David L.Smoot. 1991. "Linking Family Characteristics with Poor Peer Relations：The Mediating Role of Conduct Problems." Journal of Abnor-mal Child Psychology 19（3）：341-356.

Bierman，Karen，David Smoot，and Kathy Aumiller. 1993. "Characteristics of Aggressive-Rejected，Aggressive （Nonrejected），and Rejected （Nonaggressive）Boys." Child Development 64（1）：139-151.

Billings，Paul R.，Jonathan Beckwith，and Joseph S. Alper. 1992. "The Genetic Analysis of Human Behavior：A New Era?" Social Science and Medicine 35（3）：

227-238.

Blank，Hanne. 2012. Straight：The Surprisingly Short History of Heterosexuality. Boston：Beacon Press.

Blumstein，Alfred. 1986. Criminal Careers and "Career Criminals." Washington， DC：National Academy Press.

Blumstein，Alfred. 1997. "Interaction of Criminological Research and Public Policy." Journal of Quantitative Criminology 12（4）：349-361.

Blumstein，Alfred. 1998. "U.S. Criminal Justice Conundrum： Rising Prison Populations and Stable Crime Rates." Crime and Delinquency 44（1）：127-135.

Bocklandt，Sven，Steve Horvath，Eric Vilain，et al. 2006. "Extreme Skewing of X-Chromosome Inactivation in Mothers of Homosexual Men." Human Genetics 118（6）：691-694.

Bocklandt，Sven，and Eric Vilain. 2007. "Sex Differences in Brain and Behavior： Hormones Versus Genes." Advances in Genetics 59：245-266.

Bontempo，Daniel E.，and Anthony R. d'Augelli. 2002. "Effects of At-School Victimization and Sexual Orientation on Lesbian，Gay，or Bisexual Youths' Health Risk Behavior." Journal of Adolescent Health 30（5）：364-374.

Bonthron，Diana，Lisa Strain，Sarah Bundey，et al. 1993. "Population Screening For Fragile-X Syndrome." The Lancet 341（8847）：769-770.

Booth，Alan，Douglas Granger，Allan Mazur，et al. 2006. "Testosterone and Social Behavior." Social Forces 85（1）：167-191.

Booth，B. E.，M. Verma，and R. S. Beri. 1994. "Fetal Sex Determination in Infants in Punjab，India：Correlations and Implications." BMJ 309（6964）：1259-1261.

Bouchard，Thomas J.，Jr.，and Matt McGue. 2003. "Genetic and Environmental Influences on Human Psychological Differences." Journal of Neurobiology 54（1）：4-45.

Brannigan，Augustine，William Gemmell，David J. Pevalin，and Terrance J. Wade. 2002. "Self-Control and Social Control in Childhood Misconduct and Aggression：

The Role of Family Structure, Hyperactivity, and Hostile Parenting." Canadian Journal of Criminology 44 (2): 119-142.

Brondizio, Eduardo S., Elinor Ostrom, and Oran R. Young. 2009. "Connectivity and the Governance of Multilevel Social-Ecological Systems: The Role of Social Capital." Annual Review of Environment and Resources 34: 253-278.

Brown, Windy M., Christopher J. Finn, Bradley M. Cooke, et al. 2002. "Differences in Finger-Length Ratios between Self-Identified 'Butch' and 'Femme' Lesbians." Archives of Sexual Behavior 31 (1): 123-127.

Brunner, H. G. 1996. "MAOA Deficiency and Abnormal Behavior: Perspectives on an Association." In Genetics of Criminal and Antisocial Behavior (Ciba Foundation Symposium 194), 155-164. Chichester: Wiley.

Brunner, H. G., M. Nelen, X. O. Breakefield, H. H. Ropers, and B. A. van Oost. 1993. "Abnormal Behavior Associated with a Point Mutation in the Structural Gene for Monoamine Oxidase A." Science 262 (5133): 578-580.

Brunner, H. G., M. R. Nelen, P. van Zandvoort, N. G. Abeling, A. H. van Gennip, E. C. Wolters, M. A. Kuiper, H. H. Ropers, and B. A. van Oost. 1993. "X-Linked Borderline Mental Retardation with Prominent Behavioral Disturbance: Phenotype, Genetic Localization, and Evidence for Disturbed Monoamine Metabolism." American Journal of Human Genetics 52 (6): 1032-1039.

Burgess, Robert L., and Peter C. Molenaar. 1993. "Human Behavioral Biology: Commentary on Lerner and von Eye's Sociobiology and Human Development: Arguments and Evidence." Human Development 36 (1): 45-54.

Burgess, Robert L., and Peter C. Molenaar. 1995. " 'Some Conceptual Deficiencies in "Developmental" Behavior Genetics': Comment." Human Development 38 (3): 159-164.

Buss, A. H., and M. Perry. 1992. "The Aggression Questionnaire." Journal of Personality and Social Psychology 63 (3): 452-459.

Butte, Atul J. 2008. "The Ultimate Model Organism." Science 320 (5874): 325-327.

Butte, Atul J., and Isaac Kohane. 2006. "Creation and Implications of a Phenome-Genome Network." Nature Biotechnology 24 (1): 55-62.

Byne, William, and Bruce Parsons. 1993. "Human Sexual Orientation: The Biologic Theories Reappraised." Archives of General Psychiatry 50 (3): 228-239.

Byne, William, Stuart Tobet, Linda A. Mattiace, et al. 2001. "The Interstitial Nuclei of the Human Anterior Hypothalamus: An Investigation of Variation with Sex, Sexual Orientation, and HIV Status." Hormones and Behavior 40 (2): 86-92.

Cairns, Robert B. 1991. "Multiple Metaphors for a Singular Idea." Developmental Psychology 27 (1): 23-26.

Cantor, James M., Ray Blanchard, Andrew D. Paterson, et al. 2002. "How Many Gay Men Owe Their Sexual Orientation to Fraternal Birth Order?" Archives of Sexual Behavior 31 (1): 63-71.

Cartwright, Nancy. 1983. How the Laws of Physics Lie. Oxford: Oxford University Press.

Cartwright, Nancy. 2006. "Well-Ordered Science: Evidence for Use." Philosophy of Science 73 (5): 981-990.

Caspi, Avshalom, J. McClay, T. E. Moffitt, et al. 2002. "Role of Genotype in the Cycle of Violence in Maltreated Children." Science 297 (5582): 851-854.

Caspi, Avshalom, Karen Sugden, Terrie E. Moffitt, et al. 2003. "Influence of Life Stress on Depression: Moderation by a Polymorphism in the 5-HTT Gene." Science 301 (5631): 386-389.

Caspi, Avshalom, and Terrie E. Moffitt. 2006. "Gene-environment Interactions in Psychiatry: Joining Forces with Neuroscience." Nature Review: Neuroscience 7 (7): 583-590.

Caspi, Avshalom, Terrie E. Moffitt, M. Cannon, et al. 2005. "Moderation of the Effect of Adolescent-Onset Cannabis Use on Adult Psychosis by a Functional Polymorphism in the Catechol-O-Methyltransferase Gene: Longitudinal Evidence of a Gene x Environment Interaction." Biological Psychiatry 57 (10): 1117-1127.

Catton Jr, William R. 1994. "Foundations of Human Ecology." Sociological Perspectives 37 (1): 75-95.

Chan, Cecilia Lai-wan, Eric Blyth and Celia Hoi‐yan Chan. 2006. "Attitudes to and Practices Regarding Sex Selection in China." Prenatal Diagnosis 26 (7): 610-613.

Cervone, Daniel, and Yuichi Shoda. 1999. "Introduction." In The Coherence of Personality: Social-Cognitive Bases of Consistency, Variability, and Organization, edited by Daniel Cervone and Yuichi Shoda, 3-31. New York: Guilford Press.

Charles, Dan. 1992. "Genetics Meeting Halted amid Racism Charges." New Scientist 136 (1840): 4.

Cherek, Don R., Scott D. Lane, Cynthia J. Pietras, and Joel Steinberg. 2002. "Effects of Chronic Paroxetine Administration on Measurements of Aggressive and Impulsive Responses of Adult Males with a History of Conduct Disorder." Psychopharmacology 159 (3): 266-274.

Chiang, Howard Hsueh-Hao. 2009. "Homosexual Behavior in the United States, 1988—2004: Quantitative Empirical Support for the Social Construction Theory of Sexuality." Electronic Journal of Human Sexuality 12.

Chu, Junhong. 2001. "Prenatal Sex Determination and Sex-Selective Abortion in Rural Central China." Population and Development Review 27 (2): 259-281.

Churchland, Patricia S. 1989. Neurophilosophy: Toward a Unified Theory of the Mind-Brain. Cambridge, MA: MIT Press.

Clifton, Allan, Eric Turkheimer, and Thomas F. Oltmanns. 2007. "Improving Assessment of Personality Disorder Traits through Social Network Analysis." Journal of Personality 75 (5): 1007-1032.

Coccaro, Emil F. 1993. "Psychopharmacologic Studies in Patients with Personality Disorders: Review and Perspective." Journal of Personality Disorders, Suppl 1: 181-192.

Coccaro, Emil F., C. S. Bergeman, R. J. Kavoussi, and A. D. Seroczynski. 1997. "Heritability of Aggression and Irritability: A Twin Study of the Buss-Durkee

Aggression Scales in Adult Male Subjects." Biological Psychiatry 41（3）：273-284.

Coccaro，Emil F.，Steven Gabriel，and Larry Siever. 1990. "Buspirone Challenge：Preliminary Evidence for a Role for Central 5-HT-1a Receptor Function in Impulsive Aggressive Behavior in Humans." Psychopharmacology Bulletin 26（3）：393-405.

Coccaro，Emil F.，R. J. Kavoussi，and J. C. Lesser. 1992. "Self-and Other-Directed Human Aggression：The Role of the Central Serotonergic System." International Clinical Psychopharmacology 6（suppl 6）：70-83.

Coccaro，Emil F.，Howard Klar，and Larry J. Siever. 1994. "Reduced Prolactin Response to Fenfluramine Challenge in Personality Disorder Patients Is Not Due to Deficiency of Pituitary Lactotrophs." Biological Psychiatry 36（5）：344-346.

Coccaro，Emil F.，Jeremy M. Silverman，Howard M. Klar，et al. 1994. "Familial Correlates of Reduced Central Serotonergic System Function in Patients with Personality Disorders." Archive of General Psychiatry 51（4）：318-324.

Cohen，Kenneth M. 2002. "Relationships among Childhood Sex-Atypical Behavior，Spatial Ability，Handedness，and Sexual Orientation in Men." Archives of Sexual Behavior 31（1）：129-143.

Cohen，Patricia. 2011. "Genetic Basis for Crime：A New Look." New York Times，June 20. http：//www.nytimes.com （accessed June 24，2011）.

Constantino，John N. 1995. "Early Relationships and the Development of Aggression in Children." Harvard Review of Psychiatry 2（5）：259-273.

Covington，Jeanette，2010. Crime and Racial Constructions：Cultural Misinformation about African Americans in Media and Academia. Lanham，MD：Lexington Books.

Crick，Francis. 1993. The Astonishing Hypothesis：The Scientific Search for the Soul. New York：Scribner.

Crick ，Nicki R.，and Kenneth A. Dodge. 1996. "Social Information-Processing Mechanisms in Reactive and Proactive Aggression." Child Development 67（3）：993-1002.

Dabbs Jr，James M.，Timothy S. Carr，Robert L. Frady，et al. 1995. "Testosterone，

Crime，and Misbehavior among 692 Male Prison Inmates." Personality and Individual Differences 18（5）：627-633.

Damasio，Antonio R. 1999. The Feeling of What Happens. New York：Houghton Mifflin Harcourt.

Del Vecchio，Tamara，and Susan G. O'Leary. 2006. "Antecedents of Toddler Aggression：Dysfunctional Parenting in Mother-Toddler Dyads." Journal of Clinical Child and Adolescent Psychology 35（2）：194-202.

Dennett，Daniel C. 1991. Consciousness Explained. New York：Little，Brown and Company.

De Vries，B. B.，D. J. Halley，B. A. Oostra，et al. 1998. "The Fragile X Syndrome." Journal of Medical Genetics 35（7）：579-589.

De Waal，Frans BM. 1989. Peacemaking among Primates. Cambridge，MA：Harvard University Press.

De Waal，Frans BM. 1992. "Aggression as a Well-Integrated Part of Primate Social Relationships." In Aggression and Peacefulness in Human and Other Primates，edited by James Silverberg and J. Patrick Gray，37-56. New York：Oxford University Press.

De Waal，Frans B. M.，and Frans Lanting. 1997. Bonobo：The Forgotten Ape. Berkeley，CA：University of California Press.

Diamond，Lisa M. 2008. Sexual Fluidity. Cambridge，MA：Harvard University Press.

Diamond，Milton. 1993. "Homosexuality and Bisexuality in Different Populations." Archives of Sexual Behavior 22（4）：291-310.

Diamond，Milton. 2004. "Sex，Gender，and Identity over the Years：A Changing Perspective." Child and Adolescent Psychiatric Clinics 13（3）：591-607.

Dickemann，Mildred. 1993. "Reproductive Strategies and Gender Construction：An Evolutionary View of Homosexualities." Journal of Homosexuality 24（3-4）：55-71.

DiLalla，Lisabeth Fisher. 2002. "Behavior Genetics of Aggression in Children：Review and Future Directions." Developmental Review 22（4）：593-622.

DiLalla，Lisabeth Fisher，and Irving I. Gottesman. 1991. "Biological and Genetic

Contributors to Violence: Widom's Untold Tale." Psychological Bulletin 109（1）: 125-129.

Doell, Ruth G., and Helen E. Longino. 1988. "Hormones and Human Behavior: A Critique of the Linear Model." Journal of Homosexuality 15（3-4）: 55-78.

D'Onofrio, Brian M., Wendy S. Slutske, Eric Turkheimer, Robert E. Emery, K. Paige Harden, Andrew C. Heath, Pamela A. F. Madden, Nicholas G. Martin. 2007. "Intergenerational Transmis-sion of Childhood Conduct Problems: A Children of Twins Study." Archives of General Psychiatry. 64（7）: 820-829.

Dörner, Günter. 1988. "Neuroendocrine Response to Estrogen and Brain Differentiation in Heterosexuals, Homosexuals, and Transsexuals." Archives of Sexual Behavior 17（1）: 57-75.

Dretske, Fred. 1988. Explaining Behavior: Reasons in a World of Causes. Cambridge, MA: MIT Press.

Duman, Sarah, and Gayla Margolin. 2007. "Parents' Aggressive Influences and Children's Aggressive Problem Solutions with Peers." Journal of Clinical Child and Adolescent Psychology 36（1）: 42-55.

Eckert, Elke D., T. J. Bouchard., J. Bohlen, et al. 1986. "Homosexuality in Monozygotic Twins Reared Apart." The British Journal of Psychiatry 148（4）: 421-425.

Edelman, Gerald M., W. E. Gall, and W. M. Cowan. 1985. Molecular Bases of Neural Development. New York: Wiley.

Edelman, Gerald M., and Giulio Tononi. 2000. A Universe of Consciousness: How Matter Becomes Imagination. New York: Basic Books.

Ehrenkranz, Joel, Eugene Bliss, and Michael H. Sheard. 1974. "Plasma Testosterone: Correlation with Aggressive Behavior and Social Dominance in Man." Psychosomatic Medicine 36（6）: 469-475.

Eldredge, Niles, and Marjorie Grene. 1992. Interactions: The Biological Context of Social Systems. New York: Columbia University Press.

Eley，Thalia C.，Paul Lichtenstein，and Jim Stevenson. 1999. "Sex Differences in the Etiology of Aggressive and Non-aggressive Antisocial Behavior：Results from Two Twin Studies." Child Development 70（1）：155-168.

Ellis，Lee，and S. Cole-Harding. 2001. "The Effects of Prenatal Stress，and of Prenatal Alcohol and Nicotine Exposure，on Human Sexual Orientation." Physiology and Behavior 74（1-2）：213-226.

Ellis，Lee，and Jill Hellberg. 2005. "FetNewal Exposure to Prescription Drugs and Adult Sexual Orientation." Personality and Individual Differences 38（1）：225-236.

Enç，Berent. 1995. "Units of Behavior." Philosophy of Science 62（4）：523-542.

Fagan，Jeffrey. 2004. "Crime，Law，and the Community：Dynamics of Incarceration in New York City." In The Future of Imprisonment，edited by Michael Tonry. New York：Oxford University Press.

Fagan，Jeffrey，and Garth Davies，2000. "Street Stops and Broken Windows：Terry，Race and Disorder in New York City." Fordham Urban Law Journal 28（2）：457-504.

Fagan，Jeffrey，and Garth Davies，2004. "The Natural History of Neighborhood Violence." Journal of Contemporary Criminal Justice 20（2）：127-147.

Fagan，Jeffrey，V. West，and J. Holland. 2003. "Reciprocal Effects of Crime and Incarceration in New York City Neighborhoods." Fordham Urban Law Journal 30：1551-1602.

Fausto-Sterling，Anne. 1992. Myths of Gender：Biological Theories About Women and Men. 2nd ed. New York. Basic Books.

Fay，R. E.，C. F. Turner，A. D. Klassen，et al. 1989. "Prevalence and Patterns of Same-Gender Contact among Men." Science 243（4889）：338-348.

Feldman，Marcus W. and Richard C. Lewontin. 1975. "The Heritability Hang-Up：The Role of Variance Analysis in Human Genetics is Discussed.." Science 190（4220）：1163-1168.

Ferris，Craig F.，Y. Delville，Z. Grzonka，et al. 1993. "An Iodinated Vasopressin

（V$_1$） Antagonist Blocks Flank Marking and Selectively Labels Neural Binding Sites in Golden Hamsters." Physiology and Behavior 54（4）：737-747.

Ferris，Craig F.，Y. Delville，R. W. Irvin，et al. 1994. "Septo-Hypothalamic Organization of a Stereotyped Behavior Controlled by Vasopressin in Golden Hamsters." Physiology and Behavior 55（4）：755-759.

Ferveur，Jean-Francois，K. F. Stortkuhl，R. F. Stocker，et al. 1995. "Genetic Feminization of Brain Structures and Changed Sexual Orientation in Male Drosophila." Science 267（5199）：902-905.

Forastieri，Valter，C. P. Andrade，A. L. V. Souza，et al. 2002. "Evidence Against a Relationship Between Dermatoglyphic Asymmetry and Male Sexual Orientation." Human Biology 74（6）：861-870.

Fowler，Joanna S.，N. Alia-Klein，A. Kriplani，et al. 2007. "Evidence that Brain MAO A Activity Does Not Correspond to MAO A Genotype in Healthy Male Subjects." Biological Psychiatry 62（4）：355-358.

Fujimura，Joan H. 2006. "Sex Genes：A Critical Sociomaterial Approach to the Politics and Molecular Genetics of Sex Determination." Signs：Journal of Women in Culture and Society 32（1）：49-82.

Garland，David. 2001. The Culture of Control. New York：Oxford University Press.

Garnets，Linda D.，and Letitia Anne Peplau. 2002. "A New Paradigm for Women's Sexual Orientation：Implications for Therapy." Women and Therapy 24（1-2）：111-121.

Gibbard，Allen. 2001. "Genetic Plans，Genetic Differences，and Violence：Some Chief Possibilities." in Genetics and Criminal Behavior，edited by David Wasserman and Robert Wachbroit. New York：Cambridge University Press. pp. 169-198.

Gibbons，Ann. 2004. "Tracking the Evolutionary History of a "Warrior" Gene." Science 304（5672）：818.

Gladue，Brian A.，Richard Green，and Ronald E. Hellman. 1984. "Neuroendrocrine Response to Estrogen and Sexual Orientation." Science 225（4669）：1496-1499.

Glicksohn, Joseph. 2002. The Neurobiology of Criminal Behavior. New York: Springer.

Goff, Philip A., J. L. Eberhardt, M. J. Williams, et al. 2008. "Not Yet Human: Implicit Knowledge, Historical Dehumanization, and Contemporary Consequences." Journal of Personality and Social Psychology 94 (2): 292-306.

Goldsmith, H. Hill. 1993. "Nature-Nurture Issues in the Behavioral Genetic context: Overcoming Barriers to Communication." in Nature, Nurture, and Psychology, edited by Robert Plomin and Gerald E. McClearn. 325-339. Washington, DC: American Psychological Association.

Goldsmith, H. Hill, Irving I. Gottesman, and K. S. Lemery. 1997. "Epigenetic Approaches to Developmental Psychopathology." Development and Psychopathology 9 (2): 365-387.

Gooren, Louis. 1990. "Biomedical Theories of Sexual Orientation: A Critical Examination." In Homosexuality/Heterosexuality: Concepts of Sexual Orientation, edited by David P. McWhirter, Stephanie A. Sanders, and June Machover Reinisch, 71-87. Oxford: Oxford University Press.

Gottesman, Irving I., and H. Hill Goldsmith. 1994. "Developmental Psychopathology of Antisocial Behavior: Inserting Genes into Its Ontogenesis and Epigenesis." In Threats to Optimal Development: Integrating Biological, Psychological, and Social Risk Factors. Minnesota Symposia on Child Psychology, vol. 27, edited by Charles Alexander Nelson, 69-104. Hillsdale, NJ: Lawrence Erlbaum Associates.

Gottlieb, Gilbert. 1991. "Experimental Canalization of Behavioral Development: Theory." Developmental Psychology 27 (1): 4-13.

Gottlieb, Gilbert. 1995. "Some Conceptual Deficiencies in 'Developmental' Behavior Genetics." Human Development 38 (3): 131-141.

Gottlieb, Gilbert. 1997. Synthesizing Nature-nurture: Prenatal Roots of Instinctive Behavior. Hillsdale, NJ: Lawrence Erlbaum Associates.

Gottlieb, Gilbert. 2001. Individual Development and Evolution: The Genesis of Novel Behavior. Hove, UK: Psychology Press.

Gottlieb, Gilbert. 2001a. "A Developmental Psychobiological Systems View: Early Formulation and Current Status." in Cycles of Contingency, edited by Susan Oyama, Paul Griffiths, and Russell D. Gray, 41-54. Cambridge, MA: MIT Press.

Gottlieb, Gilbert, D. Wahlsten, and R. Lickliter. 2006. "The Significance of Biology for Human Development: A Developmental Psychobiological Systems View." In Handbook of Child Psychology. Vol. 1, Theoretical Models of Human Development, edited by R. M. Lerner, 210-257. New York: Wiley.

Gottman, John M., Neil S. Jacobson, Regina H. Rushe, et al. 1995. "The Relationship Between Heart Rate Reactivity, Emotionally Aggressive Behavior, and General Violence in Batterers." Journal of Family Psychology 9 (3): 227-248.

Gould, Stephen J. 1981. The Mismeasure of Man. New York: W. W. Norton.

Gould, Stephen J., and Richard C. Lewontin. 1979. "The Spandrels of San Marco and the Panglossian Paradigm: A Critique of the Adaptationist Programme." Proceedings of the Royal Society of London. B205 (1161): 581-598.

Granic, Isabela, and Alex V. Lamey. 2002. "Combining Dynamic Systems and Multivariate Analyses to Compare the Mother-Child Interactions of Externalizing Subtypes." Journal of Abnormal Child Psychology 30 (3): 265-283.

Granic, Isabela, and Gerald R. Patterson. 2006. "Toward A Comprehensive Model of Antisocial Development: A Dynamic Systems Approach." Psychological Review 113 (1): 101-131.

Greenberg, Aaron S., and J. Michael Bailey. 2001. "Parental Selection of Children's Sexual Orientation." Archives of Sexual Behavior 30 (4): 423-437.

Greene, Joshua D., R. Brian Sommerville, Leigh E. Nystrom, et al. 2001. "An fMRI Investigation of Emotional Engagement in Moral Judgment." Science 293 (5537): 2105-2108.

Greene, Joshua D., Leigh E. Nystrom, Andrew D. Engell, et al. 2004. "The Neural Bases of Cognitive Conflict and Control in Moral Judgment." Neuron 44 (2): 389-400.

Grene, Marjorie. 1988. "Hierarchies and Behavior." In Evolution of Social Behavior and Integrative Levels. T. C. Schneirla Conference Series, vol. 3, edited by Gary Greenberg, and Ethel Toback. Hillsdale, NJ: Lawrence Erlbaum Associates.

Griffiths, Paul E. and R. D. Gray. 1994. "Developmental Systems and Evolutionary Explanation." The Journal of Philosophy 91 (6): 277-304.

Griffiths, Paul E. and Karola Stotz. 2006. "Genes in the Postgenomic Era." Theoretical Medicine and Bioethics 27 (6): 499-521.

Grimbos, Teresa, Khytam Dawood, Robert P. Burriss, et al. 2010. "Sexual Orientation and the Second to Fourth Finger Length Ratio: A Meta-Analysis in Men and Women." Behavioral Neuroscience 124 (2): 278-287.

Gross, Matthias. 2004. "Human Geography and Ecological Sociology: The Unfolding of a Human Ecology, 1890—1930—and Beyond" Social Science History 28 (4): 575-605.

Guo, Guang, Xiao-Ming Ou, Michael Roettger, et al. 2008. "The VNTR 2 Repeat in MAOA and Delinquent Behavior in Adolescence and Young Adulthood: Associations and MAOA Promoter Activity." European Journal of Human Genetics 16: 626-634.

Haapasalo, Jaana and Richard E. Tremblay. 1994. "Physically Aggressive Boys From Ages 6 to 12: Family Background, Parenting Behavior, and Prediction of Delinquency." Journal of Consulting and Clinical Psychology 62 (5): 1044-1052.

Hal, J. A. Y. and Doreen Kimura. 1994. "Dermatoglyphic Asymmetry and Sexual Orientation in Men" Behavioral Neuroscience 108 (6): 1203-1206.

Hall, Jeffrey C. 1994. "The Mating of a Fly." Science 264 (5166): 1702-1714.

Hall, Lynn S. and Craig T. Love. 2003. "Finger-Length Ratios in Female Monozygotic Twins Discordant for Sexual Orientation." Archives of Sexual Behavior 32 (1): 23-28.

Halperin, Jeffrey M., Kathleen E. McKay, and Jeffrey H. Newcorn. 2002. "Development, Reliability, and Validity of the Children's Aggression Scale-Parent Version." Journal of the American Academy of Child and Adolescent Psychiatry 41 (3): 245-252.

Hamer，Dean. 2006. "Impact of Behavior Genetics on Medicine and Society." Paper presented at the Interpreting Complexity Conference sponsored by Center for the Integration of Research on Genetics and Ethics. Stanford University，Stanford，CA. June 6

Hamer，Dean，and Peter Copeland. 1994. The Science of Desire: The Search for the Gay Gene and the Biology of Behavior. New York: Simon & Schuster.

Hamer，Dean，S. Hu，V. L. Magnuson，et al. 1993. "A Linkage Between DNA Markers on the X Chromosome and Male Sexual Orientation." Science 261（5119）: 321-327.

Haney，Craig，Curtis Banks，and Philip Zimbardo. 1973. "Interpersonal Dynamics in a Simulated Prison." International Journal of Criminology and Penology 1（1）: 69-97.

Harris，Judith R. 1999. The Nurture Assumption. New York: Free Press.

Harry，Joseph. 1989. "Parental Physical Abuse and Sexual Orientation in Males." Archives of Sexual Behavior 18（3）: 251-261.

Haslanger，Sally. 2011. The Carus Lectures. Presented at the 2011 meetings of the Pacific Division of the American Philosophical Association，April 20-23，2011，San Diego，CA. Available from author.

Hawthorne，Susan C. C. 2010. "Institutionalized Intolerance of ADHD: Sources and Consequences." Hypatia 25（3）: 504-526.

Haynes，James D. 1995. "A Critique of the Possibility of Genetic Inheritance of Homosexual Orientation." Journal of Homosexuality 28（1-2）: 91-114.

Heiligenstein，John H，Emil F. Coccaro，Janet H. Potvin，et al. 1992. "Fluoxetine Not Associated with Increased Violence or Aggression in Controlled Clinical Trials." Annals of Clinical Psychiatry 4（4）: 285-295.

Henzi，Peter，and Louise Barrett. 2003. "Evolutionary Ecology，Sexual Conflict，and Behavioral Differentiation among Baboon Populations." Evolutionary Anthropology: Issues，News，and Reviews 12（5）: 217-230.

Herdt，Gilbert，and Robert Stoller. 1990. Intimate Communications: Erotics and the

Study of Culture. New York: Columbia University Press.

Hill, Jonathan. 2002. "Biological, Psychological and Social Processes in the Conduct Disorders." Journal of Child Psychology and Psychiatry 43 (1): 133-164.

Hines, Melissa. 2006. "Prenatal Testosterone and Gender-Related Behaviour." European Journal of Endocrinology 155 (Supplement): 115-121.

Hines, Melissa, Susan Golombok, John Rust, et al. 2002. "Testosterone During Pregnancy and Gender Role Behavior of Preschool Children: A Longitudinal Population Study." Child Development 73 (6): 1678-1687.

Holden, C. 1992. "Back to the Drawing Board, Says NIH." Science 257 (5076): 1474.

Hubbard, Ruth, and Elijah Wald. 1993. Exploding the Gene Myth. Boston: Beacon Press.

Huhman, Kim, Timothy O. Moore, Craig F. Ferris, et al. 1991. "Acute and Repeated Exposure to Social Conflict in Male Golden Hamsters: Increases in Plasma POMC-Peptides and Cortisol and Decreases in Plasma Testosterone." Hormones and Behavior 25 (2): 206-216.

Hutchings, B., and S. A. Mednick. 1975. "Registered Criminality in the Adoptive and Biological Parents of Registered Criminal Adoptees." in Genetic Research in Psychiatry edited by R. R. Fieve, D. Rosenthal, H. Brill, 105-16. Baltimore, MD: Johns Hopkins University Press.

Jackson, Jacquelyne Faye. 1993. "Human Behavioral Genetics, Scarr's Theory, and Her Views on Interventions: A Critical Review and Commentary on Their Implications for African American Children." Child Development 64 (5): 1318-1332.

Jacobs, Andrea. 2004. "Prison Power Corrupts Absolutely." California Western Law Review 41: 277-301.

Jensen, Arthur R. 1969. "How Much Can We Boost I Q and Scholastic Achievement?" Harvard Educational Review 39: 1-123.

Johnson, Jeffrey G., Elizabeth Smailes, Patricia Cohen, et al. 2004. "Anti-Social Parental Behavior, Problematic Parenting and Aggressive Offspring Behaviour During

Adulthood: A 25-year longitudinal investigation." British Journal of Criminology 44 (6): 915-930.

Johnson, Mark H., ed. 1993. Brain Development and Cognition. Oxford, UK: Basil Blackwell.

Jones, Owen D. 2006. "Behavioral Genetics and Crime, in Context." Law and Contemporary Problems 69: 81-100.

Kaplan, Jonathan Michael. 2000. The Limits and Lies of Human Genetic Research. New York: Routledge.

Kavoussi, Richard J., and Emil F. Coccaro. 1993. "The Amphetamine Challenge Test Correlates With Affective Lability in Healthy Volunteers." Psychiatry Research 48 (3): 219-228.

Kavoussi, Richard J., Jennifer Liu, and Emil F. Coccaro. 1994. "An Open Trial of Sertraline in Personality Disordered Patients With Impulsive Aggression." Journal of Clinical Psychiatry 55 (4): 137-141.

Keller, Evelyn F. 2005. "DDS: Dynamics of Developmental Systems." Biology and Philosophy 20 (2-3): 409-416.

Kellert, Stephen H., Helen E. Longino, and C. K. Waters. 2006. "The Pluralist Stance." in Scientific Pluralism, edited by Stephen H. Kellert, Helen E. Longino, and C. K. Waters. vii-xxix. Minneapolis, MN: University of Minnesota Press.

Kelling, George L., and Catherine M. Cole. 1997. Fixing Broken Windows: Restoring Order and Reducing Crime in Our Communities. New York. Simon and Schuster.

Kendal, Jeremy, Marcus W. Feldman, and Kenichi Aoki. 2006. "Cultural Coevolution of Norm Adoption and Enforcement When Punishers Are Rewarded or Non-punishers Are Punished." Theoretical Population Biology. 70 (1): 10-25.

Kendler, Kenneth S. 2008. "Explanatory Models for Psychiatric Illness." American Journal of Psychiatry 165 (6): 695-702.

Kendler, Kenneth S., and J. Campbell. 2009. "Interventionist Causal Models in Psychiatry: Repositioning the Mind-Body Problem." Psychological Medicine 39

（6）：881-887.

Kendler，Kenneth S.，Charles O. Gardner，and Carol A. Prescott. 2002. "Toward a Comprehensive Developmental Model for Major Depression in Women." American Journal of Psychiatry 159（7）：1133-1145.

Kevles，Daniel J.，and Leroy Hood，eds. 1993. The Code of Codes. Cambridge，MA：Harvard University Press.

Kiehl，Kent A. 2006. "A Cognitive Neuroscience Perspective on Psychopathy：Evidence for Paralimbic System Dysfunction." Psychiatry Research 142（2-3）：107-128.

Kiehl，Kent A.，A. M. Smith，R. D. Hare，et al. 2001. "Limbic Abnormalities in Affective Processing by Criminal Psychopaths as Revealed by Functional Magnetic Resonance Imaging." Biological Psychiatry 50（9）：677-684.

Kim-Cohen，Julia，Terrie E. Moffitt，Avshalom Caspi，et al. 2004. "Genetic and Environmental Processes in Young Children's Resilience and Vulnerability to Socioeconomic Deprivation." Child Development 75（3）：651-668.

King，Mary-Claire. 1993. "Sexual Orientation and the X." Nature 364（6435）：288-289.

Kindlon，Daniel J.，R. E. Tremblay，E. Mezzacappa，et al. 1995. "Longitudinal Patterns of Heart Rate and Fighting Behavior in 9- through 12-Year-Old Boys." Journal of the American Academy of Child and Adolescent Psychiatry 34（3）：371-377.

Kitamoto，Toshihiro. 2002. "Conditional Disruption of Synaptic Transmission Induces Male-Male Courtship in Drosophila." Proceedings of the National Academy of Sciences 99（20）：13232-13237.

Kitcher，Philip. 2001. Science，Truth，and Democracy. New York：Oxford University Press.

Klonsky，E. David，Thomas F. Oltmanns，and Eric Turkheimer. 2002. "Informant-Reports of Personality Disorder：Relation to Self-Report，and Future Research Directions." Clinical Psychology：Science and Practice 9（3）：300-311.

Knorr-Cetina，Karin. 1981. The Manufacture of Knowledge. Oxford：Pergamon Press.

Koshland Jr, Daniel E. 1989. "Sequences and Consequences of the Human Genome." (editorial). Science 246 (4927) : 189.

Kreek, Mary Jeanne, D. A. Nielsen, E. R. Butelman, et al. 2005. "Genetic Influences on Impulsivity, Risk Taking, Stress Responsivity, and Vulnerability to Drug Abuse and Addiction." Nature Neuroscience 8 (11) : 1450-1457.

Krimsky, Sheldon. 2003. Science in the Private Interest: Has the Lure of Profits Corrupted Biomedical Research? Lanham, MD: Rowman and Littlefield.

Landolt, Monica A., K. Bartholomew, C. Saffrey, et al. 2004. "Gender Nonconformity, Childhood Rejection, and Adult Attachment: A Study of Gay Men." Archives of Sexual Behavior 33 (2) : 117-128.

Lavigueur, Suzanne, Richard E. Tremblay, and Jean-Francois Saucier. 1995. "Interactional Processes in Families with Disruptive Boys: Patterns of Direct and Indirect Influence." Journal of Abnormal Child Psychology 23 (3) : 359-378.

Lee, Cheryl, and Lawrence Morse. 2004. "African-American Employment and Job Quality: Income, Wealth and Health Insurance Benefits." NUL Quarterly Jobs Report (QJR-04-2004). Washington, DC: National Urban League Institute for Opportunity and Equality.

Lee, Royce, and Emil Coccaro. 2001. "The Neuropsychopharmacology of Criminality and Aggression." The Canadian Journal of Psychiatry 46 (1) : 35-44.

Lerner, Richard M. 1991. "Changing Organism-Context Relations as the Basic Process of Development: A Developmental Contextual Perspective." Developmental Psychology 27 (1) : 27-32.

Lerner, Richard M., and Nancy L. Galambos. 1998. "Adolescent Development: Challenges and Opportunities for Research, Programs, and Policies." Annual Review of Psychology 49 (1) : 413-446.

LeVay, Simon. 1991. "A Difference in Hypothalamic Structure Between Heterosexual and Homosexual Men." Science 253 (5023) : 1034-1037.

LeVay, Simon, and Dean H. Hamer. 1994. "Evidence for a Biological Influence in

Male Homosexuality." Scientific American 270（5）：44-49.

Levitis，Daniel A.，William Z. Lidicker，Jr，and Glenn Freund. 2009. "Behavioural Biologists Do Not Agree on What Constitutes Behaviour." Animal Behaviour 78 （1）：103-110.

Lewontin，Richard C. 1974. "The Analysis of Variance and the Analysis of Causes." American Journal of Human Genetics，26：400-411.

Lewontin，Richard C. 1991. Biology as Ideology：The Doctrine of DNA. Concord， Ontario：Anansi.

Lewontin，Richard C.，Steven Rose，and Leon J. Kamin. 1984. Not in Our Genes： Biology，Ideology，and Human Nature. New York：Pantheon Books.

Liu，Yeuyi I.，Paul H. Wise，and Atul J. Butte. 2009. "The 'Etiome'：Identification and Clustering of Human Disease Etiological Factors." BMC Bioinformatics 10， Suppl 2：S14.

Lloyd，Elisabeth A. 1994. The Structure and Confirmation of Evolutionary Theory. Princeton，NJ：Princeton University Press

Lloyd，Elisabeth A. 2001. "Science Gone Astray：Evolution and Rape." Michigan Law Review 99（6）：1536-1559.

Lloyd，Elisabeth A. 2005. The Case of the Female Orgasm：Bias in the Science of Evolution. Cambridge，MA：Harvard University Press.

Lloyd，Elisabeth A. 2010. "Confirmation and Robustness of Climate Models." Philosophy of Science 77（5）：971-984.

Longino，Helen E. 1990. Science as Social Knowledge：Values and Objectivity in Scientific Inquiry. Princeton，NJ：Princeton University Press.

Longino，Helen E. 2001a. "What Do We Measure When We Measure Aggression?" Studies in History and Philosophy of Science 32（4）：685-704.

Longino，Helen E. 2001b. The Fate of Knowledge. Princeton，NJ：Princeton University Press.

Longino，Helen E. 2002. "Behavior as Affliction：Common Frameworks of Behavior Genetics and Its Rivals." in Mutating Concepts，Evolving Disciplines：Genetics，

Medicine, and Society, edited by Rachel Ankeny and Lisa Parker. Boston: Kluwer.

Longino, Helen E. 2006. "Theoretical Pluralism and the Scientific Study of Behavior." In Scientific Pluralism, edited by Stephen Kellert, Helen Longino, and C. K. Waters. Minneapolis: University of Minnesota Press.

Luntz, Barbara K. and Cathy S. Widom. 1994. "Antisocial Personality Disorder in Abused and Neglected Children Grown Up." American Journal of Psychiatry 151 (5): 670-674.

Mabry, Patricia L., D. H. Olster, G. D. Morgan, et al. 2008. "Interdisciplinarity and Systems Science to Improve Population Health: A View from the NIH Office of Behavioral and Social Sciences Research." American Journal of Preventive Medicine 35 (2): S211-224.

Maccoby, Eleanor E. 2000. "Parenting and its Effects on Children: On Reading and Misreading Behavior Genetics." Annual Reviews in Psychology 51 (1): 1-27.

Manuck, S. B., J. D. Flory, R. E. Ferrell, et al. 1999. "Aggression and Anger-related Traits Associated with a Polymorphism of the Tryptophan Hydroxylase Gene." Biological Psychiatry 45 (5): 603-614.

Manuck S. B., J. D. Flory, R. E. Ferrell, et al. 2000. "A Regulatory Polymorphism of the Monoamine Oxidase-A Gene may be Associated with Variability in Aggression, Impulsivity, and Central Nervous System Serotonergic Responsivity." Psychiatry Research 95 (1): 9-23.

Mason, Dehryl A. and Paul J. Frick. 1994. "The Heritability of Antisocial Behavior: A Meta-Analysis of Twin and Adoption Studies." Journal of Psychopathology and Behavioral Assessment 16 (4): 301-323.

McClellan, Jon, and Mary-Claire King. 2010. "Genomic Analysis of Mental Illness: A Changing Landscape." Journal of the American Medical Association. 303 (24): 2523-2524.

McClure, Samuel M., D. I. Laibson, G. Loewenstein, et al. 2004. "Separate Neural Systems Value Immediate and Delayed Monetary Rewards." Science 306 (5695):

503-507.

McCord，Joan. 2001. "Forging Criminals in the Family." In Handbook of Youth and Justice，edited by S. O. White，223-235. New York：Plenum.

McCord，Joan，R. E. Tremblay，F. Vitaro，et al. 1994. "Boys' Disruptive Behaviour，School Adjustment，and Delinquency：The Montreal Prevention Experiment." International Journal of Behavioral Development 17（4）：739-752.

McGinn，Colin. 2011. "Can the Brain Explain Your Mind?" review of V. S. Ramachandran，The Tell-Tale Brain：A Neuroscientist's Quest for What makes Us Human（Norton，2011）. New York Review of Books（March 24）：32-35.

McGue，Matt. 1994. "Why Developmental Psychology Should Find Room for Behavioral Genetics." In Threats To Optimal Development：Integrating Biological，Psychological，and Social Risk Factors，edited by Charles A. Nelson，105-119. Hove，England：Lawrence Erlbaum Associates，Inc.

McGue，Matt，Steven Bacon，and David T. Lykken. 1993. "Personality Stability and Change in Early Adulthood：A Behavioral Genetic Analysis." Developmental Psychology 29（1）：96-109.

McGue，Matt，and Thomas J. Bouchard Jr. 1998. "Genetic and Environmental Influences on Human Behavioral Differences." Annual Review of Neuroscience 21（1）：1-24.

McWhirter，David P.，Stephanie A. Sanders，and June Machover Reinisch. 1990a. "Homosexuality/Heterosexuality：An Overview." In Homosexuality/Heterosexuality：Concepts of Sexual Orientation，edited by David P. McWhirter，Stephanie A. Sanders，and June Machover Reinisch，xix-xxvii. Oxford：Oxford University Press.

McWhirter，David P.，Stephanie A. Sanders，and June Machover Reinisch eds. 1990b. Homosexuality/Heterosexuality：Concepts of Sexual Orientation. Oxford：Oxford University Press.

Mealey，Linda. 1995. "The Sociobiology of Sociopathy：An Integrated Evolutionary Model." Behavioral and Brain Sciences 18（3）：523-541.

Mejia，Jose Maria，F. R. Ervin，G. B. Baker，et al. 2002. "Monoamine Oxidase Inhibition during Brain Development Induces Pathological Aggressive Behavior in Mice." Biological Psychiatry 52（8）：811-822.

Meyer-Bahlburg，H. F. L. 1977. "Sex Hormones and Male Homosexuality in Comparative Perspective." Archives of Sexual Behavior 6（4）：297-325.

Miles，Donna R.，and Gregory Carey. 1997. "Genetic and Environmental Architecture of Human Aggression." Journal of Personality and Social Psychology 72（1）：207-217.

Milgram，Stanley. 1974. Obedience to Authority：An Experimental View. London：Tavistock.

Miller，Greg. 2010. "The Seductive Allure of Behavioral Epigenetics." Science 329（5987）：24-27.

Miller-Johnson，Shari，J. D. Coie，A. Maumary-Gremaud，et al. 2002. "Peer Rejection and Aggression and Early Starter Models of Conduct Disorder." Journal of Abnormal Child Psychology 30（3）：217-230.

Mills，Shari，and Adrian Raine. 1994. "Neuroimaging and Aggression." Journal of Offender Rehabilitation 23（3-4）：145-158.

Mitchell，Sandra D. 2002. "Integrative Pluralism." Biology and Philosophy 17（1）：55-70.

Mitchell，Sandra D. 2009. "Explaining Complex Behavior." In Philosophical Issues in Psychiatry：Explanation，Phenomenology，and Nosology，edited by Kenneth S. Kendler and Josef Parnas. Baltimore：Johns Hopkins Unversity Press.

Moffitt，Terrie E. 2005a. "Genetic and Environmental Influences on Antisocial Behaviors：Evidence from Behavioral-Genetic Research." Advances in Genetics 55：41-104.

Moffitt，Terrie E. 2005b. "The New Look of Behavioral Genetics in Developmental Psychopathology：Gene-Environment Interplay in Antisocial Behaviors." Psychological Bulletin 131（4）：533-554.

Moffitt，Terrie E.，Avshalom Caspi，and Michael Rutter. 2005. "Strategy for

Investigating Interactions Between Measured Genes and Measured Environments." Archives of General Psychiatry 62（5）：473-481.

Money，John. 1990. "Agenda and Credenda of the Kinsey Scale." In Homosexuality/ Heterosexuality：Concepts of Sexual Orientation，edited by David P. McWhiter，Stephanie A. Sanders，and June Machover Reinisch. Oxford：Oxford University Press.

Muhammad，Fida，Michael Shaughnessy，Scott Johnson，and Russell Eisenman. 2002. "Understanding Torture and Torturers." Journal of Evolutionary Psychology 23（3-4）：131-148.

Mustanski，Brian S.，J. Michael Bailey，and Sarah Kaspar. 2002. "Dermatoglyphics，Handedness，and Sexual Orientation." Archives of Sexual Behavior 31（1）：113-122.

Mustanski，Brian S.，M. G. DuPree，C. M. Nievergelt，et al. 2005. "A Genomewide Scan of Male Sexual Orientation." Human Genetics 116：272-278.

National Science Foundation. 2009. Women，Minorities，and Persons with Disabilities in Science and Engineering 2009. NSF 09-305. Arlington，VA. Available from http：//www.nsf.gov/statistics/wmpd/.

Nelkin，Dorothy，and M. Susan Lindee. 1995. The DNA Mystique：The Gene as a Cultural Icon. New York：Freeman.

New，Antonia S.，Joel Gelernter，Yoram Yovell，et al. 1998. "Tryptophan Hydroxylase Genotype is Associated with Impulsive-Aggression Measures：A Preliminary Study." American Journal of Medical Genetics 81（1）：13-17.

Olivier，Berend. 2004. "Serotonin and Human Aggression." Annals of the New York Academy of Sciences 1036：382-392.

Olivier，Berend，and Ruud van Oorschot. 2005. "5-HT$_{1B}$ Receptors and Aggression：A Review." European Journal of Pharmacology 526（1-3）：207-217.

Orpinas，Pamela，and Ralph Frankowski. 2001. "The Aggression Scale：A Self-Report Measure of Aggressive Behavior for Young Adolescents." The Journal of Early Adolescence 21（1）：50-67.

Ortner，Sherry B.，and Harriet Whitehead. 1981. "Introduction：Accounting for

Sexual Meanings." In Sexual Meanings, edited by Sherry B. Ortner and Harriet Whitehead. Cambridge: Cambridge University Press.

Ostrom, Elinor. 2007. "Challenges and Growth : The Development of the Interdisciplinary Field of Institutional analysis." Journal of Institutional Economics 3 (3): 239-264.

Oyama, Susan. 1985. The Ontogeny of Information. New York, NY: Cambridge University Press.

Oyama, Susan. 2000. Evolution's Eye: A Systems View of the Biology-Culture Divide. Durham, NC: Duke University Press.

Palca, J. 1992. "NIH Wrestles with Furor over Conference." Science 257 (5071): 739.

Palomaki, Glenn E., and James E. Haddow. 1993. "Is It Time for Population-Based Prenatal Screening for Fragile-X?" The Lancet 341 (8841): 373-374.

Peplau, Letitia Anne. 2001. "Rethinking Women's Sexual Orientation : An Interdisciplinary, Relationship-focused Approach." Personal Relationships 8 (1): 1-19.

Peplau, Letitia Anne, and Linda D. Garnets. 2000. "A New Paradigm for Understanding Women's Sexuality and Sexual Orientation." Journal of Social Issues 56 (2): 329-350.

Pettit, Becky. 2009. "Enumerating Inequality : The Constitution, the Census Bureau, and the Criminal Justice System." Connecticut Public Interest Law Journal 9 (1): 37-64.

Pettit, Becky, and Bruce Western. 2004. "Mass Imprisonment and the Life Course: Race and Class Inequality in U.S. Incarceration." American Sociological Review 69 (2): 151-169.

Pfaff, Donald W. 1980. Estrogen and Brain Function. New York: Springer Verlag.

Pillard, Richard C., and James D. Weinrich. 1986. "Evidence of Familial Nature of Male Homosexuality." Archives of General Psychiatry 43 (8): 808-812.

Pinker, Stephen. 2002. The Blank Slate. New York, NY: Viking Penguin.

Plaisance, Kathryn S. 2006. "Behavioral Genetics and the Environment : The

Generation and Exportation of Scientific Claims." PhD diss., University of Minnesota.

Plöderl, Martin, and Reinhold Fartacek. 2009 "Childhood Gender Nonconformity and Harassment as Predictors of Suicidality among Gay, Lesbian, Bisexual and Heterosexual Austrians." Archives of Sexual Behavior 38（3）：400-410.

Plomin, Robert, Terryl T. Foch, and David C. Rowe. 1981. "Bobo Clown Aggression in Childhood: Environment, Not Genes." Journal of Research in Personality 15 （3）：331-342.

Plomin, Robert, Michael J. Owen, and Peter McGuffin. 1994. "The Genetic Basis of Complex Human Behavior." Science 264（5166）：1733-1739.

Rahman , Qazi. 2005. "The Neurodevelopment of Human Sexual Orientation." Neuroscience and Biobehavioral Reviews 29（7）：1057-1066.

Rahman, Qazi, and G. D. Wilson. 2003. "Sexual Orientation and the 2nd to 4th Finger Length Ratio: Evidence for Organising Effects of Sex Hormones or Developmental Instability?" Psychoneuroendocrinology 28（3）：288-303.

Raine , Adrian. 2008. "From Genes to Brain to Antisocial Behavior." Current Directions in Psychological Science 17（5）：323-328.

Raine, Adrian, M. S. Buchsbaum, J. Stanley, et al. 1994. "Selective Reductions in Prefrontal Glucose Metabolism in Murders." Biological Psychiatry 36（6）：365-373.

Raine, Adrian, Patricia A. Brennan, and David P. Farrington. 1997. "Biosocial Bases of Violence: Conceptual and Theoretical Issues." In Biosocial Bases of Violence, edited by Adrian Raine, Patricia A. Brennan, David P. Farrington, and Sarnoff A. Mednick, 1-20. New York: Plenum Press.

Raine , Adrian , Patricia Brennan , and Sarnoff A. Mednick. 1994. "Birth Complications Combined with Early Maternal Rejection at Age 1 Year Predispose to Violent Crime at Age 18 Years." Archives of General Psychiatry 51（12）：984-988.

Ramachandran , V. S. , and Colin McGinn. 2011. "The Tell-Tale Brain : An Exchange." New York Review of Books （June 23）.

Rasmussen , Nicholas. 1997. Picture Control : The Electron Microscope and the

Transformation of Biology in America, 1940—1960. Palo Alto, CA: Stanford University Press.

Rhee, Soo Hyun, and Irwin D. Waldman. 2002. "Genetic and Environmental Influences on Antisocial Behavior: A Meta-Analysis of Twin and Adoption Studies" Psychological Bulletin 128 (3): 490-529.

Rice, George, Carol Anderson, Neil Risch, et al. 1999. "Male Homosexuality: Absence of Linkage to Microsatellite Markers at Xq28." Science 284 (5414): 665-667.

Richardson, Robert C. 1984. "Biology and Ideology: The Interpenetration of Science and Values" Philosophy of Science 51 (3): 396-420.

Richardson, Sarah S. 2009. Gendering the Genome. PhD Diss. Stanford University.

Risch, Neil, Richard Herrell, Thomas Lehner, et al. 2009. "Interaction between the Serotonin Transporter Gene (5-HT-TLPR), Stressful Life Events, and Risk of Depression: A Meta-analysis." Journal of the American Medical Association 301 (23): 2462-2471.

Rivera, Beverly and Cathy S. Widom. 1990. "Childhood Victimization and Violent Offending." Violence and Victims 5 (1): 19-35.

Robinson, Matthew. 2009. "No Longer Taboo: Crime Prevention Implications of Biosocial Criminology." In Biosocial Criminology, edited by Anthony Walsh and Kevin M. Beaver, 243-263. New York: Routledge.

Rose, Nikolas. 2000. "The Biology of Culpability: Pathological Identity and Crime Control in a Biological Culture." Theoretical Criminology, 4: 5-34.

Rose, Richard. 1995. "Genes and Human Behavior." Annual Review of Psychology 46: 625-654.

Roush, Wade. 1995. "Conflict Marks Crime Conference." Science 269 (5232): 1808-1809.

Rowe, David C., and Robert Plomin. 1981. "The Importance of Nonshared (E₁) Environmental Influences in Behavioral Development." Developmental Psychology 17 (5): 517-531.

Sabol, Sue Z., Stella Hu, Dean Hamer. 1998. "A Functional Polymorphism in the

Monoamine Oxidase Gene Promoter." Human Genetics 103: 273-279.

Sampson, Robert J., Stephen W. Raudenbush, and Felton Earls. 1997. "Neighborhoods and Violent Crime: A Multilevel Study of Collective Efficacy." Science 277 (5328): 918-924.

Sanfey, Alan G., James K. Rilling, Jessica A. Aronson, et al. 2003. "The Neural Basis of Decision-Making in the Ultimatum Game." Science 300 (5626): 1755-1758.

Sapolsky, Robert M. 2005. "The Influence of Social Hierarchy on Primate Health" Science 308 (5722): 648-652.

Scarr, Sandra. 1987. "Three Cheers for Behavior Genetics: Winning the War and Losing Our Identity." Behavior Genetics 17 (3): 219-228.

Scarr, Sandra. 1992. "Developmental Theories for the 1990s: Development and Individual Differences." Child Development 63 (1): 1-19.

Scarr, Sandra. 1993. "Biological and Cultural Diversity: The Legacy of Darwin for Development." Child Development 64 (5): 1333-1353.

Scarr, Sandra. 1994. "Why Developmental Research Needs Evolutionary Theory: To Ask Interesting Questions." In International Perspectives on Psychological Science, vol. 1, Leading Themes, edited by Paul Bertelson, Paul Helen and Gery d'Ydewalle, 159-179. Hove, England: Lawrence Erlbaum Associates.

Scarr, Sandra. 1995. "Commentary." Human Development 38: 154-158.

Scarr, Sandra. 1997. "Behavior-Genetic and Socialization Theories of Intelligence." In Intelligence, Heredity, and Environment, edited by Robert J. Sternberg and Elena Grigorenko, 3-41. New York, NY: Cambridge University Press.

Scarr, Sandra, and Kathleen McCartney. 1983. "How People Make Their Own Environments: A Theory of Genotype → Environment Effects." Child Development 54 (2): 424-435.

Schaffner, Kenneth F.. 1998. "Genes, Behavior, and Developmental Emergentism: One Process, Indivisible?" Philosophy of Science 65 (2): 209-252.

Schüklenk, Udo. 1993. "Is Research into the Cause (s) of Homosexuality Bad for

Gay People?" Christopher Street. 208: 13-15.

Searle, John R. 1992. The Rediscovery of the Mind. Cambridge MA: MIT Press.

Searle, John R. 2011. "The Mystery of Consciousness Continues." Review of Antonio Damasio, Self Comes to Mind: Constructing the Conscious Brain (Pantheon, 2011). New York Review of Books (June 9).

Sen, Amartya. 1990. "More Than 100 Million Women Are Missing." New York Review of Books (December 20). http: //www.nybooks.com/articles/3408 (accessed July 7, 2009).

Sesardic, Neven. 1993. "Heritability and Causality." Philosophy of Science 60 (3): 396-418.

Sesardic, Neven. 2000. " Philosophy of Science that Ignores Science: Race, I.Q. and Heritability." Philosophy of Science 67 (4): 580-602.

Sesardic, Neven. 2003. "Heritability and Indirect Causation." Philosophy of Science 70 (5): 1002-1014.

Shuldiner, Alan R. and Toni I. Pollin. 2010. "Variations in Blood Lipids." Nature 466: 703-704

Simm, Michael. 1994. "Violence Study Hits a Nerve in Germany" Science 264 (5159): 653.

Simon, Neal G. and Shi-Fang Lu. 2005. "Androgens and Aggression" in Biology of Aggression, edited by Randy J. Nelson, 211-230. New York: Oxford University Press.

Sluyter F., J. N. Keijser, D. I. Boomsma, et al. 2000. "Genetics of Testosterone and the Aggression-Hostility-Anger (AHA) Syndrome: a Study of Middle-aged Male Twins." Twin Research 3 (4): 266-276.

Smith, Linda B., E. Thelen, R. Titzer, et al. 1999. "Knowing in the Context of Acting: The Task Dynamics of the A-Not-B Error." Psychological Review 106 (2): 235-260.

Sober, Elliott. 2001. "Separating Nature and Nurture." In Genetics and Criminal Behavior edited by David Wasserman and Robert Wachbroit, 47-78. Cambridge, UK and New York: Cambridge University Press.

Speltz, Matthew, Michelle De Kleyn, Mark T. Greenberg, et al.1995. "Clinic Referral for Oppositional Defiant Disorder: Relative Significance of Attachment and Behavioral Variables." Journal of Abnormal Child Psychology 23 (4): 487-507.

Spencer, Quayshawn. 2009. "Is Cladistic Race a Genuine Kind?" PhD diss., Stanford University.

Staner, Luc, G. Uyanik, H. Correa, et al. 2002. "A Dimensional Impulsive-Aggressive Phenotype is Associated with the A218C Polymorphism of the Tryptophan Hydroxylase Gene." American Journal of Medical Genetics 114 (5): 553-557.

Steele, Claude M. 1997. "A Threat in the Air: How Stereotypes Shape the Intellectual Identities and Performance." American Psychologist 5296): 613-629.

Steele, Claude M., and Aronson, Joshua A. 2004 "Stereotype Threat Does Not Live by Steele and Aronson Alone." American Psychologist 59 (1): 47-48.

Stein, Edward, ed. 1992. Forms of Desire: Sexual Orientation and the Social Construction Controversy. New York: Routledge.

Stern, Vivian. 1998. A Sin Against the Future: Imprisonment in the World. Boston, MA: Northeastern University Press.

Stone, Richard. 1992. "HHS 'Violence Initiative' Caught in a Crossfire." Science 258 (5080): 212-213.

Stotz, Karola. 2006. "Molecular Epigenesis: Distributed Specificity as a Break in the Central Dogma." History and Philosophy of the Life Sciences 28 (4): 533-548.

Stotz, Karola. 2008. "The Ingredients for a Postgenomic Synthesis of Nature and Nurture." Philosophical Psychology 21 (3): 359-381.

Sukhodolsky, D. G., and V. Ruchkin. 2006. "Evidence-based Psychosocial Treatments in the Juvenile Justice System." Child and Adolescent Psychiatric Clinics 15 (2): 501-516.

Suppes, Patrick, Bing Han, Julie Epelboim, et al. 1999a. "Invariance Between Subjects of Brain Wave Representations of Language." Proceedings of the National

Academy of Sciences 96（22）: 12953-12958.

Suppes，Patrick，Bing Han，Julie Epelboim，et al. 1999b. "Invariance of Brain-Wave Representation of Simple Visual Images and Their Names." Proceedings of the National Academy of Sciences 96（25）: 14658-14663.

Tabery，James. 2009. "Making Sense of the Nature-Nurture Debate." Biology and Philosophy 24: 711-723.

Taylor，Kenneth A. 2001. "On the Explanatory Limits of Behavioral Genetics." In Genetics and Criminal Behavior，edited by David Wasserman and Robert Wachbroit，117-139. Cambridge: Cambridge University Press.

Tellegen，Auke，David T. Lykken，Thomas J. Bouchard，Jr.，et al. 1988. "Personality Similarity in Twins Reared Apart and Together." Journal of Personality and Social Psychology 54（6）: 1031-1039.

Thelen，Esther. 2000. "Grounded in the World: Developmental Origins of the Embodied Mind." Infancy 1（1）: 3-28.

Touchette，Nancy. 1995. "Genetics and Crime Conference Reaps Subtle Benefit." Nature Medicine 1（11）: 1108-1109.

Trout，J. D. 1998. Measuring the Intentional World. New York，NY: Oxford University Press.

Turkheimer，Eric. 2008. "More Alike than Different: Genetic and Environmental Explanations of Behavior" Lecture at Biological Explanations of Behavior Conference，Hannover Germany，June 12-15.

Turkheimer，Eric. 2009. "GWAS，EWAS，and Causation in Uncontrolled Systems." Symposium Presentation at Society for the Philosophy of Science in Practice Conference，Minneapolis，MN. June 17-20.

Turkheimer，Eric. 2012. "Genome Wide Association Studies of Behavior Are Social Science." In Philosophy of Behavioral Biology: Boston Studies in the Philosophy of Science，vol. 282，edited by Kathryn Plaisance and Thomas A. C. Reydon，43-64. Dordrecht: Springer.

Turkheimer，Eric，H. Hill Goldsmith，and Irving Gottesman. 1995. "Some Conceptual Deficiencies in 'Developmental' Behavior Genetics: Comment." Human Development 38 (3): 143-153.

Turkheimer，Eric，and Irving I. Gottesman. 1991. "Individual Differences and the Canalization of Human Behavior." Developmental Psychology 27 (1): 18-22.

US Department of Justice. 2011. The NIJ Conference 2011. Washington，DC: National Institute of Justice. http: //www.nij.gov.

van Fraassen，Bas C. 2008. Scientific Representation. Oxford: Oxford University Press.

van Fraassen，Bas C. 2009. "The perils of Perrin，in the hands of philosophers." Philosophical Studies 143: 5-24.

Van Wyk，Paul H.，and Chrisann S. Geist. 1984. "Psychosocial Development of Heterosexual，Bisexual，and Homosexual Behavior." Archives of Sexual Behavior 13 (6): 505-544.

Villarroel，Maria A.，Charles F. Turner，Elizabeth Eggleston，et al. 2006. "Same-Gender Sex in the United States: Impact of T-ACASI on Prevalence Estimates." Public Opinion Quarterly 70 (2): 166-196.

Wade，Nicholas. 2007. "In the Genome Race，the Sequel is Personal." The New York Times (September 4，2007).

Wahlsten，Douglas，and Gilbert Gottlieb. 1997. "The Invalid Separation of Effects of Nature and Nurture: Lessons From Animal Experimentation." In Intelligence，Heredity，and Environment，edited by Robert J. Sternberg and Elena Grigorenko，163-192. Cambridge: Cambridge University Press.

Walsh，Anthony，and Kevin M. Beaver. 2009. Biosocial Criminology. New York: Routledge.

Wasserman，David，and Robert Wachbroit. 2001. "Introduction." In Genetics and Criminal Behavior，edited by David Wasserman and Robert Wachbroit. Cambridge: Cambridge University Press.

Waters，C. Kenneth. 2004. "What Was Classical Genetics?" Studies in History and

Philosophy of Science A 35：783-809.

Waters，C. Kenneth. 2006. "A Pluralist Interpretation of Gene-Centered Biology." In Scientific Pluralism：Minnesota Studies in the Philosophy of Science Volume XIX, edited by Stephen H. Kellert，Helen E. Longino，and C. K. Waters，eds. Minneapolis：Minnesota UP. pp. 190-214.

Waters，C. Kenneth. 2007. "Causes That Make a Difference." Journal of Philosophy 104（11）：551-579.

Weinrich，James D. 1995. "Biological Research on Sexual Orientation：A Critique of the Critics." Journal of Homosexuality 28（1-2）：197-213.

Weinshenker，Naomi，and Allan Siegel. 2002. "Bimodal Classification of Aggression：Affective Defense and Predatory Attack." Aggression and Violent Behavior 7：237-250.

Weisstein，Naomi. 1971. "Psychology Constructs the Female; or The Fantasy Life of the Male Psychologist（With Some Attention to the Fantasies of His Friends，the Male Biologist，and the Male Anthropologist）." Social Education 35（4）：362-373.

West，D. J. 2001. "Parental Selection of Children's Sexual Orientation：A Commentary." Archives of Sexual Behavior 30（4）：439-441.

West，Meredith J.，Andrew P. King and David J. White. 2003. "The Case for Developmental Ecology." Animal Behaviour 66：617-622.

Whalen，Richard E.，David C. Geary，and Frank Johnson. 1990. "Models of Sexuality." In Homosexuality/Heterosexuality：Concepts of Sexual Orientation, edited by D. P. McWhirter，S. A. Sanders，and J. M. Reinisch. Oxford：Oxford University Press.

Whitam，Frederick L.，Milton Diamond，and James Martin. 1993. "Homosexual Orientation in Twins：A Report on 61 Pairs and Three Triplet Sets." Archives of Sexual Behavior 22（3）：187-206.

Widom，Cathy S. 1989a. "Child Abuse，Neglect，and Adult Behavior：Research Design and Findings on Criminality，Violence，and Child Abuse." American Journal of Orthopsychiatry 59：355-367.

Widom，Cathy S. 1989b. "Does Violence Beget Violence? A critical examination of the literature." Psychological Bulletin 106 (1)：3-28.

Widom，Cathy S. 1989c. "The Intergenerational Transmission of Violence." In Pathways of Criminal Violence，edited by Neil Alan Weiner and Marvin E. Wolfgang. Newbury Park，CA：SAGE Press.

Widom，Cathy S. 1991. "A Tail on an Untold Tale：Response to 'Biological and Genetic Contributors to Violence：Widom's Untold Tale.'" Psychological Bulletin 109 (1)：130-132.

Williams，Terrance J.，Michelle E. Pepitone，Scott E. Christensen，et al. 2000. "Finger Length ratios and sexual orientation." Nature 404：455-456.

Wingfield，John C. 2005. "A Continuing Saga：The Role of Testosterone in Aggression." Hormones and Behavior 48 (3)：253-255.

Yeh，Shih-Rung，Russell A. Fricke，and Donald H. Edwards. 1996. "The Effect of Social Experience on Serotonergic Modulation of the Escape Circuit of Crayfish." Science 271 (5247)：366-369.

Zhang，Shang-Ding，and Ward F. Odenwald. 1995. "Misexpression of the White (w) Gene Triggers Male-Male Courtship in Drosophila." Proceedings of the National Academy of Sciences 92 (12)：5525-5529.

Zimbardo，Philip. 2007. The Lucifer Effect：Understanding How Good People Turn Evil. New York：Random House.

Zitzmann，M.，and E. Nieschlag. 2001. "Testosterone Levels in Healthy Men and the Relation to Behavioural and Physical Characteristics：Facts and Constructs." European Journal of Endocrinology 144 (3)：183-197.

附　　录^①

表 1　卡斯皮和莫菲特部分文章的引用次数

类别	包括图书	不包括图书
研究	136	134
临床	56	54
临床/研究	136	132
政策	9	9
政策/研究	8	8
政策/临床	2	2
政策/临床/研究	22	22
一般兴趣	4	4
其他	8	8

资料来源：Kim-Cohen 等（2004）；Moffitt（2005a；2005b）；Moffitt 等（2005）。

表 2　戈特利布及其合作者部分文章的引用次数

类别	包括图书	不包括图书
研究	486	384
临床	18	18
临床/研究	48	45
政策	5	0
政策/研究	6	1
政策/临床	1	0
政策/临床/研究	4	3
一般兴趣	1	1
其他	41	34

资料来源：Gottlieb（1991；1997；2001）；Gottlieb 等（2006）。

---

① 译本图表、正文等部分内容有调整，不一一列举。

表3　科卡罗及其合作者部分文章的引用次数

类别	包括图书	不包括图书
研究	57	48
临床	20	17
临床/研究	66	60
政策	1	1
政策/研究	4	3
政策/临床	0	0
政策/临床/研究	8	8
一般兴趣	1	1
其他	1	1

资料来源：Coccaro 等（1992）；Lee 和 Coccaro（2001）；Best 等（2002）。

名词索引（原书页码）

译 后 记

到目前为止，海伦·朗基诺主要有三部代表作。第一部是 1990 年出版的《作为社会知识的科学：科学探索中的价值与客观性》，主要论证社会价值与科学知识的客观性辩护之间的相关性，形成了域境经验主义（contextual empiricism）的科学哲学立场，倡导科学假设只有经过科学共同体内部的相互批评之后，才能转成为科学知识；第二部是 2001 年出版的《知识的命运》，其宗旨是力图超越关于知识的理性与社会二分，或者说，将哲学家的知识观和科学社会学家的知识观协调起来，将知识生产看成一项社会事业，论证了批评的域境经验主义（critical contextual empiricism）的知识观；第三部是 2013 年出版的《人类行为研究：科学家如何探讨攻击性行为和性取向行为》，本书于 2014 年获得美国女性主义哲学最佳图书奖，它是在《知识的命运》一书删除的内容之基础上完成的，是对其思想观点的进一步延伸论证。

朗基诺三十年三本论著，一以贯之地将科学知识论问题的研究推向哲学分析与论证的深处。2016 年，我和我的博士生王不凡共同将《知识的命运》译为中文，而且，中文版有幸被选入上海译文出版社策划的品牌丛书"二十世纪西方哲学译丛"，同年，朗基诺当选为美国艺术与科学院院士，而且，还当选为国际逻辑学、方法论和科学哲学协会副主席（2016—2019）。这些荣誉体现了朗基诺在美国乃至世界学界的学术地位。

我和朗基诺的学术交往至今已有 15 年。自从我参与创刊《哲学分析》杂志时起，朗基诺就担任刊物的学术顾问。2015 年 6 月 16 日，她应邀作为《哲学分析》杂志主办的第七届《哲学分析》讲堂的主讲嘉宾，在上海社会科学院哲学研究所发表了"重新认识证据和不完全决定性"的主题演讲，在此期间，她把《人类行为研究》一书赠送于我。2016 年，在《知识的命运》中文版出版之后，我认真拜读了《人类行为研究》，并产生了组织翻译该书的想法。但由于其内容专业性较强，涉及心理学、神经科学、遗传学、哲学等领域，对译者的知识背景要求较高，一时找不到合适的翻译人选，也就搁置下来。

2019 年，张琛在获得美国南加利福尼亚大学神经科学博士学位之后，愿意承担翻译任务。于是，2019 年 11 月，我与科学出版社的邹聪编辑联系翻译出版之事，经过多方协调，签订了出版合同。现在的书名接受了科学出版社科学人文分社侯俊琳社长的建议。朗基诺也认为，中文版书名更能体现书中内容的跨学科性。感谢张琛无私地承担了本书的翻译工作。我对译稿进行了校译。译著终于在张琛入选清华大学"水木学者"计划、在清华大学神经调控国家工程研究中心从事博士后研究期间正式定稿并提交出版社；现在，终于有望正式出版。在此，我和译者真诚地感谢侯社长、邹聪编辑的精心策划，感谢责任编辑所付出的劳动，我们对译稿中一些人名和某些细节遵照我国的实际情况略微进行了适当调整。因此，本译著是作者、译者、校者和责编等多方智慧的结晶。

本书是一本严谨的学术论著。作者从跨学科视域和多元进路出发，试图超越关于人类行为究竟是由先天基因决定的，还是由后天环境决定的，这两种对立观点之间的争论，详细地揭示了关于人类行为研究的经典行为遗传学、分子行为遗传学、神经生物学、社会环境等进路各自回答的问题类型、方法论预设、适用范围和基本假设，然后，从认识论框架、知识类型、实际目标出发，论证了一种无个体的社会认识论立场。本书值得推荐给遗传学、神经科学、科学哲学、行为学、心理学等的研究者和爱好者阅读。

最后，我还需要说明，在《知识的命运》一书中，我将"critical contextual empiricism"译为批评的语境经验主义，自 2020 年出版我的著作《改变观念：量子纠缠引发的哲学革命》以来，认为将"contextual"一词译为"域境"更加适当，原因是，"语境"通常是指文本的上下文之义，语言学家和语言哲学家是在这个意义上来使用的，但是，当物理哲学家、科学哲学家和科学知识社会学家使用这个词时，其语义已经超出语言学范围，延伸到实验测量或社会脉络中，因而较为宽泛地译为"域境"比较适当。

总而言之，翻译学术专著是一项有挑战性的工作，翻译涉及面广、跨学科性强、专业性程度高的科学哲学类论著更是一件困难之事，尽管译者为此付出了艰辛的劳动，书中一定还有翻译不当之处，诚请专家学者批评指正。

成素梅

2022 年 6 月 6 日于上海松江"静心阁"